DIY! 워드프레스

빠르고 간편하게 만드는 워드프레스 블로그/홈페이지

DIY! 워드프레스

빠르고 간편하게 만드는 워드프레스 블로그/홈페이지

지은이 김덕기

펴낸이 박찬규 엮은이 이대엽, 윤가희 디자인 북누리 표지디자인 아로와 & 아로와나

펴낸곳 위키북스 전화 031-955-3658, 3659 팩스 031-955-3660

주소 경기도 파주시 교하읍 문발리 파주출판도시 535-7 세종출판벤처타운 #311

가격 30,000 페이지 412 책규격 188 x 240mm

초판 발행 2014년 01월 04일

ISBN 978-89-98139-40-7 (93000)

등록번호 제406-2006-000036호 등록일자 2006년 05월 19일

홈페이지 wikibook.co.kr 전자우편 wikibook@wikibook.co.kr

이 도서의 국립중앙도서관 출판시도서목록 CIP는

e-CIP 홈페이지 http://www.nl.go.kr/cip.php에서 이용하실 수 있습니다

CIP제어번호 2013027823

DIY! 워드프레스

빠르고 간편하게 만드는 워드프레스 블로그/홈페이지

위키북스

제가 처음 워드프레스를 접한 것은 몇 년 전에 웹사이트를 만들기 위해 PHP를 공부할 때였습니다. 사용해 보니 참 쉽게 만든 프로그램이라는 사실을 알게 됐습니다. 그래서 워드프레스와 같은 CMS 프로그램인 드루팔, 줌라, XE도 사용해보고 PHP 공부를 접었습니다. 웹사이트를 만들기 위해서 처음부터 PHP로 만들면 시간이 오래 걸리는데, 이런 쉬운 프로그램으로 블로그도 만들고 웹사이트도 만들 수 있다는 것이 웹디자인을 하는 저로서는 참 반가운 일이었습니다. 레이아웃을 변경하거나 디자인을 변경하려면 포토샵과 CSS만 알면 되는 것이죠. 그 당시에는 국내 포털 사이트에서 워드프레스로 검색하면 글이 몇 개 정도만 나왔었는데, 지금은 주요 검색어도 늘어나고 워드프레스 관련 광고도 많이 늘어났습니다.

워드프레스는 전 세계 모든 웹사이트의 19 퍼센트를 점유하고 있는 가장 인기 있는 콘텐츠 관리 시스템이자 블로깅 플랫폼입니다. 워드프레스가 이처럼 인기 있는 이유는 누구나 설치만 하면 바로 사용할 수 있고 플러그인을 설치해서 필요한 기능을 손쉽게 추가할 수 있다는 데 있습니다. 현재 플러그인의 숫자는 2만 7천 개에 이르며, "이런 기능이 있는 플러그인은 없을까?" 하고 검색해보면 거의 다 있습니다.

워드프레스가 오픈소스로 개발됐듯이 이러한 플러그인도 대부분이 오픈소스입니다. 워드프레스의 창시자인 매트 뮬렌베그는 처음으로 플러그인 시스템을 도입할 때 워드프레스를 설치하면 함께 설치되는 헬로우 달리(Hello Dolly)를 포함하면서 이 플러그인에 대한 소개글로 다음과 같이 말했습니다.

"이것은 단순한 플러그인이 아닙니다. 이것은 루이 암스트롱이 부른 아주 유명한 Hello, Dolly라는 두 단어에 함축된 전 세대를 아우르는 희망과 열정을 상징합니다. 플러그인이 활성화되면 페이지가 바뀔 때마다 관리자 화면의 우측 상단에서 임의로 나타나는 Hello, Dolly의 가사를 볼 수 있습니다."

CMS의 성공 여부는 프로그램 자체의 성능보다는 얼마나 기능을 확장할 수 있고 누구나 쉽게 사용할 수 있는가에 달렸습니다. 매트 뮬렌베그의 플러그인 시스템 도입은 그의 생각이 적중해서 많은 사람이 자발적으로 플러그인 개발에 참여했고 오늘의 성공을 거두게 된 것입니다.

헬로우 달리의 소개글에서 볼 수 있듯이 단순한 플러그인이 아니라는 의미는 사용자가 원하면 얼마든지 플러그인을 만들어 사용할 수 있도록 독려하기 위한 것입니다. 실제로 이 플러그인은 어떤 기능을 하는 것이 아니라 워드프레스가 그만큼 쉽게 플러그인을 개발할 수 있는 환경을 제공한다는 것입니다.

플러그인은 이처럼 간단한 것에서 시작해서 워드프레스 자체 프로그램보다 더 복잡한 쇼핑몰 플러그인도 있습니다. "이런 플러그인은 없을까"라고 사용자가 생각하는 것을 이미 개발자가 생각해서 만들어 놓고 있는 것입니다.

워드프레스가 성공할 수 있었던 또 하나의 원인은 테마 시스템입니다. 플러그인처럼 설치만 하면 블로그의 모양을 바로 바꿀 수 있고 어떤 테마라도 원하는 디자인으로 변경할 수 있습니다. 무료 테마는 현재 2천여 개에 이르고 유료인 프리미엄 테마는 60달러면 고급스러운 테마를 구매할 수 있습니다. 이처럼 다양한 테마를 사용할 수 있는 환경에서 어떤 웹사이트든 만들 수 있는 것입니다.

개정판

워드프레스의 개발 주기는 평균 6개월로, 1년에 2개의 버전이 나오고 있습니다. 게다가 매 버전이 나올 때마다 기능도 추가되고 기본 테마도 1년에 한 번씩 바뀝니다. 1년 전에 워드프레스 3.4 버전을 기준으로 워드프레스 완벽입문이라는 책을 처음 출간했는데 지나고 나서 책을 보면 내용이 많이 바뀌었다는 생각이 듭니다. 물론 워드프레스의 기본적인 내용은 그대로이지만 워드프레스를 처음 접하는 분들에게 새로운 버전의 워드프레스를 사용하면서 책은 구버전이라면 많은 혼란이 있을 것으로 생각됩니다.

워드프레스 완벽입문은 워드프레스 기초 부분과 테마 만들기라는 고급 부분이 합쳐진 책입니다. 지나놓고 보니 책으로서 구성이 잘못됐다는 생각이 들었고 일부 독자는 필요 없는 책, 즉 초보자는 후반부가 필요 없고 고급 사용자는 전반부가 필요 없는 책이라는 리뷰에 더욱 그랬습니다. 그래서 책을 분리해서 개정판을 내기로 했습니다.

출판사와 협의해 2권으로 만들기로 하고 우선 1권에 해당하는 이 책이 나오게 됐습니다. 2권은 워드프레스 테마 만들기와 플러그인, 위젯, 단축코드(숏코드: Shortcode) 만들기 등 워드프레스 테마 개발과 관련된 여러 가지 내용을 소개하는 과정이 될 것입니다.

이렇게 책을 분리하면 빈번한 업데이트가 되는 1권 부분은 1년에 한 번씩 개정판을 내기 쉬워질 것으로 생각합니다. 테마 만들기나 플러그인 만들기는 거의 변경되지 않으니 2권은 그대로 유지할 수 있어 개정판의 부담은 적습니다.

1장 워드프레스 시작

1장의 내용은 워드프레스 소개와 본격적인 학습에 앞서 내 컴퓨터에 워드프레스를 설치하고 테마를 선택하는 방법을 설명합니다. 워드프레스를 실제로 웹사이트에서 운영하기 전에 우선 자신의 컴퓨터에 설치해서 실험적으로 사용할 수 있습니다. 디자인 변경이나 이미지 업로드 페이지 만들기, 글 만들기, 플러그인 설치 등 실제 웹사이트의 내용을 그대로 내 컴퓨터에서 만들어서 테스트한 후 그대로 웹호스팅에 업로드해서 실제 운영하면 됩니다.

2장 포스팅하기 전에 알아야 할 사항

모든 프로그램은 설정이 아주 중요합니다. 설정을 어떻게 하느냐에 따라 웹사이트를 잘 관리할 수 있습니다. 워드프레스 환경설정, 댓글 관리, 플러그인 설치, 위젯 사용, 다중 블로그 만들기 등 워드프레스로 글을 올리기 전에 필요한 지식을 다룹니다.

3장 포스팅하기

웹사이트를 만드는 데 필요한 워드프레스 편집기, 미디어 업로드, 카테고리와 태그, 메뉴 사용하기, 각종 메타박스에 대해 알아봅니다. 특히 워드프레스 3.8 버전의 새로운 기본 테마인 Twenty Fourteen을 바탕으로 매거진 웹사이트를 만드는 방법을 설명합니다.

4장 웹사이트 만들기

워드프레스를 사용하면서 테마는 많이 사용해보는 것이 좋습니다. 3장까지는 워드프레스의 기본 테마를 이용해서 웹사이트를 만들지만, 4장에서는 사용하기 편리한 무료 테마를 선정해서 다양한 위젯을 배치하는 방법과 다양한 콘텐츠가 있는 홈페이지를 만드는 방법을 알아봅니다.

워드프레스닷오그

워드프레스의 모든 내용을 다루는 곳입니다. 무료 테마는 이곳에서 내려받아 사용하는 것이 좋습니다. 워드프레스와 관련된 모든 참고자료가 이곳에 있습니다. 다만 영문입니다.

http://wordpress.org/

베누시안 블로그

제 블로그입니다. 책의 한정된 지면에 많은 내용을 담기 어려우므로 책에서 소개하지 못한 워드프레스 관련 정보를 참고할 수 있습니다. 또한 책에서 사용되는 소스코드나 이미지 파일 등 각종 첨부 파일이 아래의 주소에서 서비스되고 있으니 한번은 방문해야 하는 곳입니다.

http://martian36.tistory.com/1196

1장
워드프레스 시작하기

2장
포스팅하기 전에 알아야 할 사항

3장
포스팅하기

4장
웹사이트 만들기

1장
워드프레스
시작하기

1장의 내용을 간략하게 알아보면 다음과 같습니다.

1. 워드프레스란?

오픈 소스로서의 워드프레스라는 CMS가 무엇인지 콘텐츠 관리 시스템에 대해 알아보고 다른 블로그 프로그램과 비교해봅니다.

2. 워드프레스 소개

워드프레스의 탄생 배경과 발전 과정, 웹사이트 제작 도구로서 특징을 알아봅니다. 워드프레스는 전 세계적으로 가장 많이 사용하는 CMS이며 이에 대한 통계를 알아봅니다.

3. 워드프레스의 새 버전

워드프레스 새로운 버전인 3.7과 3.8이 동시에 개발되고 있으며 특히 3.8 버전은 플러그인 형태로 개발되고 완료 후에 코어에 추가될 예정입니다. 플러그인 상태에서 실험 사용 과정을 거쳐 피드백을 받고 있으며 모든 플러그인의 개발이 완료되면 워드프레스 3.8이 탄생하게 됩니다. 이들 플러그인의 기능을 알아봅니다.

4. 이 책을 진행하면서 필요한 것들

책을 보면서 필요한 도구인 텍스트 편집기, 웹 브라우저, 진행하는 데 필요한 지식과 서버 구축의 필요성을 알아봅니다.

5. 내 컴퓨터에 워드프레스 설치하기

워드프레스를 실제 웹 호스트에 설치해서 사용하기 전에 편리하게 테마를 수정하고 글을 편집할 수 있게 내 컴퓨터에서 서버 환경을 만들고 워드프레스를 설치하는 과정을 설명합니다.

6. 웹 호스팅에 워드프레스 설치하기

실제 웹사이트를 사용하기 위해서 무료 호스팅 업체를 선정하고 워드프레스를 설치하는 과정을 알아봅니다. 특히, 이 책을 따라 진행하고 난 후에는 프로젝트의 용량이 100메가바이트가 초과하므로 외국 무료 호스팅 업체에 계정을 만들고 워드프레스를 설치합니다.

7. 유료 테마 구매

웹사이트 제작에서 테마의 선택은 아주 중요합니다. 무료 테마를 선택하는 방법, 유료 테마를 구매하는 방법을 알아봅니다.

8. 테마 설치하기

테마 선택 후에 워드프레스에 설치하는 방법을 알아봅니다. 특히 4장에서 사용할 무료 테마인 Customizr를 검색해서 설치합니다.

워드프레스란 01

워드프레스는 블로그 제작을 위해 만들어진 오픈 소스 콘텐츠 매니지먼트 시스템입니다. 오픈 소스는 무료로 자유롭게 사용할 수 있다는 의미이고 콘텐츠 매니지먼트 시스템(Content Management System)이란 웹사이트의 콘텐츠를 발행하거나 편집, 수정하고, 이를 전반적으로 관리하기 위한 시스템을 말합니다. 블로그용 CMS는 블로그를 주 대상으로 블로그 관련 콘텐츠(글, 이미지, 동영상 등)의 생성/수정/삭제/발행 등의 작업을 쉽게 할 수 있게 만들어진 도구입니다. 하지만 요즘은 블로그뿐만 아니라 웹사이트와 쇼핑몰까지 제작할 수 있는 도구로 진화했습니다. 먼저 오픈 소스의 개념과 콘텐츠 매니지먼트 시스템에 대해 자세히 알아봅니다.

01 오픈 소스 프로그램과 GPL

오픈 소스는 그누(GNU, http://ko.wikipedia.org/wiki/그누) 프로젝트에서 처음 시작됐는데, 이 프로젝트는 소프트웨어를 자유롭게 무료로 사용하게 하자는 운동으로 워드프레스는 일반 공중 라이선스(General Public License)를 따릅니다. 즉, 그누 프로젝트에서 만든 세 가지 라이선스(GPL1, GPL2, GPL3) 가운데 GPL2 버전에 해당하며, 소스코드의 공개와 이를 이용한 변형까지도 가능합니다. 워드프레스가 지금까지 큰 성공을 거두게 된 것도 이 같은 오픈 소스 정책에 의해서입니다. 즉, 처음 개발한 사람이 프로그램을 오픈 소스로 공개하면 다른 개발자가 이를 변형해 다른 프로그램으로 개발할 수 있는 것입니다. 워드프레스가 현재의 워드프레스로 불리기 전에는 b2/cafelog라는 원초적인 블로그 소프트웨어에서 시작됐습니다. 이 프로그램의 창시자는 마이클 발드리기(Michel Valdrighi)로, 2001년에 처음 시작되어 개발되다가 중단됐는데, 2003년에 매트 뮬렌베그(Matt Mullenweg)와 마이크 리틀(Mike Little)에 의해 워드프레스로 재탄생했습니다. 이처럼 새로운 프로그램으로 만들어질 수 있었던 것은 GPL의 규정에 의해서였습니다.

∩2 콘텐츠 매니지먼트 시스템

웹사이트를 개발하게 되면 그 웹사이트를 관리하기 위한 관리자 화면이 있어야 합니다. 웹사이트 관리자인 웹 마스터가 최고 관리자로서 사이트 내용을 수정한다거나 디자인을 변경하고자 할 때 최고 관리자로 로그인해야 가능하죠. 포털 사이트의 블로그나 카페도 운영자나 매니저가 최고 관리자로 관리센터를 관리할 수 있습니다. 어떤 웹사이트든 이러한 관리센터가 있어야 사이트를 운영할 수 있습니다. 그러므로 웹사이트에는 두 가지 영역이 있습니다. 하나는 인터넷에 공개되어 모든 사람이 볼 수 있는 콘텐츠 영역이고, 다른 하나는 이 웹사이트를 관리할 수 있는 관리 영역입니다.

블로그 프로그램이 콘텐츠 매니지먼트 시스템이라 불리는 것은 이러한 관리 영역이 중요하기 때문입니다. 관리 영역에 어떤 기능이 있느냐에 따라 관리하기가 쉽고 콘텐츠 영역의 디자인을 변경하기도 쉽기 때문이죠. 일반적으로 이러한 웹사이트는 또 다른 오픈 소스 웹 프로그래밍 언어인 PHP와 MySQL이라는 데이터베이스로 만듭니다.

모든 웹사이트를 만들 때마다 관리 시스템을 만들어야 하는데, 이를 일반화한 것을 콘텐츠 매니지먼트 시스템이라고 합니다. 즉, 한 번만 만들어 두면 다른 웹사이트를 개발할 때도 적용할 수 있고 웹사이트를 만들 때마다 별개의 관리 시스템을 만들지 않아도 되는 것이죠. 이러한 콘텐츠 매니지먼트 시스템은 아주 많습니다. 국내만 해도 XE 엔진의 전신인 제로보드를 비롯해 그누보드, 킴스큐, 텍스트 큐브 등이 있고 외국에서는 대표적으로 워드프레스와 드루팔(Drupal), 줌라(Joomla) 등이 있습니다. 국내에서 유명한 블로그인 티스토리는 태터툴즈라는 블로그 CMS로 운영되고 있습니다.

포털 사이트인 다음이나 네이버에도 블로그가 있습니다. 이러한 가입형 블로그에도 CMS가 있습니다. 운영자가 로그인하고 관리 버튼을 클릭해서 들어갔을 때 나오는 레이아웃을 변경한다거나 색상을 변경할 수 있는 관리자 화면이 하나의 CMS인 것입니다. 이러한 블로그 콘텐츠 매니지먼트 시스템은 모든 블로그에 동일하게 적용되는 일반화된 관리 도구입니다.

모든 웹사이트는 표면상으로 나타나는 콘텐츠 영역을 어떻게 디자인하느냐에 따라 보는 사람의 눈을 끌게 되지만 웹사이트를 관리하기 위한 콘텐츠 매니지먼트 시스템은 관리자가 사용하기 쉽고 다양한 기능이 있어서 사이트를 관리하기 좋은 프로그램이어야 인정받을 수 있습니다.

관리 도구를 사용하기 쉽다는 점 말고도 워드프레스가 지금까지 큰 성공을 거둘 수 있었던 이유 중 하나는 블로그 사용을 확장하는 플러그인을 사용하기 쉬운 유연한 구조라는 점입니다. 워드프레스가 처음 나왔을 때는 버전이 0.7이었는데 1.2 버전이 되면서 이 같은 유연성의 개념이 추가됐고 완전히 새로운 프로그램이 되어 현재까지 이르고 있습니다.

∩3 블로그의 형태

블로그에는 블로그 사이트에 가입만 하면 사용할 수 있는 가입형 블로그와 웹 호스팅 서버에 블로그 프로그램을 설치해야만 쓸 수 있는 설치형 블로그가 있습니다. 가입형 블로그는 디자인 변경이 자유롭지 못하고 정해진 범위에서 특정 부분의 색상을 변경한다든가 레이아웃을 변경하는 정도에만 그치지만, 설치형 블로그는 디자인 변경이 아주 자유로워서 레이아웃 언어인 CSS만 알면 어떤 디자인으로도 변경할 수 있습니다. 따라서 설치형 블로그는 일반 웹사이트처럼 만들 수 있습니다.

가입형 블로그와 설치형 블로그의 중간 형태인 블로그를 서비스형 블로그라고 합니다. 대표적인 서비스형 블로그로는 국내의 티스토리가 있습니다. 사용자가 가입해서 바로 블로그를 사용할 수 있지만 태터툴즈라는 블로그 프로그램을 사용하므로 설치형 블로그처럼 디자인 변경이 아주 자유롭습니다. 하지만 원하는 페이지를 만든다거나 원하는 데이터를 불러오는 기능이 없으므로 이 또한 제한적입니다. 워드프레스 같은 설치형 블로그 프로그램을 사용하면 PHP 코드를 수정해 데이터베이스에서 원하는 데이터를 불러와 정렬할 수도 있고 자유롭게 디자인할 수도 있습니다.

워드프레스 소개 02

∩1 워드프레스 탄생과 발전 과정

앞에서 언급했듯이 워드프레스는 오픈 소스 프로그램으로 특히 GPL2를 따르므로 소스코드를 변경해서 사용할 수 있습니다. 프로그램의 이름도 이전의 프로그램 이름을 명시한다면 변경할 수 있습니다. 워드프레스의 파일에 포함된 license.txt 파일을 보면 저작권 부분에 워드프레스의 전신인 b2/cafelog가 있고 그다음에 WordPress의 저작권이 나타납니다.

소스코드의 원 개발자인 마이클 발드리기가 2001년 b2/cafelog를 지속해서 개발했지만 2003년에 들어서 개발이 중단됐습니다. 당시 사진작가이자 블로거인 미국의 휴스턴 대학 1학년생인 매트 뮬렌베그는 이 블로그 프로그램의 사용자였는데, 다른 b2/cafelog 사용자이자 개발자인 마이크 리틀과 함께 b2/cafelog의 코드를 이용해 새로운 프로젝트를 시작하면서 워드프레스가 탄생했습니다(버전 0.7). 1년 후인 2004년에 버전 1.2가 나오면서 플러그인 구조와 애플리케이션 프로그래밍 인터페이스(API, Application Programming Interface)를 도입해 유연하고 전혀 새로운 워드프레스로 재탄생했습니다.

2005년에는 테마(Theme) 구조와 페이지를 운영할 수 있는 워드프레스 1.5 버전이 나왔으며, 테마 구조 덕분에 테마를 쉽게 변경하고 자유롭게 디자인할 수 있게 됐습니다. 2005년 후반에는 버전 2.0이 나왔으며, 주요 코드를 다시 작성해서 문서편집기 기능이 현재의 형태로 자리 잡았습니다. 버전 2.0을 기본 틀로 현재까지 이어지고 있으며, 위젯, 택소노미(Taxonomy) 같은 요소가 추가됐습니다.

아울러 워드프레스 MU(뮤: Multi User)가 추가 개발됐는데, 이를 이용하면 한 번의 설치로 여러 개의 블로그를 관리할 수 있습니다. 이 프로그램의 대표적인 예는 워드프레스닷컴입니다. 하나의 프로그램으로 다수의 블로그를 관리할 수 있는 것이죠. 이 프로그램은 효율적인 개발을 위해 3.0 버전부터 워드프레스로 통합되어 간단한 파일 수정으로 워드프레스에서 여러 사이트를 구현할 수 있게 바뀌었습니다.

그림 1-1 워드프레스 플러그인 버디프레스

워드프레스 1.2 버전부터 플러그인을 도입하면서 필요에 따라 기능을 추가할 수 있는 시스템으로 바뀌었습니다. 플러그인은 워드프레스의 발전 과정에서 아주 중요한 요소입니다. 아주 많은 플러그인 가운데 버디프레스(BuddyPress)는 페이스북과 같은 소셜 네트워크 사이트를 만들기 위한 플러그인으로 이를 설치하고 운영하면 블로그와는 다른 형태의 소셜 네트워크를 만들 수 있습니다. 소셜 네트워크의 주 기능은 포럼으로, 포럼은 우리나라의 게시판에 해당합니다. 워드프레스와는 별도의 프로그램으로 bbPress라는 게시판 프로그램이 개발되다가 중단되고 2.0 버전부터는 플러그인으로 개발되어 워드프레스에 추가해서 사용할 수 있게 되었습니다.

02 워드프레스의 특징

- **웹 표준에 기초한 디자인**

  워드프레스의 모든 코드는 웹 표준을 제시하고 관리하는 W3C(http://www.w3.org)의 웹 표준에 기초해서 만들어졌습니다. 이로써 현존하는 다양한 웹 브라우저와 앞으로 개발될 모든 차세대 툴과 높은 호환성을 유지합니다.

- **편리한 페이지 만들기**

  워드프레스에서 제공하는 페이지는 포스트뿐 아니라 다양한 콘텐츠를 담을 수 있고 이러한 페이지를 손쉽게 만들 수 있습니다.

- **테마 기반**

  워드프레스의 디자인은 테마(Theme) 시스템입니다. 이는 단순한 블로그뿐 아니라 아주 복잡한 디자인의 웹진도 만들 수 있으며 여러 개의 테마를 클릭 한 번으로 변경할 수 있습니다.

- **타 블로그와의 커뮤니케이션**

  워드프레스는 트랙백과 핑백을 지원해 타 블로그와 연결하기가 쉽습니다.

- **댓글 달기**

  방문자는 각 포스트에 대해 댓글을 달 수 있고 핑백이나 트랙백을 이용하면 방문자 자신의 블로그에서 댓글을 달 수도 있습니다.

- **스팸 방지**

  댓글 스팸 관리와 제거를 위한 다양한 플러그인이 있습니다. 특히 워드프레스와 함께 설치되는 아키스밋 플러그인은 스팸 댓글 방지에 아주 큰 역할을 하고 있습니다.

- **회원 등록 시스템**

  워드프레스는 회원 등록 시스템이 있어서 회원 가입을 하고 자신의 프로필을 관리할 수 있습니다. 최대 10단계의 회원 등급을 만들 수 있으며 등급에 따라 글을 올리거나 콘텐츠를 관리할 수 있습니다. 이에 따라 일부 회원에게만 글을 볼 수 있게 제한하는 플러그인도 있습니다.

- **포스트를 비밀번호로 관리**

  각 포스트에 비밀번호를 부여할 수 있어 글 작성자만 볼 수 있는 포스트를 만들 수 있습니다.

- **손쉬운 설치와 업그레이드**

  워드프레스는 손쉬운 5분 설치로 유명합니다. 업그레이드뿐 아니라 플러그인 설치도 별도의 다운로드 없이 클릭 한 번으로 자동으로 압축 해제와 설치가 진행됩니다.

- **손쉬운 데이터 이전**

  타 블로그 프로그램에서 데이터를 쉽게 이전할 수 있습니다. 외국에서는 블로그 프로그램이 다양해서 이러한 프로그램을 위한 플러그인이 제공되고 있지만, 국내 블로그는 대부분 데이터 이전이 안 됩니다. 한국 포털에서는 블로그 글의 소유권이 글 작성자에게 있는데도 이를 허용하지 않습니다. 그래서 워드프레스로 블로그를 옮기려면 모든 포스팅을 개별로 복사해서 붙여넣어야 하는 불편함이 있습니다. 하지만 티스토리 블로그는 데이터 백업을 할 수 있으므로 모든 자료를 내려받아 워드프레스에 플러그인을 설치하고 블로그의 모든 글을 옮길 수 있습니다.

03 워드프레스 통계

- http://en.wordpress.com/stats/

그림 1-2 워드프레스 사이트 수

위 사진은 워드프레스닷컴의 통계로, 전 세계에서 워드프레스를 사용 중인 사이트의 숫자입니다. 미국의 또 다른 콘텐츠 매니지먼트 시스템인 드루팔을 백악관 홈페이지에 사용하고 있으며, 워드프레스는 미국 정부 각 기관이나 미디어 사이트 등의 홈페이지에 사용하고 있습니다. 대표적인 사이트를 예로 들자면 미국 CIA, US Army를 비롯한 미국 국방성 등 미 정부 기관과 CNN, 이베이, 야후!, 삼성 해외 사이트, 포드, 피플매거진 등 많은 곳에서 블로그 프로그램으로 사용하고 있습니다.

국내에서는 관공서 중에서 서울시청 홈페이지 일부가 워드프레스로 제작됐고, 대기업 중에서는 삼성전자 블로그(http://samsungtomorrow.com), LG 전자 블로그 (http://social.lge.co.kr/), 현대종합상사(http://www.hyundaicorp.com/), GS 칼텍스 블로그(http://www.insightofgscaltex.com/) 등이 워드프레스로 제작됐습니다.

물론 메인 홈페이지로 사용하는 곳도 있겠지만 주로 블로그에 사용하고 있습니다. 즉, 워드프레스는 PHP로 만들어졌기 때문에 대량의 데이터를 요구하는 사이트보다는 블로그나 소규모 사이트에 적합하므로 기업이나 기관의 블로그에서 주로 사용하고 있습니다.

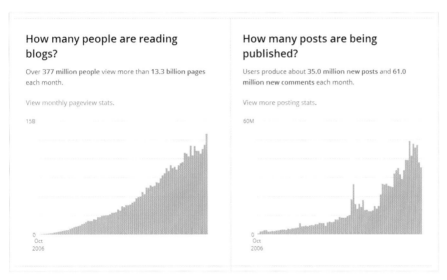

그림 1-3 워드프레스 통계

워드프레스닷컴의 통계 자료를 보면 매달 3억 7천만 명이 백 3십3억 개의 포스트 글을 본다고 합니다(그림 1-3 왼쪽). 또한, 매일 3천5백만 개의 새로운 포스트가 생성되고 6천백만 개의 새로운 댓글이 생성되고 있다고 합니다(그림 1-3 오른쪽). 대단한 숫자죠.

Who publishes on WordPress.com?

From TechCrunch to TED, CNN, and the National Football League, WordPress.com users span a broad range.

We have a publisher blog detailing some leading WordPress sites. You can also see more notable users or view the top freshly pressed posts.

Where in the world is WordPress.com used?

We host WordPress blogs written in over 120 languages. Below is a break down of the top 10 languages:

1. English 66%
2. Spanish 8.7%
3. Portuguese 6.5%
4. Indonesian 3.5%
5. Italian 2%
6. German 1.8%
7. French 1.4%
8. Russian 1.1%
9. Vietnamese 1.1%
10. Swedish 1.0%

그림 1-4 워드프레스 사용 사이트

사용되고 있는 언어도 아주 다양하지만, 한국어는 상위 10위권에 들지 못하는군요. 우리나라는 워낙 한국적 소셜 네트워킹이 발달해서 그런가 봅니다. 트위터나 페이스북 등 외국의 소셜 네트워킹이 들어오면서 한때 인기 있던 미니홈피도 사양길로 접어들었고, 2012년에 서울시가 워드프레스를 사용하기로 한 이후로 국내에서의 워드프레스의 인기는 계속 높아지고 있습니다.

워드프레스의 새 버전 03

01 워드프레스 3.7 버전의 새 기능

워드프레스 3.7 버전의 새로운 주요 기능은 세 가지로 자동업데이트, 언어팩, 비밀번호입니다.

자동 업데이트

자동업데이트는 매 버전이 업데이트된 후에 보안 버전이 발표되는데 이 보안 버전을 자동으로 업데이트합니다. 따라서 3.7 버전이 자동으로 3.8 버전으로 업데이트되지는 않습니다. 하지만 개발 버전(Nightlies)은 매일 업데이트됩니다.

언어팩

현재 워드프레스 코어와 기본테마의 언어 파일은 wp-content/languages 폴더에 저장되고 운영되고 있습니다. 워드프레스에서 직접 개발하고 있는 bbpress같은 플러그인도 이 폴더에 언어 파일을 저장하면 작동하죠. 그런데 일반 플러그인은 대부분 플러그인의 언어 폴더에서만 인식되는 것들이 많습니다. 이점은 테마도 마찬가지입니다. 이런 시스템은 플러그인이나 테마가 업데이트되면 플러그인에 언어 파일이 포함되지 않는 한 임의로 추가한 언어 파일이 제거됩니다. 그래서 3.7 버전부터는 의무적으로 언어 파일을 언어 폴더에 저장하게 할 것이고 언어 파일이 업데이트되면 이 파일만 별도로 업데이트되게 할 예정입니다. 이러한 기능의 추가는 앞으로 있을 워드프레스의 다중 언어화의 첫 단계가 될 것입니다.

비밀번호 강화

약한 로그인 비밀번호는 타인에게 노출되기 쉽습니다. 생각하기 쉬운 비밀번호는 다른 사람도 생각하기 쉬운 것입니다. 워드프레스 3.7 버전에서는 사용자를 위해 강력한 비밀번호를 생성할 수 있게 해줍니다.

02 워드프레스 3.8 버전의 새 기능

워드프레스 3.8은 2013년 12월에 발표될 예정으로 플러그인 기반의 개발(features-as-plugins model)이 진행되고 있습니다. 이전에는 새로운 기능을 추가하자면 코어 파일을 대상으로 개발이 이뤄졌는데 플러그인 기반의 개발이 도입되면서 기능을 플러그인 형태로 개별적으로 개발하게 됐고, 이 시스템은 여러 가지 실험이 쉽다는 장점이 있습니다. 현재 13개의 기능이 예정돼있고 개발 사이클이 있습니다.

2013년 11월 20일 현재 MP6, DASH, THX38, 3종의 플러그인이 개발 완료돼서 코어에 포함됐으며 MP6는 관리자 화면을 완전히 새로운 디자인으로 바꾸는 플러그인입니다. 가장 마지막 개발 단계인 피드백(Feedback) 상태는 개발이 완료됐지만, 사용자로부터 피드백을 받는 단계로 옴니서치가 있습니다. 옴니서치는 이미 젯팩의 클라우드 플러그인 중 하나로 사용되고 있습니다.

그림 1-5 워드프레스 3.8

MP6는 이미 워드프레스닷오그에서 채용하고 있는 고 대비(High Contrast) 컬러를 사용하고 있으며 아이콘은 플랫 형태로 폰트 아이콘을 사용합니다. 이 디자인의 장점은 완전한 반응형입니다.

그림 1-6 워드프레스 3.8의 반응형 관리자 화면

기존에는 스마트폰 크기로 줄이면 사이드바 메뉴의 아이콘이 좌측 사이드바에 계속 보였는데 이 플러그인을 설치하면 좌측 사이드바가 나타나지 않고 좌측 상단의 버튼을 클릭했을 때에만 나타납니다. 또한, 화면을 아무리 줄여도 글쓰기 박스가 화면 범위 내에 보이고 하단에 스크롤 비가 나타나지 않습니다.

그다음 단계인 개발(Development) 단계에 있는 플러그인으로는 JSON REST API가 있으며 디자인 단계에는 Featured Content, WordPress Widgets Refresh가 있습니다. 다음은 기획(Planning) 단계로 Admin Help Improvements, Media Library Grid View가 있습니다. 미디어 라이브러리를 그리드 형태로 볼 수 있다니 기대가 됩니다. 다음은 연구(Investgating) 단계로 Better Signups, Front-end Editor, 마지막으로 대기 중(On-hold) 단계에 CEUX, Pages & Menus Merge가 있습니다.

이례적인 버전 사이클에 기능이 아주 많이 추가될 예정이었지만 예정 기일에 시간을 맞추지 못하고 대부분이 보류됐습니다. 보류됐더라도 플러그인으로 계속 사용할 수 있으며 다음 버전인 3.9에서 추가될 예정입니다. 2013년 11월 20일 예정대로 워드프레스 3.8의 베타버전이 발표됐는데 코어에 포함된 것은 DASH, MP6, THX38입니다. 위젯 화면의 기능 개선을 위한 Widget Area Chooser는 개발 계획에 없었지만, 코어에 포함됐습니다. 워드프레스 코어에 추가된 내용에 대해서는 책에서 자세히 알아보겠습니다.

프로젝트 이름	개발자 리더	문서	개발 단계
DASH	@lessbloat, @joen	P2 posts	코어에 포함
MP6	@iammattthomas	P2 posts	코어에 포함
Omnisearch	@georgestephanis	overview	feedback
THX38	@matveb	overview,P2 posts	코어에 포함
JSON REST API	@rmccue	GSoC posts, O2 group	development
Featured Content	@wonderboymusic	overview,P2 posts	취소
Widgets UI Refresh	@shaunandrews	overview,P2 posts	design
Admin Help Improvements	@jazzs3quence	overview,P2 posts	planning
Media Library Grid View	@helen	proposal	planning
Better Signups	[not selected yet]		investigating
Front-end Editor	@avryl	overview,P2 posts	investigating
CEUX	@melchoyce	P2 posts	on hold
Pages & Menus Merge	[not selected yet]	discussion	on hold

표 1-1 2013년 11월 20일 현재 개발 중인 워드프레스 3.8

03 워드프레스 3.8의 기본 테마

워드프레스 3.8의 기본 테마는 Twenty Fourteen으로 확정돼 베타 버전에 포함됐습니다. 이 테마는 워드프레스닷컴에서 2013년 2월 출시돼 150달러에 판매됐는데 이번에 워드프레스 기본 테마로 전환하면서 무료로 사용할 수 있게 했습니다. 이 테마는 매거진 스타일의 웹 사이트 제작에 적합합니다. 하지만 색상이나 레이아웃을 변경하면 블로그나 일반 웹사이트 로도 얼마든지 사용할 수 있습니다. 이 책의 1장부터 3장까지는 이 테마를 기준으로 워드프 레스의 기능을 설명합니다. 프리미엄 테마였던 만큼 기능이나 디자인이 아주 훌륭합니다. 테 마의 디자인을 수정할 필요가 거의 없을 정도로 수월하게 사용할 수 있습니다.

그림 1-7 워드프레스 3.8의 기본 테마 Twenty Fourteen

이 책을 진행하면서 필요한 것들 04

01 HTML과 CSS에 관한 지식

이 책은 1장부터 3장까지는 워드프레스 기본 테마인 Twenty Fourteen을 사용해서 워드프레스의 기능을 설명합니다. 필요한 경우 코드 조각(Snippets: 스니핏)을 추가해서 기능을 추가하겠지만, HTML이나 CSS에 관한 지식은 필요하지 않습니다. 4장은 무료 테마인 Customizr를 사용해서 웹사이트를 만듭니다. 이 테마는 트위터 부트스트랩 프레임워크를 기반으로 만들어졌으며 여러 가지 색상의 스킨을 선택할 수 있고 애니메이션 슬라이더는 원하는 페이지나 글에 원하는 수만큼 배치할 수 있습니다. 테마를 수정하기 위해서 스타일 시트에 관한 지식이 있어야 하는 것은 아니지만, 함수나 스타일 시트가 추가될 수도 있습니다. 함수나 스타일 시트에 관해서는 이해를 돕기 위해 충분한 설명을 할 것입니다. 부트스트랩은 버튼이나 레이아웃 정도만 수정하므로 그리 많은 지식이 필요한 것은 아니고 상황에 따라서 부트스트랩에 관한 설명을 합니다.

02 텍스트 편집기

텍스트 편집기는 필수입니다. 워드프레스에 내장된 편집기를 사용할 수도 있겠지만, 코드를 명확히 보려면 색상으로 구분되는 텍스트 편집기를 사용하는 것이 좋습니다. 웹 호스트에 업로드한 이후에 편집해야 할 때에는 내장 편집기를 색상으로 표시해주는 플러그인을 사용할 수도 있습니다.

이 책에서 사용할 편집기는 서브라임 텍스트입니다. 서브라임 텍스트 2, 3은 유료지만, 무료로 정식 버전을 사용할 수 있고 가끔 구매를 위한 팝업창이 나오기도 합니다. 이 편집기는 가볍고 사용하기도 편리한데 개발자들이 선호하다 보니 플러그인이 많이 개발돼있습니다. 개발자들이 기본적으로 사용하는 플러그인인 젠 코딩(Zen coding)은 이름이 에밋(Emmet)으로 변경됐으며, 이 플러그인을 설치하면 빠르게 코드를 만들 수 있습니다. 이 편집기는 3버전이 더 빠릅니다.

- 서브라임 텍스트 2 (http://www.sublimetext.com/2)
- 서브라임 텍스트 3 (http://www.sublimetext.com/3)

03 구글 크롬 브라우저

국내에서는 웹 브라우저로 인터넷 익스플로러를 많이 사용하지만, 웹사이트를 만들 때 사용하는 개발자 도구는 사용하기 편리해야 합니다. 저는 이러한 필요성으로 처음에는 파이어폭스를 사용했지만, 요즘은 구글 크롬을 사용하고 있습니다. 어느 브라우저를 사용하든 자신에게 맞는 웹 브라우저를 사용하는 것이 좋습니다. 크롬의 개발자 도구는 요소 검사를 이용해 스타일 시트 속성을 알아내고 HTML 코드의 구성을 알고자 하는 데 있지만, 코드를 복사할 때도 편리하게 사용할 수 있습니다.

04 웹 서버 환경 만들기와 데모 사이트 만들기

지난 책을 발행한 이후 많은 질문을 받았는데, 많은 분이 웹 호스팅에서 직접 작업하고 있었습니다. 웹 호스팅에서 직접 작업하려면 상당히 불편하고, 실험하다 보면 여러 개의 워드프레스를 설치해야 할 때도 있습니다. 내 컴퓨터에서 WAMP 서버나 Autoset을 사용해서 서버 환경을 만들고 모든 디자인이나 수정을 마친 다음에 워드프레스와 함께 모든 코드를 웹 호스팅에 업로드하면 설정된 상태 그대로 확인할 수 있습니다. 반드시 실제 사이트에서 작업해야 하는 부분은 그 이후에 추가 작업하면 됩니다. 처음 하시는 분은 내 컴퓨터에서 작업하세요. 이 책에서는 WAMP 서버가 사용상의 어려운 점이 있어서 국내에서 개발된 Autoset을 사용합니다.

이 책에서 만든 테마는 내용이나 설정 그대로 저장해서 워드프레스 전체를 첨부 파일에 넣었으니 이 책의 마지막 부분을 참고해서 내 컴퓨터에서 데모사이트를 만들고 책의 내용대로 나오지 않을 경우 참고하세요. 그러면 질문할 일이 많지 않을 겁니다. 다만 주의할 점은 데모 사이트는 최종 작업한 내용이 들어있으니 진행하면서 상당히 다를 수 있습니다.

내 컴퓨터에 워드프레스 설치 05

○1 Autoset 설치

워드프레스는 설치하면 바로 사용할 수 있는 블로그 프로그램이지만 정적인(Static) 콘텐츠가 아닌 데이터베이스와 연동해서 원하는 데이터를 불러오고 동적인(Dynamic) 콘텐츠를 생산하는 PHP에 의해 작동하는 프로그램입니다. PHP는 인터넷 서버 환경에서만 작동하는데, 워드프레스를 시험적으로 사용하기 위해 일일이 웹 호스팅 서버에 설치할 수는 없는 일이고, 테마를 수정하거나 새로운 테마를 만들 때 웹 호스팅 서버에서 바로 작업하는 것은 매우 불편합니다. 그래서 내 컴퓨터에 서버 환경을 만들어 웹 호스팅과 같은 환경을 구축할 수 있습니다. 내 컴퓨터에 서버 환경을 구축하려면 서버를 만드는 데 필요한 프로그램을 설치해야 하는데, 이때 세 가지 프로그램이 필요합니다. 우선 워드프레스는 PHP 언어로 만들어졌기 때문에 기본적으로 PHP 프로그램이 설치돼 있어야 합니다. 그리고 PHP로 만든 콘텐츠를 인터넷 사용자에게 전달하는 역할을 하는 것이 아파치 웹 서버입니다. 또한, 워드프레스에서 작성한 모든 글은 데이터베이스에 저장되고 방문자의 클릭에 따라 글이 보이며, 글의 저장을 담당하는 역할은 MySQL이라는 데이터베이스 프로그램이 합니다. 서버 환경을 구축하려면 이러한 세 가지 프로그램을 자신의 컴퓨터에 설치하면 됩니다.

이 세 가지 프로그램을 따로 설치할 수도 있지만, 사용자의 편의를 위해 세 가지 프로그램이 한데 묶인 프로그램을 이용할 수도 있습니다. 세 개의 프로그램을 따로 설치하면 서로 연동하기 위해 설정해야 하는 번거로움이 있지만 병합된 프로그램은 이미 서로 연동된 상태로 설치되므로 한 번의 설치로 바로 서버 환경을 이용할 수 있습니다. 이러한 프로그램의 조합을 스택(Stack: 쌓아놓은 것, 조합)이라고 합니다. 이 스택은 웹 서버인 아파치(Apache), 데이터베이스인 MySQL, 그리고 PHP의 첫 글자를 따서 AMP라 하고, 운영체제에 따라 WAMP(Windows+AMP), MAMP(Macintosh+AMP), LAMP(Linux+AMP)가 있습니다. 국내에서 개발된 프로그램은 Autoset과 APM Setup이 있습니다.

- WAMP: http://www.wampserver.com/en/
- MAMP: http://www.mamp.info/en/index.html
- LAMP: http://bitnami.org/stack/lampstack
- XAMPP: http://www.apachefriends.org/en/xampp.html

모든 운영체제에 설치할 수 있는 크로스 플랫폼인 XAMPP(X:Cross+AMP+Perl)가 있지만 XAMPP는 초보자가 사용하기에는 다소 불편합니다. 이러한 각 스택은 오픈 소스 프로그램을 사용하기에 스택도 무료로 내려받아 사용할 수 있습니다. 스택은 내려받아서 설치만 하면 바로 사용할 수 있으며, 여기서는 사용자 비중이 가장 높은 윈도 환경에 설치할 수 있는 Autoset 8을 설치하는 방법을 알아보겠습니다. 웹 브라우저에서 다음 URL로 이동하면 해당 프로그램을 내려받을 수 있는 사이트로 이동합니다. 맥 사용자는 제 블로그 글을 참고하세요 (http://martian36.tistory.com/1257).

http://autoset.net/xe/download_autoset_8_0_0

그림 1-8 오토셋 파일을 내려받을 수 있는 사이트

시스템에 따라 64비트용과 32비트용이 있으니 자신의 컴퓨터에 맞는 프로그램을 내려받으면 됩니다. 서버가 작동하지 않을 때에는 "네이버 개발자 센터에서 다운로드" 링크를 클릭해 내려받습니다. 이곳은 다섯 개의 파일로 나뉘어 있으며 모두 내려받아서 압축을 해제하면 한 개의 파일로 바뀝니다.

그림 1-9 오토셋 설치 1

AutoSet800Patch3_x64.exe 파일을 클릭하면 위 그림과 같은 과정을 거쳐서 Autoset이 설치됩니다. 설치하기 전에 다른 AMP 프로그램을 사용 중이라면 모두 중지하고 실행합니다. 한국어를 선택하고 마지막 화면에서 설치할 하드디스크를 변경할 수 있습니다.

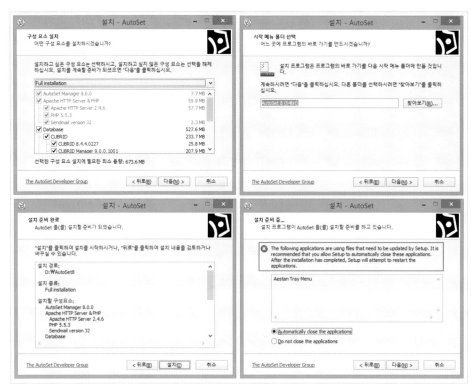

그림 1-10 오토셋 설치 2

구성 요소 설치 창에서 스크롤 바를 내려보면 워드프레스까지 설치됩니다. 마지막 창에서처럼 경고 메시지가 나오면 Automatically close the applications에 체크하고 다음 버튼을 클릭합니다.

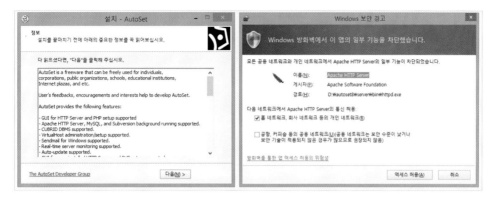

그림 1-11 **오토셋 설치 3**

설치가 진행되고 제 경우에는 WAMP 서버가 작동하고 있을 때 설치했더니 오류 메시지가
나옵니다. 이럴 경우 제어판에서 프로그램을 제거하고 설치 폴더도 제거한 다음 다시 설치해
야 합니다. 최종 화면에서 완료 버튼을 클릭하면 방화벽 차단 관련 메시지가 나오기도 하는
데 액세스 허용을 클릭합니다.

그림 1-12 **오토셋 실행 창**

오토셋을 처음 실행하면 웹 서버(80)만 실행됩니다. 오토셋에는 데이터베이스 프로그램으로
MySQL과 큐브리드가 있는데 여기서는 MySQL을 사용합니다. 제어 메뉴에서 MySQL을 클
릭하면 MySQL이 실행됩니다. 설정 메뉴에서 여러 가지 설정을 할 수 있으니 참고하세요.

위 세 번째 그림은 설정 → 오토셋 설정 → 오토셋 기본 정보를 클릭하면 나오는 내용입니다. 여기서 시작 옵션과 종료 옵션에 체크하고 아래로 스크롤 해서 변경사항 적용 버튼을 클릭하면 오토셋 종료와 시작 시 이들 프로그램이 자동으로 시작되거나 종료됩니다. 바탕화면에 바로 가기 아이콘이 없는 경우 설치 폴더에서 AutoSet.exe 파일을 클릭해 AutoSet을 실행할 수 있습니다.

앞에서 자동 종료되게 설정했지만 실제로는 윈도 시작프로그램에서 아파치 웹 서버와 MySQL, 큐브리드가 자동으로 시작됩니다. 다른 웹 서버 프로그램(WAMP)을 사용하면 서로 충돌이 일어나서 해당 프로그램을 사용할 수 없는 경우가 있습니다. 이러한 오토셋의 자동 실행을 끄는 방법을 알아보겠습니다.

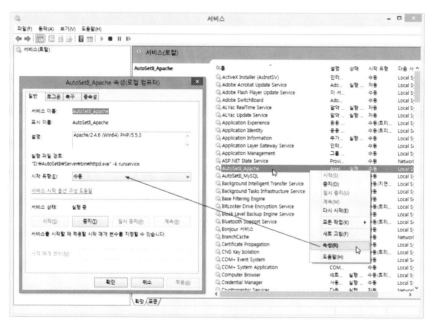

그림 1-13 오토셋 자동 실행 방지

윈도 제어판의 모든 제어판 항목에서 관리도구 → 서비스를 선택하면 위 그림과 같은 화면이 나옵니다. AutoSet8_Apache와 Autoset8_MySQL의 행을 마우스 오른쪽 버튼으로 클릭해서 속성을 선택하면 창이 나옵니다. 여기서 자동을 수동으로 전환합니다. 아래로 스크롤 해서 Cubrid Service는 "사용 안 함"으로 설정합니다. 변경 사항은 재부팅 후 적용되며 이처럼 설정하면 오토셋을 종료했을 때 모든 서비스가 종료되므로 WAMP 서버를 가동해서 사용할 수 있습니다.

∩2 워드프레스 설치

이름	수정한 날짜	유형	크기
gnuboard4	13-10-01 오후 4:...	파일 폴더	
rb	13-10-01 오후 4:...	파일 폴더	
wordpress	13-10-01 오후 4:...	파일 폴더	
xe	13-10-01 오후 4:...	파일 폴더	
index.php	13-10-01 오후 4:...	PHP 파일	49KB

↑ 🖥 ▸ 컴퓨터 ▸ 새 볼륨 (D:) ▸ AutoSet8 ▸ public_html

그림 1-14 오토셋의 워드프레스 설치 폴더

오토셋을 설치하고 설치 폴더에서 public_html 폴더로 들어가면 여러 가지 CMS 프로그램이 들어있습니다. 이곳의 워드프레스는 영문 버전이므로 한글 언어 파일을 설치하는데 번거로우므로 폴더를 제거합니다. 또한, 다른 프로그램도 혼동되므로 모두 제거합니다.

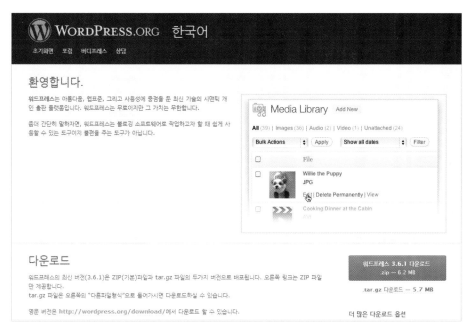

그림 1-15 한글 워드프레스를 내려받을 수 있는 사이트

• http://ko.wordpress.org/

위 링크로 이동 후 파란색 버튼을 클릭해 워드프레스 한글 버전을 오토셋 설치 폴더의 public_html 폴더에 저장합니다. 압축을 해제하고 폴더로 들어가서 wordpress 폴더를 public_html 폴더에 붙여넣습니다.

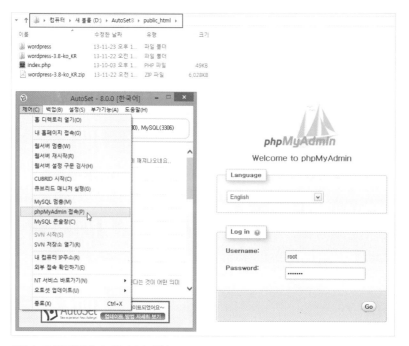

그림 1-16 오토셋에서 phpMyAdmin 접속

데이터베이스를 만들기 위해 오토셋의 메뉴에서 제어 → phpMyAdmin을 클릭하면 기본 웹 브라우저에 오른쪽 그림과 같은 화면이 나타납니다. 오토셋의 MySQL은 기본적으로 비밀번호가 설정돼 있습니다. 사용자명에 root, 비밀번호에 autoset을 입력하면 로그인됩니다.

그림 1-17 데이터베이스 만들기

데이터베이스 탭을 클릭하고 새 데이터베이스 만들기 입력란에 wordpress를 입력합니다. 이는 워드프레스가 사용할 데이터베이스 이름입니다. 오른쪽에 있는 만들기 버튼을 클릭하면 왼쪽에 있는 사이드바에 데이터베이스가 생성됩니다.

그림 1-18 자동 환경 설정 파일 만들기

웹 브라우저의 주소란에 localhost/wordpress를 입력하고 엔터 키를 누르면 위와 같은 화면이 나타납니다. 위 화면이 나타나지 않는 경우도 있는데 이는 나중에 설명하겠습니다. 환경 설정 파일 만들기 버튼을 클릭합니다.

그림 1-19 필요한 데이터베이스 정보

다음 화면에서 다섯 가지의 정보가 필요하다고 합니다. 1. 데이터베이스 이름은 이미 만들었고, 2 데이터베이스 사용자 이름과, 3. 데이터베이스 비밀번호는 이미 알고 있는 내용입니다. 4. 데이터베이스 호스트는 localhost이고, 5. 테이블 접두어는 다음 화면에서 나타납니다. Let's go 버튼을 클릭합니다.

그림 1-20 데이터베이스 정보 입력

데이터베이스 정보를 위와 같이 입력합니다. 테이블 접두어는 공유 서버처럼 하나의 데이터베이스를 사용하면서 여러 개의 워드프레스를 설치할 경우 서로 혼동을 방지하기 위해서 접두어를 다르게 할 수 있습니다. 전송 버튼을 클릭합니다. 간혹 데이터베이스의 사용자명과 비밀번호를 워드프레스 로그인 사용자명과 비밀번호와 혼동하는 경우가 있으니 주의하세요.

그림 1-21 환경 설정 완료

지금까지는 데이터베이스를 만드는 과정이었고, 이제 워드프레스를 설치하는 과정입니다. 설치 실행하기 버튼을 클릭합니다.

그림 1-22 워드프레스 설치 정보 입력

사이트 제목에는 원하는 사이트 제목을 입력합니다. 사용자명은 워드프레스 로그인 사용자명으로 보통 admin으로 돼 있는데 웹 호스트에 설치하고 사용할 때에는 해킹을 방지하기 위해서 다른 사용자명을 사용합니다. 비밀번호 또한 문자, 숫자, 특수문자, 영문 대소문자를 섞어서 만들어주는 것이 좋습니다. 이메일 주소를 입력하고 워드프레스 설치하기 버튼을 클릭합니다.

그림 1-23 워드프레스 설치 완료

설치가 모두 완료됐다고 합니다. 로그인 버튼을 클릭한 뒤 아이디와 비밀번호를 입력하고 엔터 키를 누르면 워드프레스 관리자 화면이 나타납니다.

수동으로 환경설정 파일 만들기

주소창에 localhost/wordpress를 입력하고 엔터 키를 눌렀는데도 정상적으로 설치되지 않는 경우가 있는데 이때는 다음과 같이 수동으로 wp-config.php 파일을 만들어야 합니다.

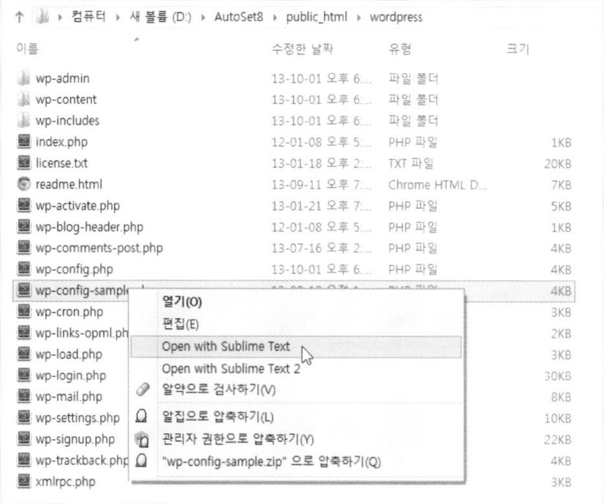

그림 1-24 수동으로 환경설정 파일 만들기

wordpress 폴더에서 wp-config-sample.php 파일을 마우스 오른쪽 비튼으로 클릭하고
텍스트 편집기(Open with Sublime Text)를 선택합니다.

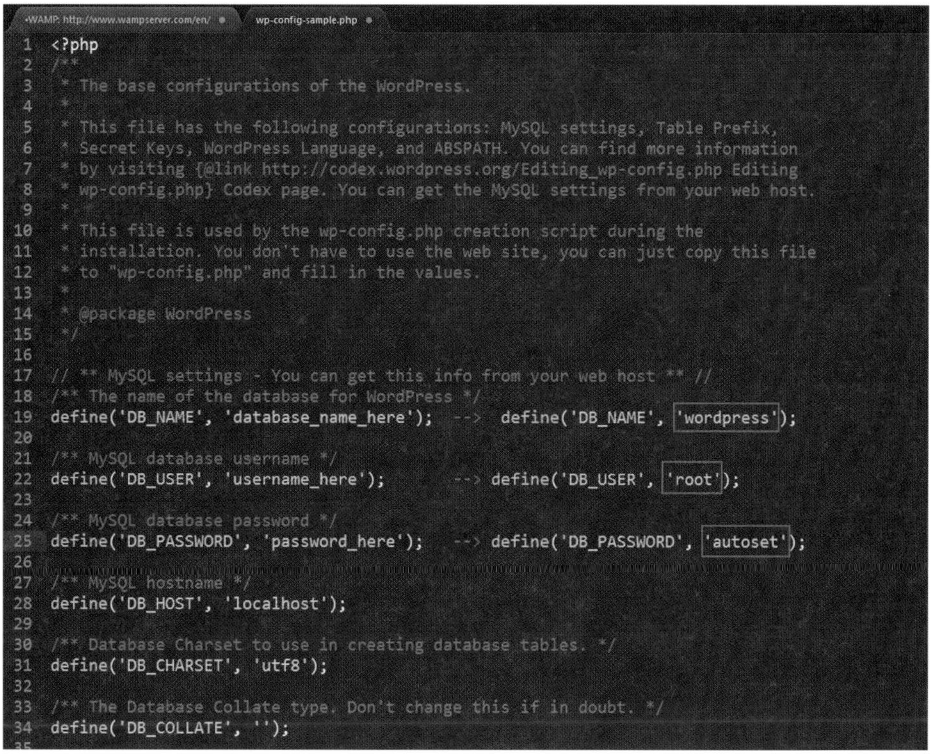

그림 1-25 wp-config.php 파일에 데이터베이스 정보 입력

[그림 1-25]를 참고하여 데이터베이스 이름인 wordpress, 데이터베이스 사용자명인 root, 데이터베이스 비밀번호인 autoset을 입력합니다. 파일을 다른 이름으로 저장하기 위해 Ctrl+Shift+S 키를 눌러서 파일명을 wp-config.php로 지정하고 저장합니다. 그다음 주소 창에서 localhost/wordpress를 입력하고 엔터 키를 누르면 정상적으로 진행됩니다.

웹 호스팅에
워드프레스 설치 06

워드프레스를 시험으로 사용하고자 한다면 무료 호스팅을 우선 사용하기를 권장합니다. 사용해보고 속도나 서비스 측면에서 좋다고 판단되면 업그레이드해서 계속 사용할 수 있습니다. 무료 호스팅 업체 중에서 하드디스크 용량이나 트래픽이 아주 우수한 곳으로는 '호스팅거'가 있습니다. 4장에서는 웹사이트를 만들고 이를 웹 호스트에 업로드 하는 방법까지 진행합니다. 4장에서 만든 웹사이트는 용량이 100MB를 초과합니다. 국내에 있는 무료 호스팅 업체는 최대 100MB까지만 사용할 수 있으므로 부득이하게 호스팅거를 사용하기로 하겠습니다.

호스팅거는 외국 회사이며 국내에도 지사를 설치했지만, 무료 계정의 경우 서버가 미국과 유럽에 있고 유료 계정의 경우 가장 가까운 곳이 홍콩이라고 합니다. 사용해보니 무료 계정이라도 그리 느리지는 않았습니다. 국내 무료 호스팅과 유료 호스팅 실치는 세 블로그에 올리도록 하겠습니다(http://martian36.tistory.com/1270, http://martian36.tistory.com/1271/).

∩1 회원 가입 및 계정 생성

http://www.hostinger.kr/

위 링크로 이동한 뒤 우측 상단에서 계정 생성 링크를 클릭합니다.

그림 1-26 호스팅거 계정 생성

등록 양식에 정보를 입력하고 계정 생성 버튼을 클릭합니다.

그림 1-27 새로운 계정 생성

다음 화면에서 이메일을 확인하고 계정 활성화 링크를 클릭하라고 합니다. 가입할 때 입력한 이메일을 확인해 보면 두 개의 메일이 있습니다. 이 중 두 번째 메일을 열고 활성화 링크를 클릭합니다.

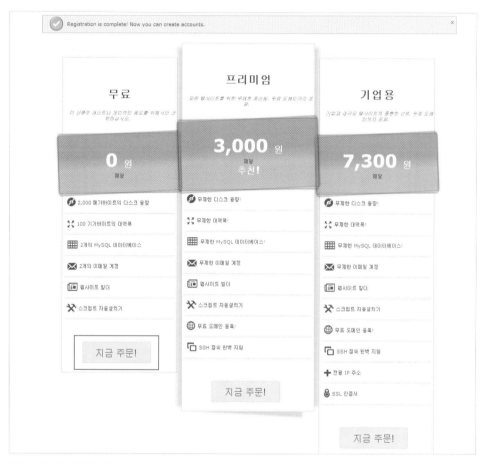

그림 1-28 **무료 계정 생성**

다음 화면에서 무료 계정의 지금 주문 버튼을 클릭합니다.

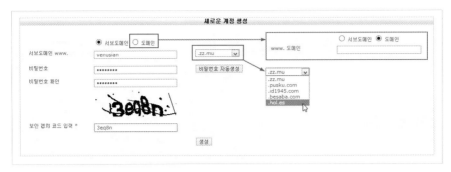

그림 1-29 도메인 선택

서브 도메인을 위처럼 입력하고 도메인을 선택박스에서 선택합니다. 도메인이 있는 경우 도메인 라디오버튼을 클릭해서 입력합니다. 생성 버튼을 클릭하면 다음과 같은 화면이 나타납니다.

그림 1-30 도메인 생성

비활성 계정에 진행 중… 메시지가 나타나고 잠시 후에 새로고침하면 활성 계정으로 변경됩니다. 변경 버튼을 클릭합니다.

02 관리자 화면

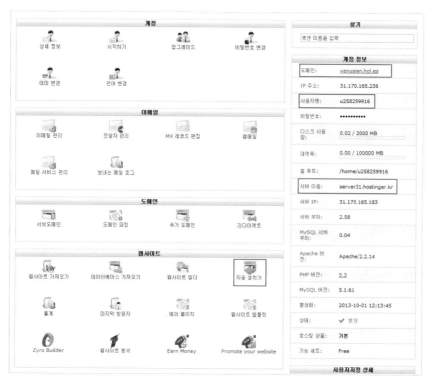

그림 1-31 관리자 화면

다음으로 여러 가지 설정을 할 수 있는 화면이 나타나는데 이러한 화면을 Control Panel이라고 합니다. 해외 호스팅 업체는 대부분 이러한 Control Panel을 사용해서 다양한 설정을 변경할 수 있습니다. 자동 설치기를 선택하면 각종 프로그램을 설치할 수 있는 화면이 나오며 워드프레스도 설치할 수 있는데, 해당 화면에서 워드프레스 로고를 클릭하면 버전이 3.3.1이며 영문인 워드프레스가 서브 폴더에 설치됩니다. 한글 버전을 업로드 하려면 FTP를 이용합니다. 위 화면에서 스크롤을 내리면 파일 패널에 FTP 접속 아이콘이 있습니다. 이를 클릭하면 FTP 접속 정보와 파일질라를 내려받을 수 있는 링크가 있습니다. 정보는 위 화면에 다 있으니 파일질라는 다음 링크에서 내려받습니다.

• https://filezilla-project.org/

파일질라로 접속하는 데 필요한 정보는 도메인, 사용자명, 비밀번호입니다. 우선 데이터베이스를 만들겠습니다. 위 화면 아래에 있는 고급 패널에서 MySQL 데이터베이스를 선택하면 다음과 같은 화면이 나타납니다.

∩3 데이터베이스 만들기

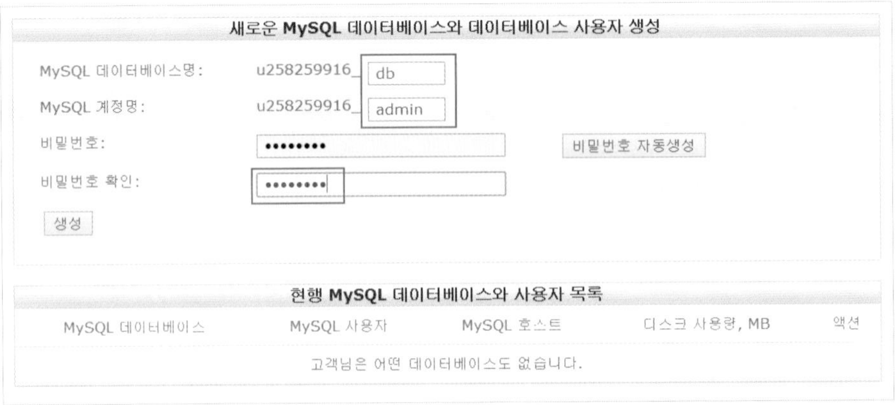

그림 1-32 데이터베이스 만들기

데이터베이스명과 계정명의 앞부분은 자신의 호스팅거 사용자명이므로 빈칸에 적당한 이름을 입력합니다. 5글자 이내여야 합니다. 비밀번호 확인에 로그인 비밀번호를 입력하고 생성 버튼을 클릭합니다.

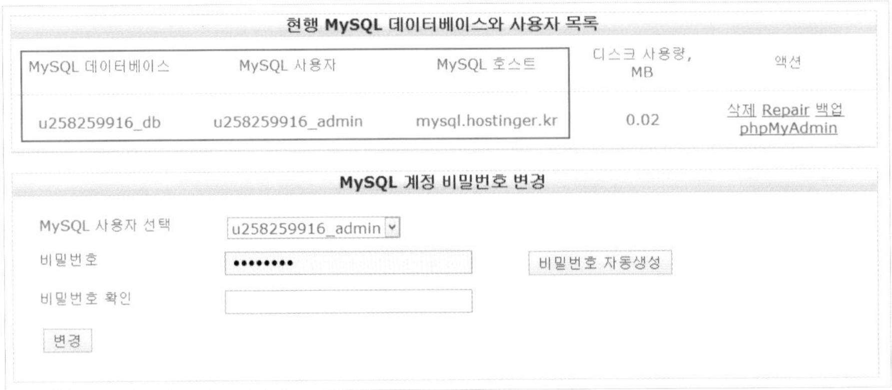

그림 1-33 데이터베이스 정보

워드프레스의 wp-config.php 파일을 만들 수 있는 기본 정보가 나타납니다. 위 정보는 클릭-드래그해서 블록을 설정한 다음 복사해서 사용합니다.

04 wp-config.php 파일 만들기

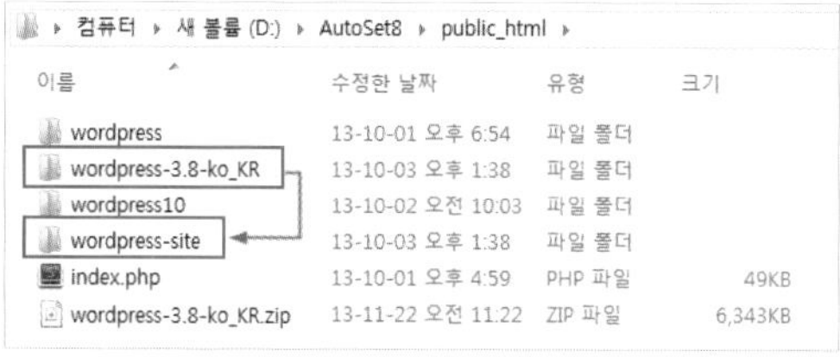

그림 1-34 워드프레스 파일 만들기

내려받은 워드프레스의 압축 해제 폴더로 들어가서 wordpress 폴더의 이름을 wordpress-site로 변경한 다음 이를 복사해서 public_html 폴더에 붙여넣습니다. 이 워드프레스는 사이트에 업로드 할 것이므로 wp-config.php 파일을 미리 만듭니다. 이처럼 워드프레스 원본은 항상 보존하는 것이 좋습니다. 다음에 새로운 시험 사이트를 만들 경우 wordpress-3.8-Ko_KR 폴더에 들어가서 wordpress-site를 다른 이름(wordpress2, wordpress3, . . .등)으로 수정해서 복사한 다음 위 폴더에 붙여넣고 진행하면 됩니다.

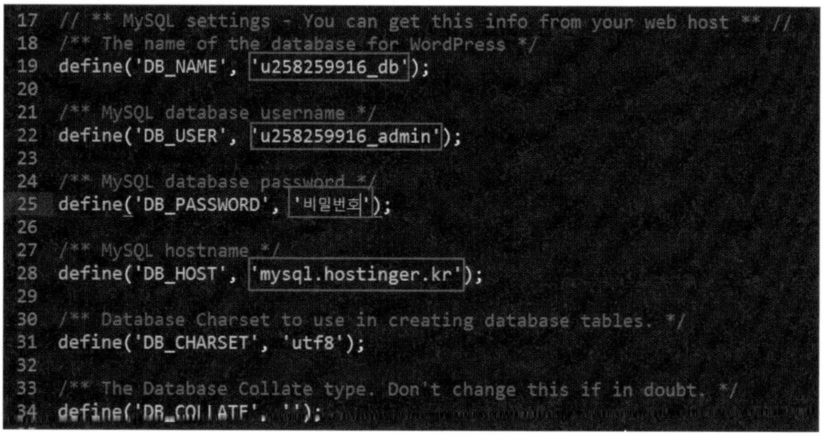

```
17   // ** MySQL settings - You can get this info from your web host ** //
18   /** The name of the database for WordPress */
19   define('DB_NAME', 'u258259916_db');
20
21   /** MySQL database username */
22   define('DB_USER', 'u258259916_admin');
23
24   /** MySQL database password */
25   define('DB_PASSWORD', '비밀번호');
26
27   /** MySQL hostname */
28   define('DB_HOST', 'mysql.hostinger.kr');
29
30   /** Database Charset to use in creating database tables. */
31   define('DB_CHARSET', 'utf8');
32
33   /** The Database Collate type. Don't change this if in doubt. */
34   define('DB_COLLATE', '');
```

그림 1-35 wp-config.php 파일 만들기

wordpress-site의 폴더로 들어가서 wp-config-sample.php 파일을 편집기에서 열고 위 그림을 참조하여 정보를 수정합니다. 수정할 내용으로 자신의 데이터베이스 정보를 입력한 다음 다른 이름으로 저장하기 위해 Ctrl+Shift+S 키를 눌러 파일명을 wp-config.php로 변경하고 저장합니다.

⌐5 파일질라로 파일 업로드

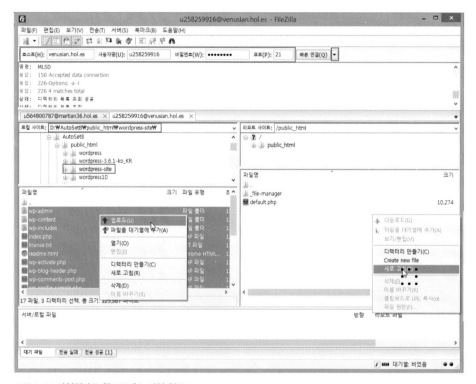

그림 1-36 파일질라로 워드프레스 파일 업로드

앞에서 내려받은 파일질라를 설치하고 실행하면 위 그림과 같은 화면이 나타납니다. 상단에 정보를 입력합니다. 호스팅거의 Control Panel 홈에서 계정정보의 도메인을 복사해서 파일질라의 호스트에 붙여넣고, 사용자명을 복사해서 파일질라의 사용자명에 붙여넣습니다. 비밀번호는 자신의 비밀번호를 입력합니다. 포트에 21을 입력하고 바로 옆의 빠른 연결 버튼을 클릭하면 접속됩니다. 빠른 연결 버튼 우측의 작은 세모를 클릭하면 사용자명과 도메인이 나타나는데 다음부터 파일질라에 들어와서 이 링크를 클릭하면 다시 정보를 입력하지 않고도 접속할 수 있습니다.

위 화면에서 좌측의 로컬 사이트는 내 컴퓨터이고 우측의 리모트 사이트는 호스팅거의 내 서버입니다. 내 컴퓨터의 워드프레스 파일을 리모드 사이트에 업로드 하겠습니다. 로컬 사이트의 트리구조에서 오토셋 폴더를 찾아서 이전에 만든 wordpress-site 폴더를 클릭하면 하단의 패널에 파일들이 나타납니다. 이 패널 내부를 클릭하고 Ctrl+A 키를 누르면 모든 파일이 선택됩니다. 마우스 오른쪽 버튼을 클릭하면 메뉴가 나타나며, 업로드를 선택하면 우측 리모트 사이트의 파일 패널로 업로드가 시작됩니다. 해외 서버라서 사용하는 때에 따라 시간이 10분 이상 걸릴 수도 있습니다. 업로드 완료 후에는 우측 패널에서 마우스 오른쪽 버튼을 클릭하고 새로고침하면 파일이 나타납니다.

∩⌒ 빠르게 업로드

이 방법은 내 컴퓨터에서 워드프레스 사이트를 만들고 모든 설정을 있는 그대로 업로드 할 때 편리하며, 용량이 큰 파일이라도 압축해서 업로드하고 서버에서 압축이 풀리므로 빠르게 업로드 할 수 있습니다. 이 방법으로는 100메가까지 업로드 할 수 있습니다.

그림 1-37 워드프레스 폴더 압축

wordpress-site 폴더를 마우스 오른쪽 버튼으로 클릭하고 zip 파일로 압축합니다.

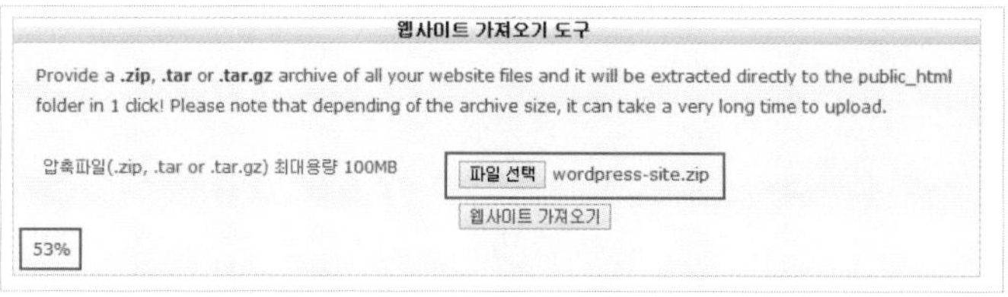

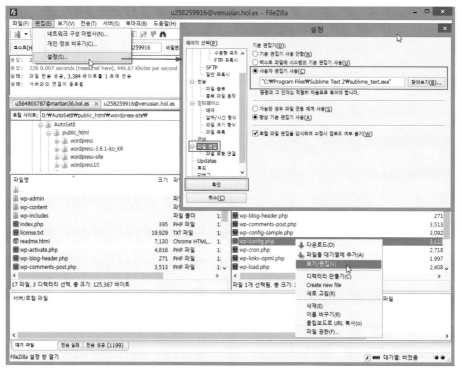

그림 1-38 웹사이트 가져오기

Control Panel의 웹사이트 패널에서 웹사이트 가져오기를 클릭하면 위 그림과 같은 화면이 나타납니다. 파일 선택 버튼을 클릭해서 앞에서 압축한 파일을 선택한 다음 웹사이트 가져오기 버튼을 클릭하면 업로드가 시작되고 하단에 업로드 정보가 퍼센트로 나타납니다.

07 파일질라에서 편집기 사용하기

파일을 업로드하고 난 후에 파일을 수정할 필요가 있으면 내 컴퓨터에서 수정한 파일을 다시 업로드 해야 합니다. 하지만 간단한 수정이라면 파일질라에서 직접 수정하는 것이 더 빠를 것입니다.

그림 1-39 파일질라로 파일 편집

파일질라 메뉴에서 편집 → 설정을 클릭하면 설정 화면이 나타납니다. 페이지 선택에서 파일편집을 선택하고 우측에서 기본 편집기를 사용자 편집기 사용에 체크하고 찾아보기 버튼을 눌러 내 컴퓨터의 편집기를 선택한 다음 확인 버튼을 클릭합니다. 여기서는 보안 키를 입력하는 방법을 알아보겠습니다. wp-config.php 파일을 마우스 오른쪽 버튼으로 클릭한 뒤 보기/편집을 선택하면 위에서 설정한 편집기에서 파일이 열립니다.

```
36  /**#@+
37   * Authentication Unique Keys and Salts.
38   *
39   * Change these to different unique phrases!
40   * You can generate these using the {@link https://api.wordpress.org/secret-key/1.1/salt/
        WordPress.org secret-key service}
41   * You can change these at any point in time to invalidate all existing cookies. This will
        force all users to have to log in again.
42   *
43   * @since 2.6.0
44   */
45  define('AUTH_KEY',         'put your unique phrase here');
46  define('SECURE_AUTH_KEY',  'put your unique phrase here');
47  define('LOGGED_IN_KEY',    'put your unique phrase here');
48  define('NONCE_KEY',        'put your unique phrase here');
49  define('AUTH_SALT',        'put your unique phrase here');
50  define('SECURE_AUTH_SALT', 'put your unique phrase here');
51  define('LOGGED_IN_SALT',   'put your unique phrase here');
52  define('NONCE_SALT',       'put your unique phrase here');
53
```

그림 1-40 인증 키 URL

중간 부분에 보면 Authentication Unique Keys and Salts가 있는데 이는 인증키와 솔트(암호 코드)로 처음 설치할 때는 자동으로 만들어지므로 설정할 필요는 없지만 자주 변경해 주는 것이 좋습니다. 또한, 호스팅거처럼 자동으로 만들어지지 않으면 수동으로 만들어줘야 합니다. @link 부분의 URL을 복사해서 웹 브라우저의 주소창에 붙여넣은 다음 엔터 키를 누르면 암호화된 문자열이 만들어집니다.

그림 1-41 인증 키 생성

이 문자열은 로그인 비밀번호를 암호화해서 해킹을 방지하는 데 쓰입니다. 생성된 각 암호화 문자열 전체를 블록 설정한 뒤 복사합니다.

```
36  /**#@+
37   * Authentication Unique Keys and Salts.
38   *
39   * Change these to different unique phrases!
40   * You can generate these using the {@link https://api.wordpress.org/secret-key/1.1/salt/ WordPress.
     org secret-key service}
41   * You can change these at any point in time to invalidate all existing cookies. This will force
     all users to have to log in again.
42   *
43   * @since 2.6.0
44   */
45  define('AUTH_KEY',         'm,+YzZ}&o01N`;,Q5,G1oIqnXHlYvx@`v|k0e`?IQQZ_tWSw,,s++##^0-1@4huS');
46  define('SECURE_AUTH_KEY',  '3e|Jr}!f{:0&uWSZE94@1ZBb3sTH7/ol11N4tu^^Ls_I;R(5f$7E+M=q//Y L+c7');
47  define('LOGGED_IN_KEY',    '=?D>|i|zu[cN ,@kU!7Y|GCtgl[6t_@#9RWqQWoZ6`04yF`XC1IgJmd|];KsC+%<');
48  define('NONCE_KEY',        '&x)5~}BEBjhW+}AY`o<7^y|BQw~wcCc6KFel+xkVQ}^`X/ /-wyD+IrI4B5,i<L`');
49  define('AUTH_SALT',        '>8[=4 JGmRlINN{oY`&H~<(!}(;bjz>4MTc2EIM2`tCsVP+RSp!*PJ0|Zv5n$4aZ');
50  define('SECURE_AUTH_SALT', '#uTd.U<F3Qb,-oD/vy.q2du7)qwovoR-||@(>N5K8/:S6xcJs>#8k>xF8v+|{BLC');
51  define('LOGGED_IN_SALT',   '0w5<(P!c(D.FfQ(Zw!_&+R/?&~7+qz=;^_0D1?u@{Sdb|,JBGj+,x}yU}T1yWF%');
52  define('NONCE_SALT',       '#*<q.K2/gt&5Hm~V5r&q26^|1I:39XK[Ol:krD)I/bCHKsD[xQ4Ln^^v#B)S0){k');
53
```

그림 1-42 인증 키 붙여넣기

위 그림을 참고하여 이전의 코드를 제거하고 새로 만든 암호화 문자열을 붙여넣은 다음 Ctrl+S 키를 눌러 저장합니다. 이 파일은 서버에서 불러와서 내 컴퓨터의 임시 폴더에 저장되고 열린 파일이므로 제거해주기 위해 Ctrl+W 키를 누르면 파일이 닫힙니다. 파일질라에 돌아오면 다음과 같이 창이 나타납니다.

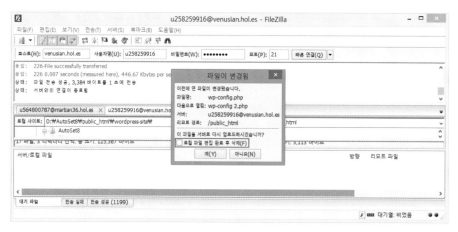

그림 1-43 파일질라 확인

로컬 파일 편집 완료 후 삭제에 체크하고 "예" 버튼을 클릭합니다. 간혹 편집과 저장만 하고 파일질라에서 위 마지막 작업을 하지 않는 경우가 있는데 항상 주의해야 합니다.

08 워드프레스 로그인

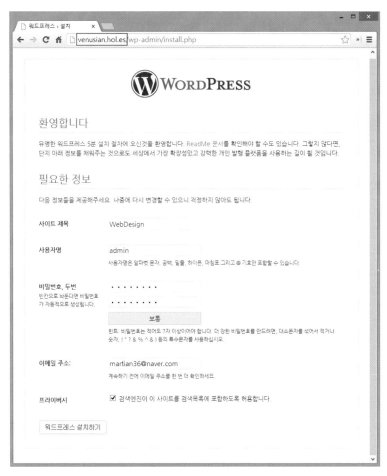

그림 1-44 워드프레스 로그인 정보 등록

웹 브라우저의 주소창에서 도메인을 입력하고 엔터 키를 누르면 위와 같은 화면이 나타납니다. 모든 정보를 입력하고 이전의 내 컴퓨터에서 워드프레스 설치하기 과정대로 진행해서 워드프레스 관리자 화면이 나오게 합니다.

유료 테마 구매 **07**

01 워드프레스 테마의 중요성

자신만의 고유한 블로그를 만들려면 테마 선택이 아주 중요합니다. 내 블로그의 성격과 스타일을 가장 잘 나타낼 수 있는 레이아웃과 디자인을 선택해야 방문자가 호감을 느끼게 됩니다. 나에게 맞는 디자인의 테마를 선택하는 일은 쉽지 않으며, 이미 있는 무료 테마나 유료 테마를 선택했더라도 그대로 사용하기에는 부족함이 있을 것입니다. 원하는 곳에 로고를 배치하고 이미지를 넣고 싶다면 레이아웃 언어인 CSS를 조금은 알아야 합니다. 이 책의 4장에서는 웹사이트를 만들기 위한 과정으로 무료 워드프레스 테마를 이용해서 여러 가지 플러그인과 최소한의 CSS로 원하는 사이트를 만들게 됩니다.

이와 같은 단계를 거치기 전에 기존의 워드프레스 테마를 수정하지 않고 내 블로그의 성격에 맞는 디자인을 선택하는 과정을 살펴봅니다.

02 워드프레스 테마란?

테마는 원래 영어로 Theme이라고 합니다. 우리나라 말로 테마라고 읽는 이유는 Theme의 독일어인 Thema를 사용해와서 테마가 더 익숙하기 때문일 것입니다. 워드프레스나 다른 외산 프로그램에서는 테마(Theme)라고 칭하지만, 우리나라에서는 스킨으로 통하죠. 그래서 블로그 스킨이라고 하는 말이 더 익숙할 것입니다. 외국에서도 스킨이라는 말을 쓰기도 하지만 스킨은 블로그의 전체적인 디자인보다는 특정 부분의 디자인을 말할 때 사용합니다. 예를 들어, 달력 위젯을 사용할 경우 달력만의 디자인이 있는데 이 디자인을 스킨이라고 하죠. 워드프레스 관리자 화면인 알림판의 디자인도 스킨이라고 할 수 있습니다. 이러한 용어를 구분해서 사용하면 외산 블로그 프로그램을 사용할 때 혼란을 덜 수 있습니다.

03 테마 선택의 중요성

어떤 테마를 선택한다고 했을 때 가장 먼저 생각해야 할 것이 내 블로그의 성격입니다. 블로그는 아주 다양한 성격을 가지고 포스팅할 수 있지만, 대부분이 어떤 특정 주제를 선택해서 포스팅하게 됩니다. 블로그는 개인적인 성격이 강하기 때문이죠. 블로그의 어원을 보면 Web Log에서 유래하였습니다. Log란 일기 또는 기록을 의미하며, 개인적인 다이어리라고 생각하면 이해하기 쉽습니다. 그러니 블로그란 "웹에 올리는 개인 일기"라고 풀이할 수 있습니다. 처음에는 이런 개념에서 출발했지만, 오늘날의 소셜 네트워크에서는 기업의 블로그도 생겨나서 기업의 홍보 활동에서 적극적으로 활용되고 있습니다.

이러한 블로그의 특성으로 인해 개인이 블로그를 운영할 때는 일반적으로 특정한 주제를 갖게 되므로 블로그의 테마도 그에 맞는 디자인으로 선택하는 것이 좋고 그래야 방문자에게 어필할 수 있는 블로그가 됩니다. 물론 기업 블로그도 해당 기업에 맞는 디자인을 선택해야겠죠.

04 테마 선택 시 고려할 사항

무료 테마와 유료 테마

인터넷에는 엄청나게 많은 워드프레스 테마가 있습니다. 지난 10년 동안 워드프레스의 사용자는 수천만 명으로 늘어났습니다. 일부 통계를 따르면 2억이나 된다고 하지만 시험용으로 내려받은 것까지 포함해서 그럴 것이고 실제 호스팅에 업로드해서 블로그나 웹사이트를 운영하는 것만 포함한다면 수천만에 해당합니다. 이러한 사용자의 급증으로 워드프레스 관련 업종이 많이 생겨났습니다. 그중에서도 워드프레스 테마 개발자가 대표적입니다. 워드프레스 테마를 전문적으로 제작해서 테마 템플릿을 만들어 판매하고 오래된 것은 무료로 전환하기도 합니다. 아마추어 디자이너들은 자신의 블로그 홍보를 위해 무료로 공개하기도 합니다. 무료 테마를 사용할 때 가장 중요시해야 할 사항은 테마의 코드 안에 링크가 삽입된 경우가 있으므로 주의해야 한다는 것입니다. 이것은 바로 악성코드에 해당합니다. 내부 파일에 단순히 HTML 코드로 링크된 것이므로 바이러스 프로그램도 잡아내지 못합니다. 그렇다고 수많은 파일을 일일이 검색할 수도 없는 노릇이니 가장 정평이 나 있는 무료 사이트에서 내려받아 사용하는 것만이 이러한 악성 코드를 방지하는 길입니다. 워드프레스 테마 공식 사이트에서 내려받지 않은 경우 구글에서 wordpress theme scanner plugin으로 검색하여 테마에 있는 악성 코드(malicious code)를 검색하는 플러그인을 사용할 수도 있습니다.

수많은 무료 테마가 있지만 디자인이 고급스러운 것은 그리 많지 않습니다. 그러므로 멋진 디자인의 테마를 찾기란 쉬운 일이 아니죠. 그래서 무료 테마 사이트에서 인기 있는 테마를 선택하게 됩니다. 많은 사람이 사용하는 테마는 좋은 디자인이기도 하지만 동시에 많은 사용자가 쓰기 때문에 개성이 떨어지죠. 비슷한 디자인이라면 어디서 본 것 같은 블로그가 됩니다. 블로그의 글 내용도 중요하지만, 디자인이 비슷한 블로그는 그만큼 방문자가 호감을 느끼지 못한다는 단점이 있습니다.

그래서 테마 디자인을 수정하지 않고 사용한다면 유료 테마를 선택하는 것이 좋습니다. 유료 테마는 1달러에 불과한 저렴한 것도 있지만, 가격에 따라 디자인과 기능상의 차이가 많습니다. 보통 가격대는 30달러에서 100달러까지인데, 중간인 70달러 정도면 아주 좋은 디자인에 해당합니다. 30달러면 보통에 해당하고 100달러 이상이면 고급에 속합니다. 하지만 가격이 그 이상인 것도 많습니다. 무슨 블로그 스킨이 이렇게 비쌀까라고 할 정도로 몇천 달러에 해당하는 스킨도 있는데, 이러한 스킨은 사용자의 편의를 위해 각종 플러그인과 기능을 해당 테마만을 위해 별도로 개발한 것이라서 그렇습니다. 단지 디자인만 있는 것이 아니죠.

기능

테마의 가격이 많은 차이가 나는 이유 중 하나는 테마에 어떤 기능이 포함돼 있느냐입니다. 테마를 선택할 때 이 부분을 점검할 수 없는 이유는 테마에 포함된 기능을 직접 사용해볼 수가 없기 때문입니다. 설치하고 글을 포스팅한다거나 어떤 기능을 직접 실행해보지 않고서는 어떤 기능이 있는지 알 수가 없습니다. 그래서 어떤 블로그를 검색하던 도중 그 블로그의 디자인이 맘에 든다면 블로그 운영자에게 문의하거나 블로그 하단에 테마 제작자에 대한 링크가 있을 수 있으므로 디자이너에게 직접 문의할 수도 있습니다. 또는, http://whatwpthemeisthat.com/ 사이트에서 URL을 입력하면 해당 URL에 사용한 테마와 플러그인을 알아낼 수 있습니다.

테마의 기능 가운데 중요한 것으로 CSS를 건드리지 않고도 디자인을 마음대로 바꿀 수 있게 하는 기능이 있습니다. 페이지 빌더를 이용해 각종 요소를 끌어놓기로 배치하는 것이죠. 이러한 기능은 무료 플러그인에서도 제공하고 있으며 4장에서 소개합니다.

프로그래밍 언어 중에서도 HTML 다음으로 쉬운 것이 CSS이지만 복잡한 것은 아주 어렵기도 합니다. 모든 웹 브라우저에 똑같이 적용하는 것도 힘든 일이죠. 이러한 디자인 변경을 클릭 몇 번으로 할 수 있는 기능이 테마에 포함돼 있습니다. 거의 하나의 프로그램이라고 할 정도로 복잡한 기능이 있어서 여러 번 연습해야 익숙해집니다. 저 같은 CSS 디자이너는 그냥 코드를 변경하는 것이 더 쉽죠.

누가 디자인한 것인가

CSS를 할 줄 알면 누구든지 테마 디자인을 할 수 있으므로 테마는 아주 많습니다. 연습 삼아 만든 테마도 있고 전문 디자이너가 만든 테마도 있어서 디자인의 품질이 천차만별입니다. 단순히 스킨 디자인만 있는 테마는 많이 수정해야 할 수도 있습니다. 정평이 나 있는 디자이너는 블로그를 운영하고 있으므로 직접 방문해서 그 디자이너가 만든 테마를 선택하는 것이 쉬운 방법 중 하나입니다. 이러한 디자이너는 하나의 테마를 만들어도 계속 수정해서 새로운 버전을 만들기 때문에 어떤 기능이 추가되고 수정됐는지 기록하게 됩니다.

레이아웃

레이아웃은 로고나 메뉴, 사이드바 위젯 등 블로그의 구성요소를 배치하는 기술을 의미합니다. 이는 레이아웃 언어인 CSS가 담당하는데, 직접 수정하지 못할 경우에는 자신이 이상적으로 생각하는 레이아웃으로 된 테마를 선택해야겠죠. 요즘은 대부분 블로그에 광고를 달기 때문에 광고를 어디에 어떤 크기로 배치할지도 고려해야 합니다. 어떤 테마는 구글 광고를 배치하기 위한 것도 있습니다. 큰 광고를 배치하려면 사이드바의 폭이 넓어야 좋습니다. 외국의 블로그는 본문에 광고를 배치하기도 하지만 이는 CSS에 관한 지식이 어느 정도 있어야 합니다. 외국에서는 드라마가 방영하는 도중에 광고가 나와도 별다른 거부감이 없지만 이런 중간 광고 문화는 우리나라에서는 짜증을 불러일으킵니다. 그래서 우리나라 블로그에서는 본문의 중간에 광고를 달면 광고로 도배한 블로그라는 악평을 받을 수도 있습니다. 광고는 특정 부분에만 올리는 것이 좋고 본문에는 콘텐츠만 있는 것이 바람직한 한국적 블로그 문화라고 생각합니다.

레이아웃을 말할 때 1단, 2단, 3단 레이아웃이라고 합니다. 이는 칼럼의 수에 따른 분류입니다. 1단 레이아웃은 이미지를 주로 사용하는 사진작가의 블로그같이 예술 작품을 포스팅하기 위한 테마에 많이 사용합니다. 글을 위주로 한 블로그는 2단이나 3단을 많이 사용하죠. 2단과 3단의 차이는 위젯을 많이 사용하면 사이드바에 배치하므로 사이드바의 공간이 많이 필요한데, 2단을 사용하면 1열만 있으므로 많이 배치할 수가 없습니다. 사이드바는 글을 선택하기 위한 태그 클라우드, 카테고리 등 방문자의 눈을 끌 수 있는 중요한 것을 배치하므로 큰 공간이 필요한 사이드바가 필요할 수도 있습니다. 3단 레이아웃을 사용하면 두 개의 칼럼은 사이드바로 사용하게 됩니다. 사이드바가 아래로 길게 늘어지는 경우는 없고 마우스로 두 번 정도 스크롤 해서 내려가면 끝나는 정도가 사이드바의 길이로 바람직합니다. 본문 글이 길어지면서 사이드바도 계속 존재한다면 글 읽는 사람이 짜증이 날 것입니다. 그래서 어느 정도까지만 사이드바의 공간을 제한하는 것이 좋습니다. 어떤 블로그는 사이드바만 길게 있고 본문은 짧게 끝나는 경우도 있는데 효율적인 레이아웃이 되지 못합니다. 그래서 사이드바에 들어갈 내용이 많은 블로그는 3단 레이아웃을 사용하는 것이 좋습니다. 1단 레이아웃이라 해도 사이드바에 들어갈 각종 위젯은 하단의 Footer 영역 이전에 배치되므로 사용해볼 만합니다. 그 대신 방문자가 블로그에서 어떤 정보를 얻으려면 한참 스크롤 해서 내려야 하는 불편을 주지 않도록 상단이나 하단으로 바로 이동할 수 있는 버튼을 마련하는 것도 좋습니다.

모든 웹 브라우저 지원 여부

인터넷에 접속하기 위한 웹 브라우저는 아주 다양한데, 그중에서 인터넷 익스플로러(이하 IE), 구글 크롬(쿨노보 포함), 파이어폭스, 애플 사파리, 오페라 등 5개의 웹 브라우저를 5대 웹 브라우저라고 합니다. 세계적으로 많이 사용하고 있기 때문이죠. 우리나라에서는 이러한 웹 브라우저 가운데 IE를 가장 많이 사용하고 있습니다. IE는 CSS와 친하지 않고 외국 웹 디자이너에게는 악명 높기로 유명합니다. 웹 표준에 근거한 CSS를 제대로 지원하지 않기 때문입니다. CSS는 웹 페이지에서 헤더, 푸터, 사이드바 등 구성요소를 배치하기 위한 언어인데,

다른 웹 브라우저에서는 똑같이 나오더라도 유독 IE에서만 다르게 나오는 경우가 있어서 이를 위한 별도의 CSS를 작성해야 하고 어떤 경우에는 자바스크립트를 삽입해야 정확하게 나오는 것도 있습니다. 특히 옛날 버전의 IE6는 마이크로소프트에서조차 퇴출 운동에 적극적으로 나서고 있는 상황입니다. 최근의 IE9 버전도 CSS의 최신 버전인 CSS3의 여러 가지 규정을 지원하지 않는 것이 많습니다.

해외에서는 이러한 IE의 시장 점유율이 아주 많이 떨어졌지만, 국내는 그렇지 않습니다. 이러한 이유로 특히 해외 테마 사이트에서는 모든 웹 브라우저에 잘 적용되는 테마를 선택해야 합니다. 해외에서는 IE를 무시하고 디자인하는 경우도 많고 최신 기술인 CSS3와 HTML5를 적용한 테마도 나오고 있습니다. 예를 들어, CSS3와 HTML5용 테마는 국내에서는 적용하기 어렵다고 보면 됩니다. 국내의 웹 브라우저 사용자 중 많은 비율이 IE를 사용하고 있어서 이 웹 브라우저로 접속하면 그림자 효과(box-shadow)나 둥근 모서리 효과(border-radius)가 적용되지 않습니다. IE9에서는 이 같은 효과를 지원하지만, IE 사용자 가운데 50%를 IE8 이하 버전의 사용자로 잡을 경우 이들이 내 블로그에 접속한다면 아름답지 못한 블로그를 접하게 될 것입니다. 즉, 디자인이 좋은 테마를 구입해서 설치했는데 IE8 이하 버전에서만 보면 흉하게 보일 수도 있다는 것입니다. 그러므로 테마를 구입하기 위해 웹 브라우저로 접속할 때에는 IE9 모드로 접속해서 선택하지 말고 IE8 이하 모드로 접속하는 것이 좋습니다. IE9 버전의 내부에는 여러 가지 모드를 선택해서 사용할 수 있습니다. F12 키를 누르면 개발자 툴이 나오는데 이는 HTML 코드와 CSS 코드를 보면서 디자인할 수 있게 한 툴입니다. 하단에 패널이 나오면 메뉴에서 브라우저 모드를 선택할 수 있게 돼 있습니다. 여기서 IE7으로 선택해서 테마의 데모 화면을 살펴보는 것이 좋습니다.

05 유료 테마 구매

우리나라에 워드프레스가 들어온 지는 오래됐지만, 국내의 다른 소셜 네트워킹 프로그램 때문에 인기가 별로 없었습니다. 하지만 트위터와 페이스북 등 소셜 네트워크 서비스가 대중화되면서 해외에서 많은 인기를 끌고 있는 워드프레스도 주목받기 시작했습니다. 2년 전만 해도 국내에서 워드프레스라는 단어로 검색하면 검색 결과가 거의 없을 정도였습니다. 따라서 워드프레스용 테마는 국내에서 구매하기보다는 해외 사이트에서 구매하는 것이 적당합니다.

외국의 워드프레스 테마 사이트

워드프레스 테마도 결국 소프트웨어이므로 해외 사이트에서 신용카드로 구매하면 바로 내려받아 사용할 수 있습니다. 해외에는 유명한 테마 사이트가 아주 많은데, 그중에서 일부 사이트를 소개하겠습니다.

Theme Forest(http://themeforest.net/)

그림 1-45 씸포레스트 사이트

씸포레스트에서는 워드프레스 테마뿐 아니라 각종 웹사이트 템플릿, PSD 템플릿을 구매할 수 있습니다. 저가의 테마가 아주 많이 있고, 유료 테마를 무료로 공개하는 경우도 있습니다. 가격대는 30달러에서 40달러로 저렴한 편입니다.

Woothemes(http://www.woothemes.com/)

그림 1-46 우씸 사이트

우씸은 다른 사이트와 달리 테마를 하나 사면 두 개를 보너스로 주고 클럽에 가입하면 모든 테마를 내려받을 수 있습니다. 워드프레스 블로그를 여러 개 운영한다거나 워드프레스 개발자나 디자이너에게 좋은 혜택이 될 수 있습니다.

하나의 테마를 스탠다드 패키지로 구입하면 99달러지만 보너스가 두 개이므로 하나에 33달러 정도 하는 셈입니다. 개발자 패키지는 179달러에 보너스가 세 개지만 이미지 파일을 편집해서 사용할 수 있게 포토샵 원본 파일인 PSD 파일까지 제공됩니다.

클럽에 가입할 경우 스탠다드는 초기 가입비가 199달러이고 매월 29달러를 내며, 개발자 클럽은 초기 가입비가 299달러이고 매월 39달러를 냅니다. 모든 테마를 내려받을 수 있고 매월 1개의 테마가 추가되며, 개발자 클럽은 포토샵 원본 파일을 사용할 수 있습니다.

Elegant themes(http://www.elegantthemes.com/)

그림 1-47 엘리건트 사이트

좋은 테마가 있으면서도 회원으로 가입하고 연간 39달러를 지불하면 수십 개의 테마를 모두 사용할 수 있습니다.

이상으로 세 곳의 유료 테마 사이트를 소개했는데, 대부분 테마 사이트가 개발자로 회원가입 하면 모든 테마를 사용할 수 있게 돼 있습니다.

기타 유료 사이트는 URL만 소개합니다.

- http://www.mojo-themes.com/
- http://yithemes.com/
- http://themeshift.com/
- http://templatic.com/

유료 테마 구입

이번에는 씸포레스트에서 테마를 구매하는 방법을 알아보겠습니다. 웹 브라우저로 http://
themeforest.net/에 들어가면 미국의 대표적인 테마 사이트 중 하나인 씸포레스트로 이동
합니다. 씸포레스트에서는 고가의 테마가 아닌 보통 수준의 가격에 테마를 판매하고 있습니
다. 씸포레스트는 워드프레스뿐 아니라 각종 템플릿을 대부분 저렴하게 판매하는 것으로 유
명한 템플릿 사이트입니다. 메뉴에서 워드프레스를 클릭하면 블로그의 성격별로 분류돼 있
어 선택하기 편리합니다.

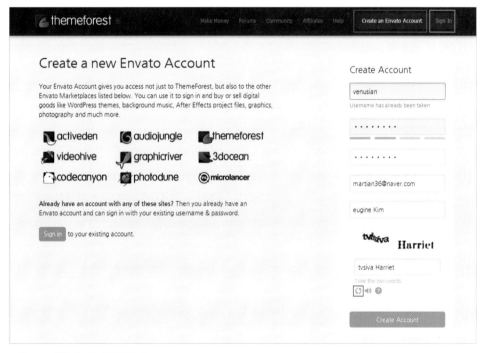

그림 1-48 씸포레스트 계정 만들기

• http://themeforest.net/

우선 계정을 만들어야 구매할 수 있으므로 위 링크로 접속한 뒤 화면의 우측 상단에서
Create Account를 클릭합니다. 이미 계정이 있는 경우 Sign In을 클릭합니다. 다음 화면에
서 우측의 입력란에 각종 정보를 입력합니다. 보안 글자 입력에서 글자가 잘 안 보이면 새로
고침 아이콘을 잘 보일 때까지 클릭합니다. 그런 다음 Create Account 버튼을 클릭하면 다
음 화면에서 이메일을 보냈다는 메시지가 나타납니다.

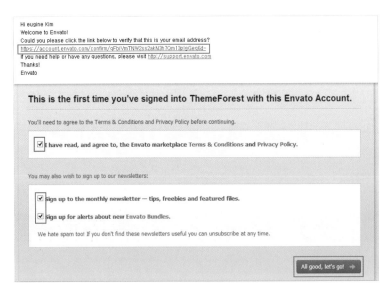

그림 1-49 씸포레스트 이용약관 동의

이메일을 열고 확인 링크를 클릭하면 이용약관 동의 페이지가 나타납니다. 세 군데 모두 체크하고 All good, let's go! 버튼을 클릭합니다.

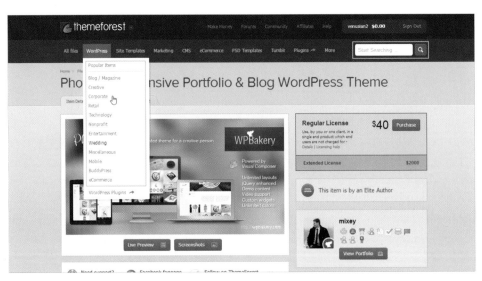

그림 1-50 테마 카테고리 선택

테마 이름을 알면 검색 상자를 이용하고 모를 경우 둘러보기로 찾습니다. 워드프레스 메뉴에서 원하는 카테고리를 선택합니다.

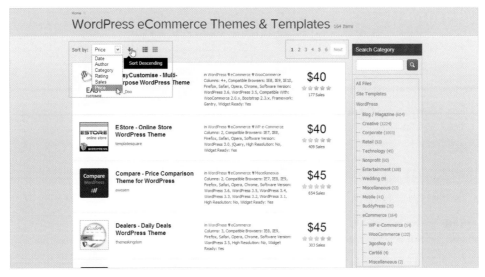

그림 1-51 테마 필터링

좌측 상단에서 선택 박스로 다시 필터링할 수 있고 우측에서 카테고리를 다시 선택할 수도 있습니다.

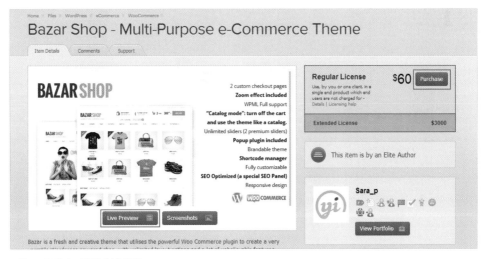

그림 1-52 테마 미리보기 및 구매

Bazar Shop이라는 쇼핑몰 테마를 선택했습니다. Live Preview 버튼을 클릭해서 어떤 테마인지 확인할 수 있습니다. 구매하려면 우측의 Purchase 버튼을 클릭합니다.

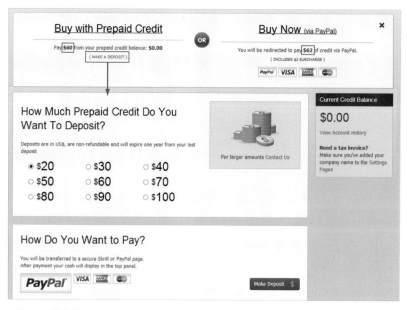

그림 1-53 결제 방법

다음 화면은 금액을 적립할 것인지 아니면 페이팔로 결제할 것인지 선택하는 화면입니다. 적립하면 추가 금액은 없고 페이팔로 바로 구매하면 2달러의 추가 금액을 내야 합니다. 이것은 적립해서 지속적인 구매를 유도하기 위한 것입니다. 바로 구매를 위해 우측의 페이팔에서 하단의 아이콘을 선택했습니다.

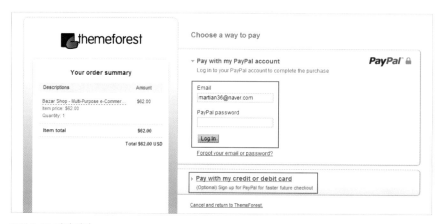

그림 1-54 결제 화면

다음 화면에서도 두 가지 방법이 있는데 하나는 페이팔 계정이 있는 경우 로그인해서 결제하는 방법이고 다른 하나는 카드로 직접 결제하는 방법입니다. 페이팔은 계정 만들기가 아주 번거롭습니다. 그래서 하단의 카드 직접 구매 링크를 클릭합니다.

그림 1-55 결제 진행

정보를 입력하고 하단에서 페이팔에 정보를 등록할 것인지 선택합니다. 플러스 아이콘을 클릭하면 창이 나타나며 등록하면 안전 결제가 가능하고 다음에 결제할 때 빠르게 된다고 합니다.

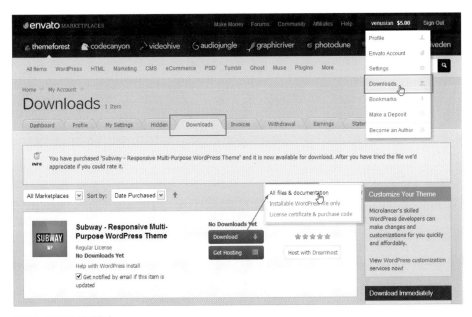

그림 1-56 파일 내려받기

결제가 완료되면 상단 메뉴에서 Downloads 링크를 클릭해서 파일을 내려받으면 됩니다.

테마 설치하기

08

구매한 테마든 워드프레스 테마 지장소에서 내려받은 테마든 설치 방법은 여러 가지입니다. 구매한 테마의 경우 zip 파일로 된 테마 파일을 직접 설치할 수도 있고 압축해제 해서 워드프레스 테마 폴더에 붙여넣을 수도 있습니다. 무료 테마의 경우 워드프레스 테마 설치 화면에서 검색해서 바로 설치할 수도 있습니다. 여기서는 무료 테마를 검색해서 설치하는 방법과 유료 테마의 zip 파일을 업로드 해서 바로 설치하는 방법을 알아보겠습니다.

01 테마 검색

워드프레스 테마의 선택은 웹사이트의 모양을 결정합니다. 웹사이트의 성격에 따라 디자인을 다르게 할 수 있도록 아주 다양한 테마가 존재합니다. 특히 프리미엄 테마는 웹사이트의 성격뿐만 아니라 쇼핑몰의 경우 취급 상품에 따라서 다양한 테마를 선택할 수 있습니다.

워드프레스를 설치하면 테마가 기본적으로 설치됩니다. 매년 다른 테마를 개발해서 추가하는데 테마의 이름은 년도의 이름을 사용합니다. 이러한 기본 테마는 원하는 대로 변경해서 사용할 수 있도록 아주 단순합니다. 게다가 기능 면에서 뛰어나므로 많은 사람이 애용하고 있습니다. 특히 Twenty Twelve 테마는 반응형이면서 모두 흰색으로 돼 있어서 사이트 개발 시 처음 시작하는 테마로 사용하기 적합합니다. 많은 기능이 있는 테마를 선택하면 수정하거나 다른 기능 추가 시 충돌이 발생할 염려가 있기 때문이죠. 이런 테마를 스타터 테마(Starter Theme)라고 합니다.

워드프레스 사이트에서 검색하기

테마를 개발하기보다는 바로 사용하기 위해서 원하는 테마를 찾는 방법을 알아둘 필요가 있습니다. 워드프레스 사이트는 테마 개발자나 회사가 무료 테마를 등록하고 사용자가 검색해서 미리 보고 내려받을 수 있는 저장소(Repository)입니다.

• http://wordpress.org/extend/themes/

위 링크로 이동하면 워드프레스닷오그의 테마 사이트로 이동합니다.

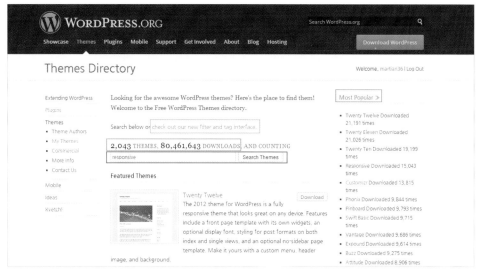

그림 1-57 워드프레스닷오그의 테마 검색

워드프레스 홈페이지에는 2,000여 개의 무료 테마가 있습니다. 워드프레스 설치용 버전을 내려받는 사이트이고 개발자들이 많이 찾는 곳이며, 워드프레스에 관한 정보는 이곳을 방문하면 많은 정보를 얻을 수 있지만, 영어로 되어 있다는 것이 흠이죠. 워드프레스닷오그(WordPress.org)는 상업성이 없는 순수한 개발자를 위한 사이트이므로 무료 콘텐츠가 많습니다. 일부 프리미엄 테마는 이곳의 Commercial 영역에 업로드해서 판매하기도 합니다. 2013년 10월 현재, 2,043개의 무료 테마가 있고 그동안 8천만 번의 다운로드가 있었습니다.

오른쪽을 보면 인기 있는 테마를 선택할 수 있고 새로운 테마를 선택할 수도 있습니다. 테마 이름을 알면 검색 창에서 검색해도 되고 필터링해서 원하는 테마를 찾을 수도 있습니다. "check out our new filter and tag interface"를 클릭해서 필터링할 수 있는 창으로 이동한 뒤 원하는 옵션에 체크하고 범위를 좁혀서 선택할 수도 있습니다.

구글에서 검색하기

무료 테마는 워드프레스 테마 저장소에만 있는 것이 아닙니다. 워드프레스 저장소에는 GPL 규정이 적용되는 테마만 등록할 수 있기 때문이죠. 이전에도 알아봤듯이 워드프레스는 테마를 수정하거나 배포가 자유로우므로 이를 방지하고 단순히 사용만 허락할 경우 테마 저장소에 등록할 수 없습니다. 그러므로 개별 사이트에 소개 글을 올려놓고 내려받기를 원할 경우 회원 등록을 하거나 이메일 뉴스레터 구독을 요구하기도 합니다. 이런 테마는 유료 테마를 무료로 개방하는 경우도 있고 유료 테마에 거의 가까운 기능이 있는 것도 있습니다. 그래서 유용한 테마는 구글 검색에서 많이 발견할 수 있습니다.

워드프레스 쇼핑몰을 만들기 위해서 구글에서 부트스트랩 프레임워크를 지원하면서 핀터레스트 스타일의 테마를 검색했습니다.

그림 1-58 구글에서 테마 검색

검색엔진 URL은 google.com을 이용합니다. 검색어로 "bootstrap pinterest wordpress theme"을 입력했더니 상위에 두 개의 테마가 검색됩니다. 이런 테마는 워드프레스 테마 저장소에서 검색이 안 됩니다. Pinstrap을 클릭해서 들어가 봅니다.

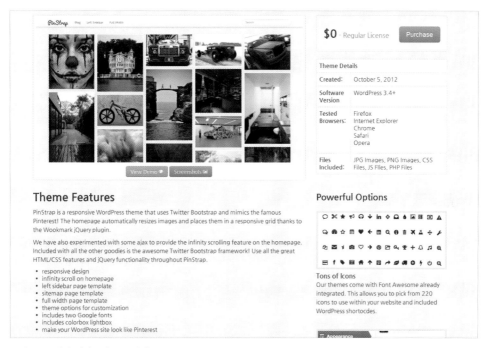

그림 1-59 개별 사이트의 무료 테마

이 사이트는 테마 제작 회사입니다. 데모를 확인할 수 있는 버튼이 있고 기능 설명과 사용하는 아이콘 등이 보입니다. 가격은 0이지만 구매를 할 수 있고 구매 버튼을 클릭하면 회원 가입을 해야 내려받을 수 있습니다. 회원가입을 하면 정기적으로 뉴스레터가 옵니다.

그림 1-60 ipin 테마

이번에는 ipin 테마 사이트를 클릭해서 들어갔습니다. 기능 설명과 라이선스, 데모 미리보기 링크와 프로 버전 링크가 있습니다. 이 사이트는 개인이 개발해서인지 무료 버전을 바로 내려받을 수 있는 링크가 있습니다.

이러한 무료 버전의 테마는 워드프레스 저장소에 있는 것이 아니라서 테마가 업데이트되더라도 표시가 되지 않으므로 해당 사이트에서 점검해야 합니다.

02 워드프레스에서 직접 검색해서 설치하기

워드프레스 테마 저장소에서 검색해서 원하는 테마를 발견했다면 파일을 내려받아 내 컴퓨터에서 압축을 풀고 테마 폴더로 이동한 뒤 설치하는 과정을 거쳐야 합니다. 워드프레스 관리자 화면에서 직접 검색해서 설치하면 이러한 번거로움을 피할 수 있습니다. 그러니 테마 저장소에서는 검색만 하고 설치는 내 컴퓨터에서 하는 것이 좋은 방법입니다.

그림 1-61 워드프레스에서 직접 설치

주메뉴에서 외모 → 테마를 선택하면 위와 같은 화면이 나옵니다. 테마 썸네일에 마우스를 올리면 느낌표 아이콘이 나타나며 클릭하면 큰 이미지로 볼 수 있습니다. 새로 추가 버튼을 클릭하거나 테마가 없는 박스의 새 테마 추가하기에 마우스를 올리고 클릭합니다. 위 화면에 도 검색 창이 있는데 이것은 설치된 테마를 검색할 때 사용합니다.

그림 1-62 워드프레스에서 테마 검색

다음 화면에서 검색 창에 키워드로 "responsive"를 입력하고 검색 버튼을 클릭합니다. 각 테마 썸네일 이미지 하단에 세 개의 링크가 있습니다. 링크를 클릭하면 테마를 설치하거나 미리보기를 할 수 있습니다. 미리보기를 클릭하면 실제 웹사이트처럼 데모 화면이 나타나고 링크를 클릭해서 둘러볼 수 있습니다. 여러 가지 테마를 둘러보고 여기서는 Customizr라는 테마를 설치하겠습니다. 위 그림의 위치에 있지 않을 수도 있으니 "Customizr"로 검색해서 "지금 설치하기" 링크를 클릭하세요. 다음 화면에서 설치 과정이 나오고 완료되면 활성화 링크가 나타납니다. 이 테마는 4장에서 웹사이트 만들기에 사용할 것이므로 아직은 활성화하지 마세요.

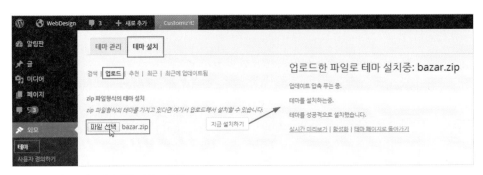

그림 1-63 워드프레스에서 압축 파일로 설치

유료 테마와 같이 zip 파일을 내려받은 경우 압축해제 하지 않고 직접 업로드 해서 설치할 수 있습니다. 테마 설치 탭에서 업로드 링크를 선택하고 파일 선택버튼을 클릭해서 zip 파일을 업로드 합니다. 지금 설치하기 버튼을 클릭하면 설치가 진행됩니다.

2장
포스팅하기 전에
알아야 할 사항

워드프레스는 설치 후에 바로 글쓰기를 시작할 수 있지만 워드프레스의 여러 기능을 이해해 둘 필요가 있습니다. 그리고 기본적인 기능 외에 플러그인을 설치하면 확장된 기능을 사용할 수 있으며, 위젯을 사용하면 블로그 화면에서 방문자가 둘러보기 편하게 만들 수 있습니다. 회원 관리, 댓글 관리에 대해 알아두면 방문자를 늘릴 수도 있습니다. 먼저 이번 장에서 다룰 내용을 대략적으로 살펴보면 다음과 같습니다.

1. 관리자 화면

워드프레스의 모든 관리는 관리자 화면에서 이뤄집니다. 따라서 관리자 화면에서 어떤 메뉴가 어디에 있는지 잘 알아두면 관리하기가 쉽습니다. 블로그 화면에서 로그인 링크가 없을 때 로그인하는 방법을 비롯해 그라바타, 툴바, 주 메뉴에 대해 알아봅니다.

2. 설정

블로그 관리에서 중요한 부분이 설정입니다. 설정하지 않으면 글을 올리더라도 제대로 표현되지 않을 수도 있습니다. 날짜와 시간 표시를 제대로 해야 현재 시각이 나타납니다. 설정 부분만이라도 미리 해두면 바로 글쓰기가 가능합니다. 일반 설정, 쓰기 설정, 읽기 설정, 토론 설정, 그라바타 등록 방법, 미디어와 프라이버시 설정, 고유 주소 설정에 대한 내용을 다룹니다.

3. 관리자 프로필 만들기, 회원 등록, 회원 관리

블로그를 회원 등록제로 만들려면 회원 관리가 필요합니다. 관리자 프로필은 주된 내용이 프로필 관련 내용보다는 "툴바 보이기" 같은 블로그를 관리할 때 필요한 블로그 관리자의 개별적인 사항을 다룹니다.

4. 댓글 관리

댓글이 많아지면 댓글을 빠르게 관리할 방법이 필요합니다. 또한, 스팸도 많이 들어오므로 플러그인을 설치해 스팸 댓글을 방지하는 방법도 알아봅니다.

5. 고유주소 설정

웹 브라우저의 주소창은 기본적으로 영문자와 알 수 없는 기호로 나타나는데, 이를 알아보기 쉽게 한글로 나타내는 방법을 알아봅니다.

6. 포스트(Post)와 페이지(Page)의 차이점과 페이지 만들기

포스트와 페이지는 블로그에서 하나의 화면을 차지하는 콘텐츠입니다. 워드프레스에서 중요한 이 두 용어의 차이점을 비롯해 페이지를 만드는 방법과 메뉴와 연결하는 방법을 알아봅니다.

7. 위젯 사용하기

위젯은 플러그인과 비슷하지만, 블로그의 사이드바나 푸터(footer)에 블로그와 관련된 내용을 찾기 쉽게 배치해서 사용하는 박스입니다. 이를 활성화해서 사용하는 방법을 알아봅니다.

8. 한글 웹 폰트 사용하기

블로그 글을 좀 더 읽기 편하게 하고 전체 디자인을 보기 좋게 하려면 좋은 폰트를 사용하는 것이 좋으므로 이러한 웹 폰트를 사용하는 방법을 알아봅니다.

9. 플러그인

워드프레스를 설치하고 그대로 사용할 수 있지만 사용하다 보면 이런 기능은 없을까? 하고 찾아보면 없는 기능이 많습니다. 사용자의 취향에 따라 필요한 기능이 아주 다양하므로 모든 기능을 설치해 놓을 수가 없죠. 그래서 개별적으로 만들어 사용할 수 있게 하고 있으며, 개인이 만든 플러그인은 천차만별이어서 이런 기능이 있었으면 좋겠다고 생각해서 플러그인을 찾아보면 거의 다 있습니다. 영어로 만든 플러그인이 대부분이라서 플러그인을 찾을 때도 영어로 찾아야 하지만 몇 가지 필요한 플러그인을 찾아서 설치하는 방법과 사용법을 알아봅니다.

관리자 화면

01

워드프레스의 최대 강점은 CMS 도구로서 관리자 화면이 사용자에 매우 친근한 환경이라는 것입니다. 관리자 화면의 전반적인 내용을 파악하기에 앞서 관리자 화면의 구조를 살펴보겠습니다. 관리자 화면은 크게 세 부분으로 나뉩니다. 상단에 툴바가 있고 좌측에 주 메뉴, 그리고 중앙에는 메뉴의 링크를 클릭했을 때 내용이 나타나는 영역이 있습니다.

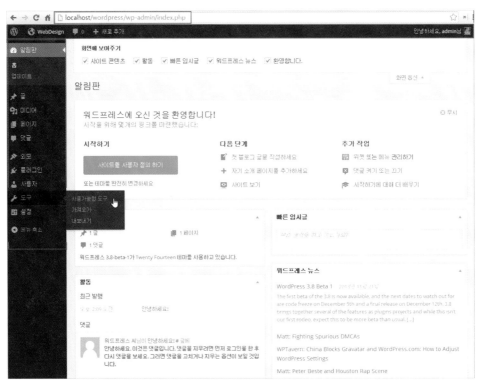

그림 2-1 관리자 화면

01 로그인 주소

워드프레스에 로그인하면 처음 보이는 화면이 관리자 화면입니다. 관리자 화면은 영어로 대시보드(Dashboard)라고 해서 두 가지 용도로 사용됩니다. 하나는 로그인하고 처음 들어올 때 보이는 화면으로, 한글로는 "알림판"으로 번역된 메뉴가 활성화됩니다. 또 다른 용도는 관리자 화면 전체를 의미합니다. 어떤 메뉴를 클릭하더라도 나타나는 화면이 대시보드인 것입니다. 영어로는 두 가지 의미가 있지만, 한글은 알림판과 관리자 화면으로 구분해서 사용하기로 합니다. 그러니 관리자 화면은 관리자로서 볼 수 있는 모든 화면을 말합니다.

회원가입이 허용된 경우 회원이 로그인하고 들어오면 보이는 화면도 관리자 화면입니다. 회원도 회원 등급에 따라 자신만의 관리자 화면이 있어서 최저등급인 구독자일 때에는 자신의 프로필을 수정한다거나 비밀번호를 변경하는 메뉴만 나옵니다. 로그인해서 들어오면 처음부터 관리자 화면이 나온다는 것이 이상하지만 이것이 워드프레스의 기본 구조이며, 별도의 플러그인을 설치하면 로그인 즉시 블로그 화면이 나오게 할 수 있습니다.

관리자 화면으로 들어오고 난 후 블로그 화면으로 이동하면, 로그인 메뉴가 없는 테마가 있습니다. 이는 로그인 메뉴를 잘 사용하지 않기 때문에 테마를 제작할 때 제외해서 그런 것입니다. 대부분 한국형 블로그는 방문자가 로그인해야 블로그에 들어올 수 있는 시스템이 아니므로 로그인 메뉴를 제거하는 것도 좋은 방법입니다. 로그인 메뉴가 없다면 내 블로그의 관리자 화면에 들어올 수가 없어서 당황할 수 있습니다. 이럴 때는 주소 입력란의 도메인(www.mydomain.com) 다음에 /wp-admin/을 입력하고 엔터 키를 누르면 로그인 화면이 나오며, 자신의 로그인 아이디와 비밀번호를 입력하면 됩니다.

02 툴바

관리자 화면의 최상단에 있는 수평 바를 툴바라고 합니다. 툴바는 기본적으로 관리자 화면에 배치돼 있고 블로그 화면을 볼 때는 안 보이게 설정할 수도 있습니다.

그림 2-2 툴바 설정

주 메뉴에서 사용자 → 당신의 프로필을 차례로 선택하면 오른쪽에 세부 항목이 나옵니다. "툴바" 항목에서 "사이트를 볼 때 툴바 보이기"에 체크를 해제하면 전면 사이트 화면에서 나타나지 않습니다. 그다음 아래로 스크롤 해서 저장 버튼을 클릭해야 설정이 적용됩니다. 이 저장 버튼의 이름은 화면마다 다르며 "당신의 프로필"에서는 "프로필 업데이트"로 표시됩니다.

03 그라바타

그림 2-3 그라바타

툴바의 우측에는 관리자의 이미지가 있습니다. 이 이미지는 워드프레스닷컴에서 운영하는 그라바타(http://en.gravatar.com/)라는 것으로, 이 사이트에 자신의 아바타를 한 번 등록하면 등록한 이메일 주소 때문에 워드프레스와 관련된 곳에 방문해서 댓글을 입력할 때 이메일 주소를 입력하면 항상 이 아바타가 보이게 됩니다. 미국의 워드프레스닷컴에서 운영하는 그라바타에 등록했는데도 내 컴퓨터의 서버 환경에서까지 보이는 것입니다. 그라바타의 설정에 대해서는 이 장의 다른 항목에서 설명하겠습니다.

04 주 메뉴(Main Navigation Menu)

주 메뉴는 상위 항목만 표시되고 메뉴에 마우스를 올리면 하위 메뉴가 우측에 나옵니다. 영어로 된 원래 명칭은 Main Navigation Menu이지만 이대로 번역하자면 "주 내비게이션 메뉴"가 되므로 여기서는 간단하게 줄여서 주 메뉴라고 하겠습니다. 주 메뉴에 숫자가 표시된 것은 업데이트 사항이 있다는 의미입니다. 클릭하면 어떤 업데이트가 있는지 알 수 있습니다.

그림 2-4 주메뉴의 숫자의 역할

메뉴 축소

그림 2-5 메뉴 축소

주 메뉴의 최하단에 메뉴 축소가 있는데, 이를 클릭하면 주 메뉴가 축소되면서 아이콘만 보입니다. 이 아이콘에 마우스를 올리면 세부 메뉴가 나타납니다. 화면이 좁은 모니터에서 편리한 기능입니다.

05 알림판

화면 옵션

관리자 화면은 주 메뉴의 어떤 항목을 선택하느냐에 따라 나타나는 화면이 다릅니다. 관리자 화면에 들어오면 알림판이 처음으로 나타나는데, 알림판에서 관리자 화면의 총괄적인 내용을 하나의 화면에 볼 수 있고 "빠른 임시 글"에서 임시 글을 작성할 수도 있으며, 여러 가지 박스가 있습니다. 이전 버전에서는 많은 박스가 있었지만 3.8 버전에서 서로 유사한 역할을 하는 박스는 통합돼서 4개로 줄었습니다. 화면의 우측 상단에서 "화면 옵션"을 클릭하면 설정 화면이 내려옵니다. 이전 버전에서는 열의 수를 선택할 수 있는 부분이 있었지만 3.8 버전에서 제거됐습니다. 이것은 워드프레스 관리자 화면이 완전한 반응형 디자인이 적용되므로 불필요해졌기 때문입니다. 즉 좁은 화면에서는 박스가 자동으로 세로로 정렬되는 것이죠,

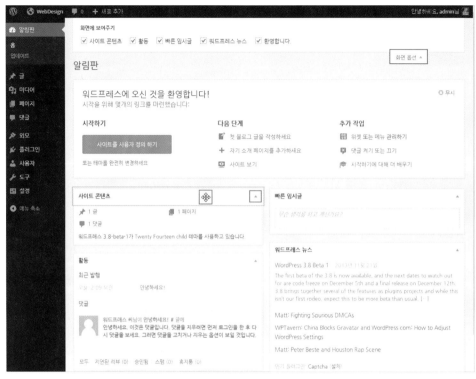

그림 2-6 알림판

"화면에 보여주기" 항목에서 필요하지 않은 항목에 체크를 해제하면 화면에서 제거됩니다. 넓은 화면에서는 점선의 비어있는 상자가 나타나며 박스의 타이틀 바에 마우스를 올리면 커서가 십자형으로 바뀌고 클릭한 후 드래그해서 빈 점선 박스에 배치하면 됩니다.

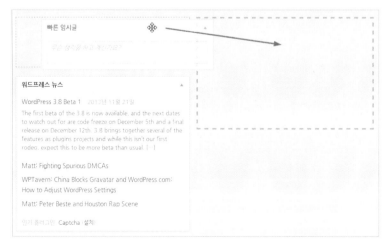

그림 2-7 메타박스의 이동

타이틀 바

그림 2-8 타이틀 바의 역할

박스에는 박스의 제목이 있는 타이틀 바가 있습니다. 이곳에 마우스를 올리면 위에서 보이는 것처럼 커서가 십자형으로 바뀌어서 클릭한 후 드래그하면 박스를 이동할 수 있고 타이틀 바의 우측에 삼각형 토글 아이콘을 클릭하면 박스의 내용을 축소할 수 있습니다. 타이틀 바를 클릭하면 세모 아이콘을 클릭한 것과 같이 박스의 내용이 감춰지거나 보이게 할 수 있습니다. 현재는 메타박스가 4개뿐이지만 우커머스와 같은 플러그인을 사용할 경우 알림판에 메타박스가 추가됩니다. 이때 박스가 많아져서 박스를 재배치할 경우 여러 개의 박스가 공간을 차지하므로 하단의 박스를 이동하기가 어렵습니다. 타이틀 바를 클릭하면 축소되므로 박스의 내용을 안 보이게 하고 타이틀 바만 클릭 후 드래그해서 이동하면 편리합니다.

사이트 현황

그림 2-9 사이트 현황

사이트 현황은 내 블로그의 현재 글의 수, 페이지 수, 댓글 수 등 블로그의 전반적인 내용을 간략하게 볼 수 있으며, 제목을 클릭하면 해당 항목 화면으로 이동해서 세부 내용을 볼 수 있습니다. 하단에는 현재 사용하고 있는 워드프레스의 버전이 표시되고 새로운 정식 버전이 나오면 업데이트할 수 있게 버튼이 만들어집니다.

빠른 임시 글

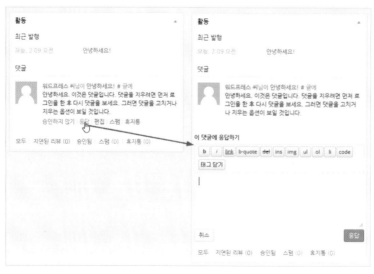

그림 2-10 **빠른 임시 글**

빠른 임시 글 메타박스에서는 갑자기 떠오른 생각이나 메모를 빠르게 작성할 수 있습니다. 이전 버전에서는 빨리 쓰기 박스여서 이곳에서도 글을 작성할 수 있었는데 카테고리를 만들 수 없어서 거의 쓰이지 않던 기능이었습니다. 제목과 글을 입력하고 '임시 글로 저장하기' 버튼을 클릭하면 하단에 임시 글이 만들어집니다. 이대로 두면 계속 남아있지만, 제목을 클릭하면 글 편집화면으로 이동하고 계속 편집할 수 있습니다. 이후에는 위 임시 글 목록에서 사라집니다.

활동

그림 2-11 **활동 메타박스**

활동 메타박스에는 최근 글이나 예약 글, 댓글이 나타납니다. 댓글 부분에 마우스를 올리면 여러 개의 링크가 나타나고 편집할 수도 있습니다. 응답을 클릭하면 댓글에 응답할 수 있습니다.

워드프레스 뉴스

그림 2-12 워드프레스 뉴스

이전 버전의 '워드프레스 블로그', '워드프레스 뉴스', '플러그인'은 워드프레스 뉴스로 통합됐습니다. 워드프레스의 새 버전이 출시되거나 중요한 글이 발행되면 이곳에 나타나며 필요한 플러그인의 목록도 나타납니다.

설정 02

스마트폰을 사면 사용법을 알아야 사용하기 편리하듯이 워드프레스를 시작하기 전에 각종 설정을 자세히 알아두고 설정하는 것이 사용자에게 편리합니다. 환경설정에는 일반 설정, 쓰기, 읽기, 토론, 미디어, 프라이버시, 고유주소 설정이 있습니다.

01 일반 설정

그림 2-13 **일반 설정**

주 메뉴에서 설정 → 일반을 클릭하면 우측에 일반 설정 화면이 나옵니다.

"사이트 제목"은 처음 워드프레스를 설치할 때 입력했더라도 이곳에서 다른 제목으로 변경할 수 있습니다.

"태그라인"은 내 블로그를 표현하는 문구이며, 이를 변경하지 않고 원래 있던 대로 "다른 워드프레스 사이트"처럼 그대로 사용하는 블로거들도 더러 있습니다. 자신의 블로그에 어울리는 특징적인 문구로 변경하세요.

"워드프레스 주소(URL)"와 "사이트 주소(URL)"는 도메인을 변경하고자 있는 것이 아니고 필요에 따라 루트 디렉터리에 설치한 워드프레스를 하위 디렉터리로 이동하거나 하위 디렉터리에 설치한 것을 루트로 이동하고자 할 때 필요합니다. 웹 호스팅에 가입하고 설치할 때 호스팅 회사의 가이드대로 설치하면 도메인 루트에 설치되는 것이 아니라 하위 디렉터리에 설치됩니다. 이러한 경우 워드프레스 주소가 "도메인/설치 디렉터리 이름/"으로 표시되므로 내 블로그에 접속할 때 wordpress라는 워드프레스가 설치된 디렉터리까지 입력해야 블로그에 접속됩니다. 하지만 1장에서는 웹 호스팅 서버의 루트에 설치했으므로 도메인 주소만 입력해도 블로그 화면이 나옵니다. 호스팅 회사의 가이드 대로 설치해서 폴더명까지 입력해야 블로그 화면이 나오는 경우 "사이트 주소(URL)" 항목에서 wordpress를 제거하고 저장만 해서는 안 되고 여러 가지 사항을 변경해야 합니다.

이 부분을 잘 모르고 변경한 다음 저장하면 다시는 로그인할 수 없는 상태가 됩니다. 이를 수정하려면 데이터베이스를 변경해야 합니다. 그래서 3.6 버전부터 주의 문구로 번역을 추가했습니다. 변경하는 방법은 다음의 제 블로그 글을 참고하세요.

- 워드프레스 일반 설정에서 URL을 실수로 변경하고 저장한 경우 복구하는 방법: http://martian36.tistory.com/1098
- 워드프레스 설치 폴더 변경(루트에서 서브 폴더로 변경하기): http://martian36.tistory.com/1042
- 워드프레스 설치 폴더 변경(서브 폴더에서 루트로 변경하기): http://martian36.tistory.com/1043

"이메일 주소"는 워드프레스를 설치하거나 신규 회원이 가입할 때 이메일로 통보하기 위한 워드프레스 공식 이메일 주소가 됩니다. 또한, 그라바타를 만들 때 이메일 주소를 사용하는데, 그라바타는 이메일 주소를 항상 따라다닙니다. 그리고 플러그인에서 이메일 주소를 사용하는 경우도 이곳에 등록된 이메일 주소를 사용합니다.

대부분 블로그는 회원 가입이 없지만 워드프레스를 웹 사이트로 운영하거나 다중 사이트를 운영할 때에는 회원가입이 필요할 수도 있습니다. "멤버쉽"에 체크하면 회원 가입이 가능해지며, 아래 그림처럼 로그인 화면에 등록하기 링크가 만들어집니다. 회원에 대해 어떤 권한을 부여할지는 "새 사용자를 위한 기본 규칙"에서 설정합니다. 가입한 회원에 대해 일률적으로 "구독자"로 적용한 다음 각 사용자에 대해 "사용자 메뉴"에서 다른 권한을 부여할 수도 있습니다.

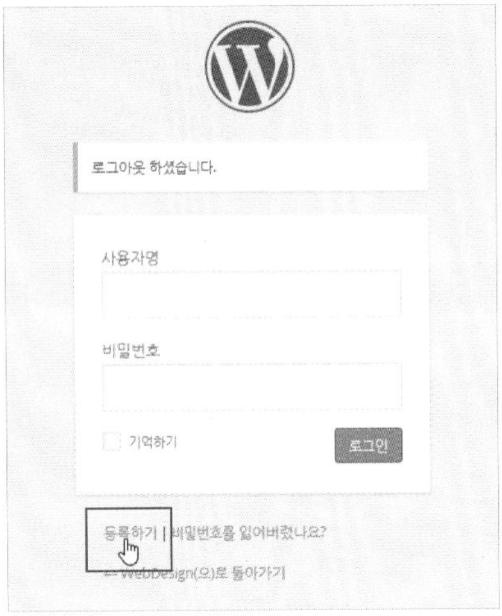

그림 2-14 로그인 화면의 등록하기

"시간대"는 대한민국의 경우 UTC+9입니다. 도시명을 선택해도 됩니다.

"날짜 표시 형식"은 글의 발행 날짜를 표시하는 형식이므로 원하는 형식으로 설정하면 됩니다.

"시간 표시 형식"도 마찬가지입니다.

"시작 요일"은 달력표시에 사용됩니다. 달력 위젯을 사이드바에 배치한 경우 달력이 나오고 시작 요일이 표시됩니다. 설정을 마쳤으면 "변경 사항 저장" 버튼을 클릭합니다.

블로그를 관리할 때는 항상 관리자 화면과 블로그 화면으로 두 개 이상의 화면을 웹 브라우저에 나오게 하고 관리하는 편이 편리합니다. 설정하고 나서 확인하려고 관리자 화면에서 벗어나 블로그 화면으로 가면 다시 관리자 화면의 원위치로 되돌아오기 불편하죠. 관리자 화면이 하나만 열린 상태에서 화면 상단의 툴바에서 사이트 제목을 대상으로 Ctrl 키를 누르고 클릭하거나 마우스 오른쪽 버튼을 클릭해 "새 탭에서 보기"를 선택하면 됩니다.

02 쓰기 설정

쓰기 설정	
표시 방식	☑ :-) 나 :-P 같은 이모티콘을 그래픽으로 나타내기
	☐ 워드프레스는 바르지 않은 XHTML을 자동으로 바로 잡습니다.
기본 글 카테고리	미분류 ▾
기본 글 형식	표준 ▾

그림 2-15 쓰기 설정

설정 → 쓰기 메뉴를 클릭하면 상단에 표시 방식이 있습니다. 첫 번째 체크 부분은 글을 작성하거나 댓글을 달 때 위처럼 콜론, 대시, 오른쪽 괄호를 차례로 입력하면 이모티콘이 나타납니다. 첫 번째는 웃는 표정이고 두 번째는 더 크게 웃는 표정이죠. 한 줄에 하나씩만 입력해야 하며 두 개를 입력하면 하나만 나타납니다. 워드프레스에서 사용할 수 있는 이모티콘은 다음과 같습니다.

icon	text	text	full text	icon	full text
☺	:)	:-)	:smile:	☺	:lol:
☺	:D	:-D	:grin:	☺	:oops:
☹	:(	:-(	:sad:	☹	:cry:
☺	:o	:-o	:eek:	☻	:evil:
☻	8O	8-O	:shock:	☻	:twisted:
☺	:?	:-?	:???:	☺	:roll:
☺	8)	8-)	:cool:	①	:!:
☺	:x	:-x	:mad:	⑦	:?:
☺	:P	:-P	:razz:	⑨	:idea:
☺	:|	:-|	:neutral:	➔	:arrow:
☺	;)	;-)	:wink:	⑪	:mrgreen:

그림 2-16 워드프레스의 이모티콘

표시방식 두 번째 항목에서 "워드프레스는 바르지 않은 XHTML을 자동으로 바로 잡습니다."의 의미는 글을 입력할 때 비주얼 입력기와 텍스트 입력기를 사용할 수 있는데, 텍스트 입력기를 사용하는 경우 바르지 않은 코딩을 할 때 워드프레스가 자동으로 바른 코딩으로 잡아준

다는 의미입니다. 그런데 이곳에 체크해 놓으면 플러그인이 충돌이 일어날 가능성이 있어서 체크를 해제해 놓는 것이 좋습니다. 일부 플러그인은 글에 php 코드를 작성할 수 있게 돼 있는데 이곳에 체크돼 있으면 이상 작동을 일으킨다고 합니다.

"기본 글 카테고리"는 카테고리가 하나도 없을 때, 선택 메뉴가 없으므로 "미분류"로 나타납니다. "새 글쓰기"에서 카테고리를 만든 다음 여기서 설정하면 새 글을 만들 때 항상 이 카테고리로 선택됩니다.

"기본 글 형식"은 새 글쓰기에서 글 형식을 지정할 수 있는데, 이때 특정한 형식의 포맷이 지원됩니다. 이에 대해서는 다음 장에서 자세히 다루겠습니다.

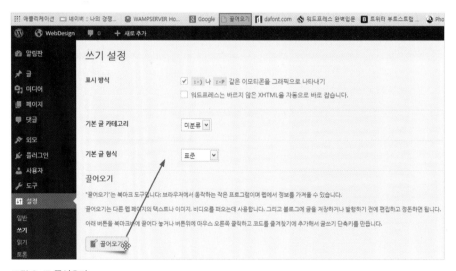

그림 2-17 끌어오기

"끌어오기" 버튼은 다른 블로그나 웹 사이트를 검색할 때 해당 페이지의 내용(글, 이미지 등 콘텐츠)을 퍼올 수 있는 기능입니다. 사용법은 우선 끌어오기 버튼을 클릭 후 드래그해서 주소창 아래에 있는 북마크(즐겨찾기) 바에 배치합니다. 다른 웹 사이트를 보다가 글 내용을 복사하고 싶은 것이 있으면 글 내용을 클릭 후 드래그해서 블록 설정합니다. 북마크바의 "끌어오기"를 클릭하면 텍스트 편집창이 열리면서 블록 설정한 글이 편집창에 나타나고 편집할 수 있는 상태가 됩니다.

이때 한 가지 유의할 점은 글의 저작권자가 퍼오기를 허용한 경우에만 끌어오기를 사용해야한다는 것입니다. 웹페이지에서 글을 블록 설정할 수 없는 경우에는 끌어오기 북마크를 클릭하면 제목만 복사되고 링크가 만들어집니다. 아래 그림은 제 블로그의 글을 블록 설정한 후끌어오기 버튼을 클릭했을 때 나오는 화면입니다.

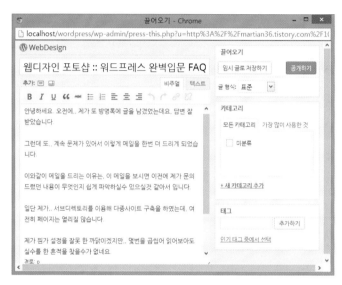

그림 2-18 끌어오기 결과

○3 읽기 설정

읽기 설정에서는 블로그 초기 화면에 블로그의 최신 글을 나타나게 하거나 일정한 페이지가 나오게 할 수 있습니다. 워드프레스를 웹 사이트 형태로 사용할 경우 전면 페이지를 블로그 글이 아닌 포털 역할을 하는 페이지로 만들고 블로그 글은 별도로 블로그 글 페이지에 나오게 할 수 있습니다. 이때 사용하는 것이 "정적인 페이지" 항목입니다. 이에 대해서는 4장의웹 사이트 만들기 편에서 자세히 알아봅니다.

그림 2-19 읽기 설정

"페이지당 보여줄 글의 수"를 설정하거나 RSS 피드의 글의 수를 설정할 수 있습니다. 페이지당 보여줄 글의 수는 블로그 글을 작성할 때 더보기 기능이나 다음 장에 나오는 요약과 특성 이미지 기능을 사용한 경우에 글의 일부만 나오게 되므로 페이지당 보여줄 글의 수를 설정하면 여러 개의 글을 보여줄 때 유용합니다.

위에서 "최근 글"을 선택하면 최근에 작성한 글이 블로그의 초기 페이지에 표시됩니다. 이와 반대로 원하는 글을 항상 첫 페이지에 나오게 할 수도 있습니다. 블로그의 어떤 글을 항상 초기 화면에 나오게 하려면 먼저 주 메뉴에서 "모든 글"을 선택합니다. 글 목록이 나오면 원하는 글에 마우스를 올리면 "빠른 편집" 링크가 나오는데, 이 링크를 클릭한 후 "이 글을 붙박이로 만듦"에 체크하고 업데이트 버튼을 클릭하면 됩니다.

그림 2-20 붙박이 글 설정

∩/¸ 토론 설정

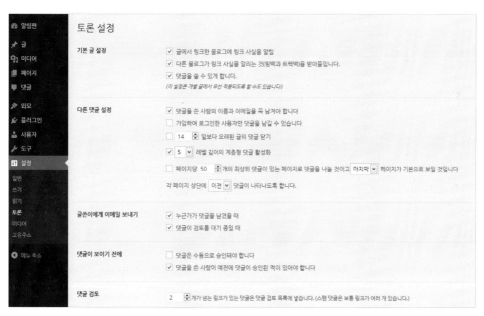

그림 2-21 토론 설정

블로그는 소통의 문화입니다. 그래서 토론 부분의 설정이 아주 많습니다. 토론 메뉴를 클릭하면 아주 긴 내용이 나오는데, 대부분 읽어보면 바로 알 수 있는 내용이므로 중요한 부분만 설명하겠습니다. 글을 작성할 때 글 내용에 링크가 많은 경우 다른 블로그에 핑(ping; 연결됐다는 신호)을 보내게 되는데, 이 경우 글을 저장하는 데 시간이 오래 걸립니다. 반대로 다른 블로그가 내 블로그를 링크했다는 사실을 알리는 것을 받아들일 수 있게 설정할 수 있습니다.

"항상 관리자가 승인해야 합니다"는 광고성 스팸을 방지하기 위한 설정입니다. 승인해야 댓글을 볼 수 있게 하면 스팸성 광고를 달려고 할 때 망설이게 됩니다. 댓글을 승인하기 전에는 "승인을 기다리는 댓글"로 나오므로 스팸이 무용지물이 됩니다.

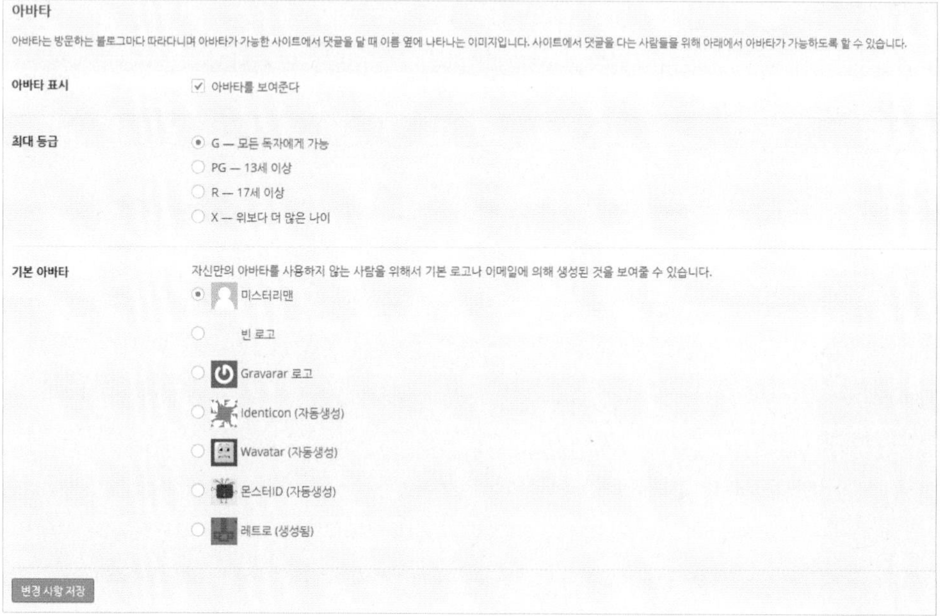

그림 2-22 아바타

토론 화면에서 계속 이어집니다. "아바타 표시"는 댓글에 나타나는 작은 이미지로 댓글 작성자의 아바타를 나타나게 합니다. 댓글을 다는 사람은 다양하므로 아바타의 이미지도 다양합니다. 그래서 보기 흉한 이미지나 유해 콘텐츠로 보이는 이미지가 있을 수 있으니 등급을 설정합니다. 최대 등급은 그라바타를 설정할 때 자신의 아바타가 어떤 부류에 속하는지 선택할 수 있습니다. 최대 등급을 G로 선택하면 그라바타가 다른 등급인 사람이 댓글을 달면 해당 그라바타가 표시되지 않습니다. 그라바타는 Globally Recognized Avatars의 약자이고 "세계적으로 인식할 수 있는 아바타"라는 의미입니다. 그라바타 사이트에서 아바타를 한 번 설정하면 세계의 어느 블로그에 들어가서 댓글을 달더라도 같은 아바타가 나타납니다

기본 아바타는 댓글 다는 사람이 아바타가 없을 때 표시되는 자동 아바타입니다.

∩5 그라바타 등록

웹 브라우저에서 http://ko.gravatar.com/를 입력해 그라바타 홈페이지로 이동합니다. 홈페이지는 기본이 영어로 돼 있는데, 번역 사이트에서 전체 번역을 했지만, 일부는 한글로 나타납니다. 상단 메뉴에서 Sign-up을 클릭하면 아래의 좌측 상단 이미지처럼 나옵니다.

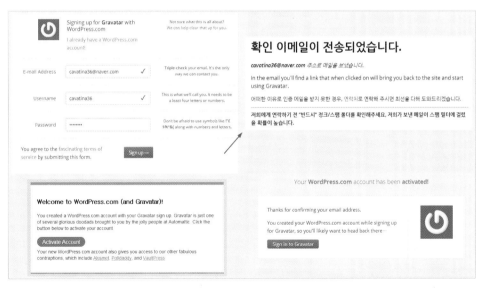

그림 2-23 그라바타 회원가입

워드프레스를 설치할 때 사용한 이메일 주소와 정보를 입력하고 Sign up 버튼을 클릭하면 내 이메일 주소로 확인 메일을 보냈다고 나옵니다. 이메일을 열고 Activate Account 버튼을 클릭하면 다시 그라바타 홈페이지로 이동합니다. Sign in to Gravatar 버튼을 클릭합니다.

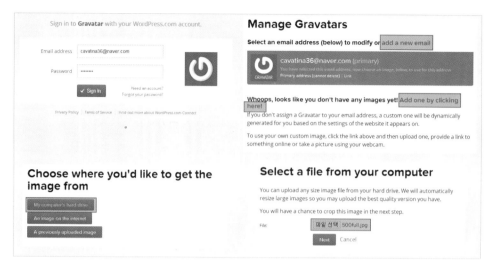

그림 2-24 그라바타 로그인

이메일 주소와 비밀번호를 입력하고 Sign in 버튼을 클릭하면 회원 가입이 완료됩니다. 다음 화면에서 "add a new email" 링크를 선택하면 해당 아이디에 대해서 이메일을 추가할 수 있습니다. 이미지를 추가하기 위해서 Add one by clicking here! 링크를 클릭합니다. 이미지를 업로드 하는 세 가지 방법이 있는데 여기서는 내 컴퓨터에서 업로드 하겠습니다. My computer's hard drive 버튼을 선택합니다. 다음 화면에서 파일 선택 버튼을 클릭하고 이미지를 선택한 다음 Next 버튼을 클릭합니다.

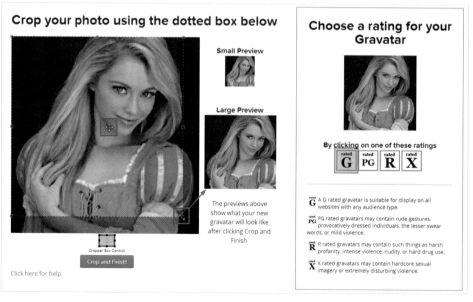

그림 2-25 그라바타 이미지 등록

다음 화면에서 이미지의 각 테두리와 모서리에 있는 핸들을 클릭해서 크기를 조절합니다. 내부를 클릭해서 자르기 툴을 이동할 수도 있습니다. 크기를 변경하면 우측의 이미지가 조정되는 모습이 보입니다. 이미지 하단의 동그란 아이콘을 클릭하면 자르기 툴이 원상 복귀됩니다. 완료되면 Crop and finish 버튼을 클릭합니다.

다음 화면에서 이미지의 등급을 선택합니다. 이 등급은 영화같은 저작물에 표시되는 것과 같습니다. G는 Guided의 첫 글자로 모든 일반인에 허용할 수 있는 등급이고 PG는 PG는 Parent Guided의 약자로 보호자 지도가 필요한 등급이며 R은 Restricted의 첫 글자로 폭력, 누드 같은 이미지가 포함된 등급, X는 19금에 해당합니다. 다음 화면에서 이미지를 클릭하면 등록이 완료됩니다

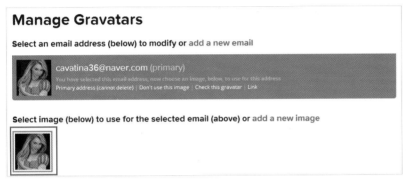

그림 2-26 그라바타 이미지

06 미디어 설정

미디어 설정에서는 "새 글쓰기"에서 사진 이미지를 첨부할 때 이미지 업로더창 하단에 나오는 이미지의 크기를 설정합니다. 미디어 설정과 관련된 내용은 다음 장에서 미디어 업로드 부분을 참고하면서 직접 실행하면 이해하기 쉽습니다.

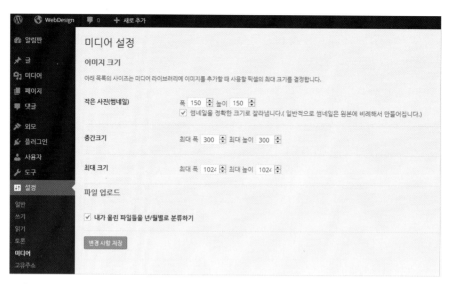

그림 2-27 미디어 설정

"이미지 크기"에서는 블로그에 사용할 이미지의 여러 가지 크기를 설정합니다. 워드프레스에서 이미지를 업로드 하면 원본을 저장하면서 여러 가지 크기의 이미지를 자동으로 만들어 저장합니다. 입력란에 기본 수치가 입력돼 있지만 수정할 수 있으며 입력된 폭과 높이의 수치는 이미지의 가로세로 최대 크기를 의미합니다. 정사각형의 이미지를 업로드 한다면 문제가 없지만, 예를 들어 1000×500픽셀의 이미지를 업로드 한다면 위 설정을 기준으로 했을 때, 중간크기의 경우 최대폭 600, 최대 높이 300으로 된 이미지가 만들어집니다. 가로세로가 반대인 500×1,000픽셀이라면 최대폭 300, 최대 높이 600의 이미지가 됩니다. 이것은 원본 이미지의 가로세로 비율을 유지하면서 최대 수치를 반영하기 위한 것입니다.

작은 사진(썸네일)의 경우 체크박스가 있는데, 이곳에 체크하면 원본 이미지의 가로세로 비율을 무시하고 150×150의 크기의 이미지를 만듭니다. 만일 체크 해제한 상태에서 업로드 한다면 위의 예에서 300×150, 또는 150×300의 크기로 이미지를 만듭니다.

07 고유주소 설정

고유주소에서는 블로그 글의 주소가 웹 브라우저의 주소창에 나타나는 방식을 설정합니다. 글을 작성할 때 제목을 입력하고 나면 글 주소가 자동으로 생성되는데 바로 이 주소의 형태를 결정합니다. 고유주소 설정은 한 번 정하면 계속 유지되게 해야 하고, 이미 설정한 내용을 변경할 경우 기존에 다른 블로그에서 링크한 주소로는 해당 글을 찾을 수 없게 되고 검색엔진에서도 등급이 상실되므로 신중하게 접근해야 합니다. 이와 관련된 내용은 별도 항목에서 자세히 설명하겠습니다.

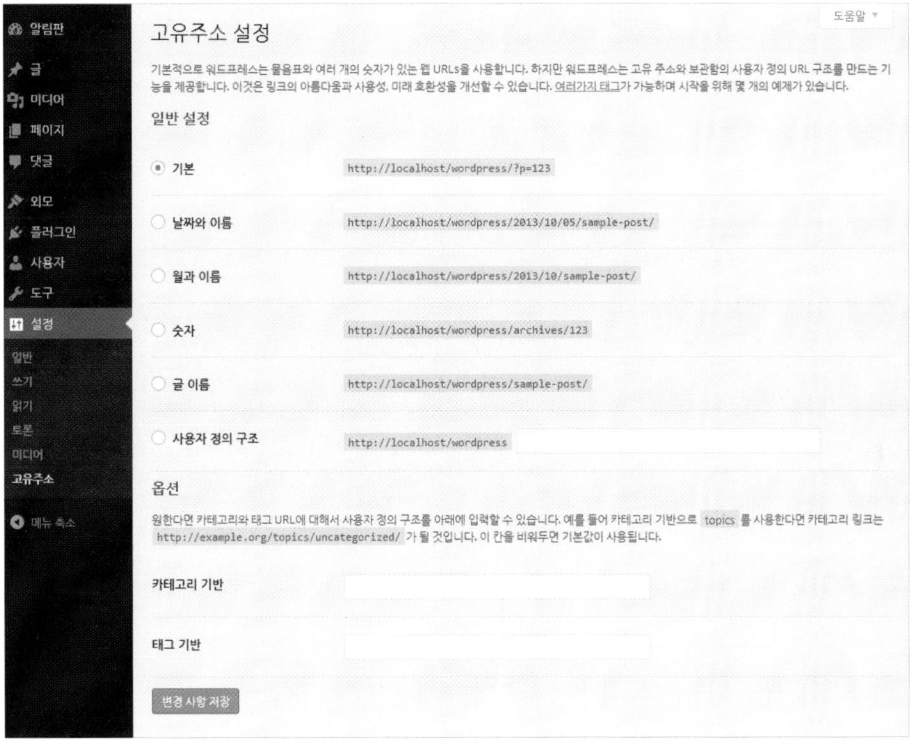

그림 2-28 고유주소 설정

관리자 프로필 만들기, 회원 등록, 회원 관리 03

워드프레스를 이용하면 블로그뿐 아니라 웹 사이트도 만들 수 있습니다. 블로그는 소통을 위한 인터넷 도구가 되기도 하지만 사업적인 목적의 웹 사이트에서는 프로필이 방문자에게 사이트 소유자에 대한 정보를 제공하는 수단이 됩니다. 워드프레스닷컴에서 가입형 블로그 서비스로 블로그나 웹 사이트를 만들면 전화번호까지 입력할 수 있지만, 설치형 블로그는 전화번호 입력란이 없습니다. 이번에는 워드프레스 블로그 관리자의 정보를 입력할 수 있는 프로필과 회원 등록, 회원 정보 관리에 대해 알아보겠습니다.

01 관리자 프로필 등록

워드프레스에서 관리자의 프로필은 구글이나 야후! 같은 검색엔진에 노출되므로 개인정보는 제거하고 신중하게 작성해야 합니다. 먼저 사용자 메뉴에서 "당신의 프로필"을 클릭하면 우측에 화면이 나옵니다.

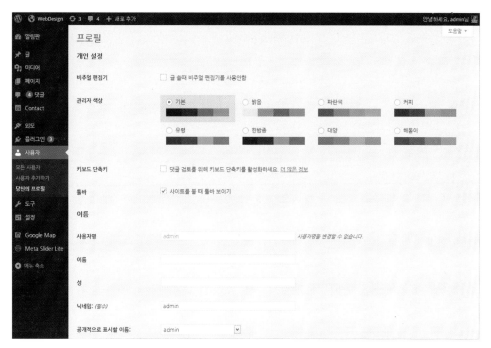

그림 2-29 **사용자 프로필**

비주얼 편집기는 기본적으로 체크돼 있지 않은데, 이를 체크하면 "새 글쓰기" 화면에서 본문 입력 상자의 상단에 아이콘이 달라지고 HTML 편집기 위주로 나옵니다. 메뉴가 글자로 나와서 바로 알아볼 수 있지만 다양한 편집 기능을 제공하는 비주얼 편집기를 사용하는 편이 편리합니다.

관리자 색상은 8가지 스타일을 사용할 수 있습니다.

키보드 단축키는 댓글 관리 화면에서 댓글을 선택할 때 사용합니다. 키보드 단축키에 체크하고 댓글 관리화면에서 J 키나 K 키를 누르면 댓글이 여러 개 있는 경우 첫 번째 댓글이 선택됩니다. 아래에 있는 댓글을 선택할 때는 J 키를 이용하고, 위에 있는 댓글을 선택할 때는 K 키를 이용합니다. 키보드 단축키는 스크롤 해서 선택할 때 편리한 기능입니다. 이와 관련된 내용은 댓글 관리에서 자세히 다루겠습니다.

툴바는 관리자 화면에서 기본적으로 나타나고 블로그 화면에서는 선택적으로 나타나게 할 수 있습니다.

"사용자명"은 변경할 수 없고 블로그 화면에서 다른 이름으로 나오게 할 수 있습니다. 다음 항목의 이름이나 성, 닉네임을 입력하면 "공개적으로 표시할 이름"에서 선택할 수 있게 이름이나 성, 닉네임이 나타납니다. 한글을 입력할 수도 있습니다.

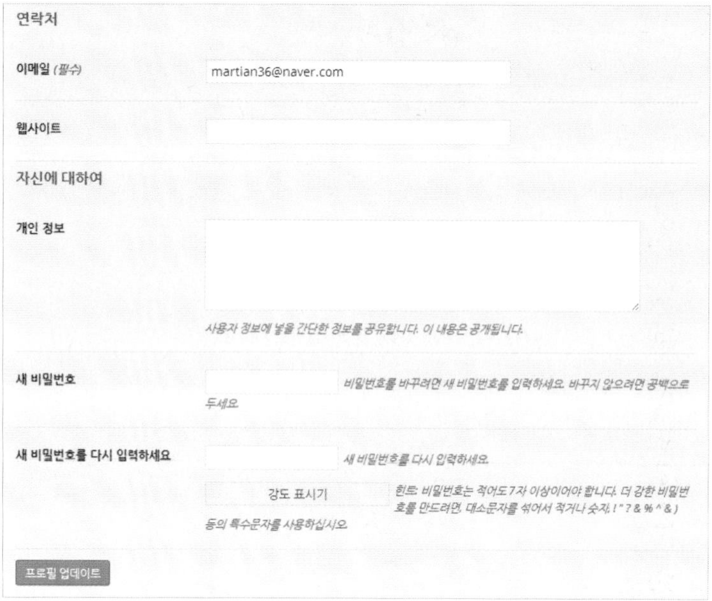

그림 2-30 사용자 프로필 설정

"연락처"의 이메일은 워드프레스와 공식적으로 연결되는 이메일이므로 정확한 이메일 주소를 입력해야 합니다. 댓글이 달리거나 새로운 사용자가 가입하는 경우 이 이메일로 통보됩니다.

"웹 사이트"는 타 웹 사이트가 있는 경우 주소를 입력합니다.

"자신에 대하여" 항목에서는 개인정보를 입력할 수 있으며 "비밀번호"는 아주 중요한 사안이므로 자주 바꿔야 합니다. 해커가 자신의 블로그를 마케팅하기 위해 워드프레스 블로그를 해킹한다고 하니 영문자나 숫자뿐 아니라 특수 기호를 섞어가면서 보안에 신경 써야 합니다.

이렇게 변경하고 나면 반드시 "프로필 업데이트" 버튼을 클릭해야 변경이 완료됩니다.

∩2 회원 등록

워드프레스 환경설정에서 일반 설정 항목에 새 사용자를 위한 기본 규칙을 선택하는 부분이 있었습니다. "멤버십"에 체크하지 않으면 로그인 화면에서 아래와 같은 "등록하기" 링크가 나타나지 않습니다. "멤버십"에 체크돼 있어야 이 링크가 활성화되며, 회원 가입을 하면 일반 항목에서 설정한 관리자의 이메일 주소로 통보되고, 회원에게도 등록한 이메일로 사용자 아이디와 임시 비밀번호가 통보됩니다.

가입자는 이메일에 첨부된 블로그 링크를 클릭하면 블로그로 이동해 사용자 이름과 비밀번호를 입력하고 로그인한 후 자신의 프로필 변경 페이지로 들어가서 새로운 비밀번호로 변경할 수 있습니다.

그림 2-31 회원 등록

∩3 사용자 레벨과 권한

방문자가 워드프레스 블로그에 가입하지 않고 블로그를 이용할 수도 있지만, 구독자로 회원 가입을 하는 경우 특정 부분의 글에 접근할 수 있는 권한을 갖게 되므로 일반 이용자와는 다른 혜택을 줄 수 있습니다. 나중에 기여도에 따라 더 높은 권한을 부여해서 글을 작성한다거나 블로그 레이아웃을 변경하는 권한까지 줄 수 있습니다. 이번에는 워드프레스에서 사용되는 회원의 권한에 대해 알아보겠습니다.

- **구독자(Subscriber):** 회원 등록을 하면 기본적으로 받는 등급입니다. 구독자는 대시보드에 접근해서 자신과 관련된 프로필이나 개인정보만 변경할 수 있습니다. 즉, 자신의 로그인 비밀번호, 이메일 주소, 사용자 아이디 등을 변경할 수 있습니다. 워드프레스 데이터베이스는 방문자의 방문 기록을 저장하므로 방문자의 정보 변경을 완료하지 않아도 나중에 추가로 변경할 수 있습니다.

- **후원자(Contributor):** 구독자 등급 말고도 파일을 업로드 하거나 자신의 포스트에 대해 글쓰기, 편집, 관리할 수 있습니다. 하지만 발행(Publish)은 불가능하고 블로그 관리자(Administrator)가 열람하고 발행 여부를 결정하게 됩니다.

- 글쓴이(Author): 후원자 등급과 더불어 자신의 포스트를 발행할 수 있습니다.

- 편집자(Editor): 글쓴이 등급과 더불어 댓글, 카테고리, 링크를 관리할 수 있고 페이지를 편집할 수 있으며, 다른 글쓴이의 포스트를 편집할 수 있습니다.

- 관리자(Administrator): 관리자는 블로그에서 할 수 있는 모든 옵션이나 설정을 변경할 수 있습니다.

- 최고 관리자(Super Admin): 최고 관리자는 여러 사이트(Multisite feature) 블로그를 사용하는 경우 활성화되는 지위로, 관리자 기능에 다중 사이트를 관리하는 기능이 추가됩니다.

04 새 사용자 추가

관리자로서 사용자를 추가할 수 있는 화면입니다. 주 메뉴에서 "사용자 추가하기" 링크를 클릭하고 사용자명과 이메일을 입력한 다음, 비밀번호를 두 번 입력한 뒤 권한을 선택하고 "새로운 사용자 추가 버튼"을 클릭하면 바로 추가됩니다. "비밀번호 전송" 항목에 있는 '새로운 사용자에게 이 비밀번호를 이메일로 보냅니다.' 체크박스에 체크해야 이메일로 비밀번호와 사용자명이 전송됩니다. 추가된 사용자가 로그인 후에 이름과 성과 같은 기타 정보를 추가 입력하면 됩니다.

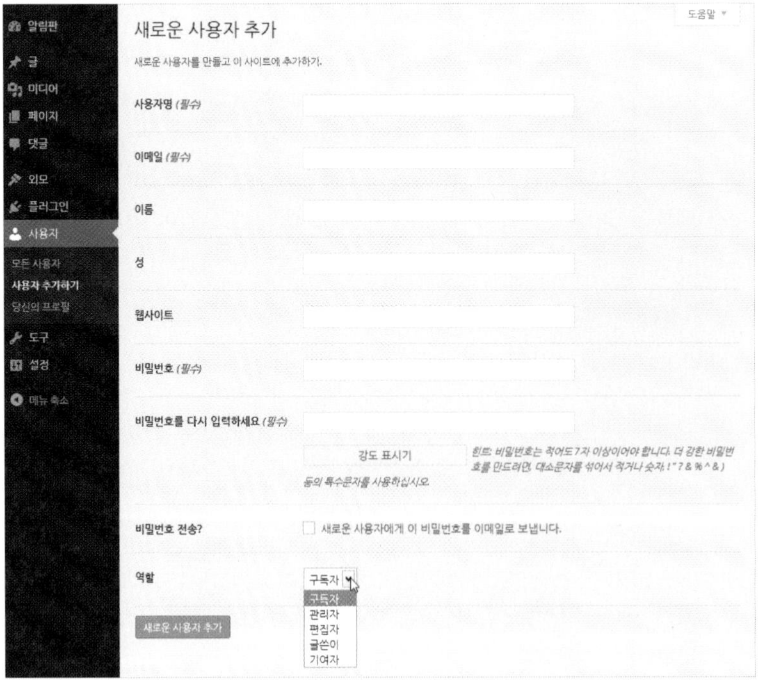

그림 2-32 **사용자 추가**

05 회원 정보 관리

가입 회원의 정보는 관리자가 변경할 필요는 없지만, 상황에 따라 관리자가 변경해야 할 때가 있습니다. 다음 그림과 같이 회원의 등급을 승격시키거나 강등시킬 수 있습니다.

그림 2-33 사용자 권한 변경

회원이 이메일 주소를 사용할 수 없는 경우가 발생할 수 있습니다. 이러한 경우 회원으로부터 이메일 주소에 대한 변경 요청이 발생하는데, 관리자가 이메일 주소를 변경하고 변경 통보를 해주면 됩니다. 또한, 이메일 주소를 사용할 수 없으면 비밀번호를 분실했을 때 워드프레스의 비밀번호 변경 통보에 대한 이메일에 접근할 수 없으므로 비밀번호를 다시 설정해서 통보해줘야 할 때도 있습니다. 하지만 대부분 변경된 이메일만 등록하면 로그인 화면에서 비밀번호 재발급 요청을 했을 때 변경된 이메일로 비밀번호 재설정 통보가 갑니다.

로그인 화면에서 비밀번호 분실 신고를 하면 다음과 같은 이메일이 발송됩니다. 다음 주소를 이용해 블로그에 접속하면 비밀번호 재설정 화면이 나옵니다.

그림 2-34 비밀번호 초기화

다음 화면에서 새 비밀번호를 두 번 입력하면 비밀번호가 변경됩니다.

그림 2-35 비밀번호 변경 화면

댓글 관리 04

01 알림판과 댓글 관리 화면에서 댓글 관리하기

그림 2-36 알림판의 댓글 관리

댓글 관리는 알림판과 댓글 관리 화면에서 관리할 수 있습니다. 특정 댓글을 대상으로 설정하려면 댓글 위에 마우스를 올렸을 때 메뉴가 나옵니다. 스팸이라고 판단되면 바로 "승인하지 않기"를 클릭하고 "응답"을 클릭하면 댓글을 입력할 수 있는 텍스트 편집기가 나옵니다. 이곳에서도 댓글을 관리할 수 있지만, 주 메뉴에서 댓글을 선택하면 댓글만 있는 화면으로 이동해서 큰 화면에서 관리할 수 있습니다.

그림 2-37 댓글 관리 화면

주 메뉴의 댓글 메뉴 항목에 숫자가 있다면 해당 메뉴에 아직 확인하지 않은 항목이 있다는 의미입니다. 현재 옅은 분홍색 배경의 댓글이 있는데, 이것은 승인되지 않아서 지연된 리뷰를 의미합니다. 각 댓글의 좌측에 있는 체크박스를 체크하고 상단의 일괄 작업을 클릭하면 드롭다운 메뉴가 나옵니다. 여기서 일괄적으로 승인하거나 승인하지 않기 등을 선택해서 한꺼번에 처리할 수 있습니다. 휴지통에 보낸 댓글이 있을 경우, "휴지통"을 클릭하면 휴지통 화면이 나오고 영구 삭제하거나 다시 원상 복구할 수도 있습니다. 아울러 댓글에 마우스를 올리면 여러 메뉴가 나오는데, 응답을 클릭하면 텍스트 편집기가 나와서 댓글을 달 수 있습니다. "빠른 편집"을 클릭하면 댓글을 편집할 수 있는 창이 아래에 나오고, "편집"은 별도의 화면이 나옵니다.

우측의 "댓글이 달린 글" 항목의 숫자를 클릭하면 해당 글에 달린 모든 댓글을 볼 수 있는 화면으로 이동합니다.

휴지통 링크 아래에 있는 "모든 댓글 형식 보기"를 클릭하면 댓글을 형식별로 볼 수 있습니다. 핑은 타 블로그에서 내 글에 트랙백을 걸어서 핑이 온 댓글을 말합니다.

∩2 댓글 관리 키보드 단축키

관리자 프로필을 등록하는 곳에서 키보드 단축키 활성화 항목이 있었습니다. 이 단축키는 워드프레스에서 댓글을 관리할 때 사용하는 것으로 키보드 단축키를 이용하면 빠르게 작업을 할 수 있습니다.

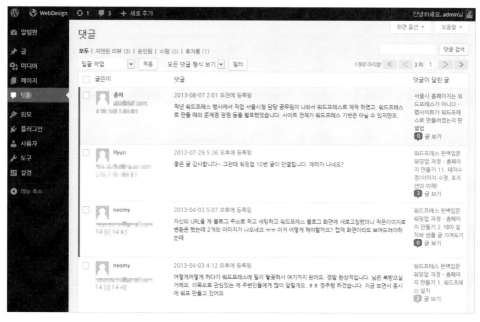

그림 2-38 댓글 관리 화면 단축키 사용

댓글이 선택되지 않은 상태에서 J나 K를 누르면 최상단의 댓글이 선택되고 배경이 옅은 파란색으로 바뀝니다. J 키를 누르면 아래에 있는 댓글이 선택되고 K 키를 누르면 위에 있는 댓글이 선택됩니다. 댓글이 많을 경우 J 키를 계속 누르면서 점검하다가 맨 아래에 왔을 때 J 키를 누르면 다음 페이지로 넘어가고 다음 페이지의 최상단에서 K 키를 누르면 이전 페이지의 최하단으로 이동합니다.

그림 2-39 삭제 취소

이 두 개의 키는 오른쪽 손가락으로 제어하고 왼쪽 손가락은 A, S, D, Z 키를 사용합니다. A 는 승인(Approval), S는 스팸(Spam), D는 삭제(Delete)입니다. Z는 취소키이며, D 키를 눌러 댓글이 삭제되면 위와 같이 휴지통으로 이동했다고 나오고 다음 댓글이 선택됩니다.

K 키를 눌러 위로 이동하면 방금 휴지통으로 보낸 글이 선택됩니다. Z 키를 누르면 해당 댓글이 복구됩니다.

U는 Unapproval(승인안함)이고, R 키를 누르면 댓글 밑에 응답창이 나옵니다. Q는 빠른 편집창이 나오게 하는 단축키입니다.

X 키를 누르면 선택된 댓글의 체크박스가 체크됩니다. 여러 개의 댓글을 선택해서 일괄 작업할 때 편리합니다. 체크된 댓글에 대해 다시 X 키를 누르면 체크가 해제됩니다. 이 키로 여러 개의 댓글을 체크해서 선택하고 다음의 키를 누르면 한 번에 작업이 이뤄집니다.

예를 들어, J 키와 K 키를 사용해 댓글을 선택하면서 X 키를 누르면 체크박스에 체크됩니다. 여러 개의 댓글이 체크된 상태에서 Shift+A를 누르면 이들 댓글이 한번에 승인이 이뤄집니다. 즉 Shift 키는 일괄 작업에 해당하는 단축키입니다.

단축키	기능	단축키	다중 선택 시
J	아래에 있는 댓글 선택		
K	위에 있는 댓글 선택		
A	승인(Approval)	Shift+A	선택한 항목 승인
S	스팸(Spam)	Shift+S	선택한 항목 스팸
D	삭제(Delete)		
Z	취소	Shift+Z	선택한 항목 휴지통에서 복구
U	승인안 함(Unapproval)	Shift+U	선택한 항목 승인안함
R	응답창		
Q	빠른 편집창		
X	체크박스 선택/선택해제		
		Shift+T	선택한 항목 휴지통

표 2-1 댓글 관리 단축키

03 스팸 관리 플러그인 설치하기

블로그에 스팸이 들어오는 이유는 검색 엔진이 사이트에 대한 링크가 많을수록 해당 사이트에 높은 등급을 부여하기 때문입니다. 이를 목적으로 스패머는 스팸을 자동으로 보내는 프로그램을 만들어 자신의 웹 사이트 링크가 포함된 스팸을 최대한 많은 블로그에 보내는 것입니다. 스팸 댓글을 보면 자신의 사이트로 연결하는 링크가 있으므로 스팸을 판단하기가 아주 쉽습니다. 스팸 댓글의 관리는 워드프레스에 포함되어 기본적으로 설치되는 아키스밋 (Akismet) 플러그인이 사용됩니다. 이 플러그인을 설치해서 정상적으로 작동시키려면 아키스밋 키(Akismet Key)가 필요합니다. 아키스밋 플러그인은 워드프레스의 창립자인 매트 뮬렌베그(Matt Mullenweg)가 운영하는 워드프레스닷컴의 오토매틱(Automattic)이 만든 스팸방지 플러그인으로, 가입형인 워드프레스닷컴에서는 기본적으로 설치되어 사용되지만 워드프레스를 설치형으로 사용하면 별도로 키를 입력해서 설치해야 합니다.

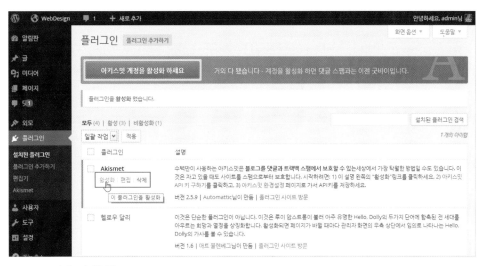

그림 2-40 아키스밋 활성화

관리자 페이지의 주 메뉴에서 플러그인을 클릭하면 아키스밋 플러그인이 보입니다. 여기서 활성화를 클릭하면 플러그인이 설치되고 "아키스밋 계정을 활성화하세요"라고 나옵니다. 이 버튼을 클릭해서 다음 화면으로 이동하면 새로운 아키스밋 키 만들기 버튼이 있습니다.

그림 2-41 아키스밋 키 만들기

이 버튼을 클릭하면 아키스밋 사이트로 이동합니다.

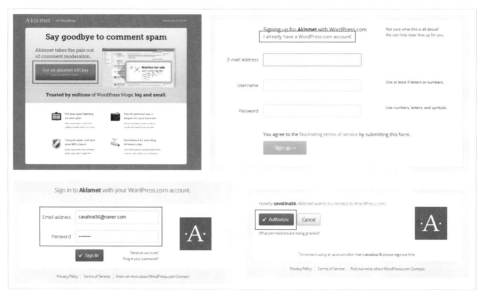

그림 2-42 아키스밋 회원 가입

Get an Akismet API Key 버튼을 클릭하면 다음 화면으로 갑니다. 이미 그라바타를 만들 때 워드프레스닷컴 계정이 있으므로 I already~~ 링크를 클릭합니다. 없는 경우 이메일과 사용자명, 비밀번호를 입력하고 Sign Up 버튼을 클릭해서 등록합니다. 여기서는 워드프레스닷컴 계정이 있는 경우를 가정하고 진행합니다. 다음 화면에서 이메일과 비밀번호를 입력하고 Sign In 버튼을 클릭합니다. 다음 화면에서 워드프레스닷컴 계정과 연결한다고 합니다. Authorize 버튼을 클릭합니다.

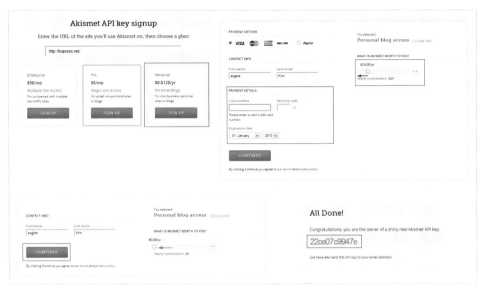

그림 2-43 아키스밋 키 받기

자신의 웹 사이트 URL을 입력하고 개인용(Personal) $0~120/yr의 Sign Up 버튼을 클릭합니다. 가격이 0부터 120달러로 돼 있는 것은 일반적으로 개인 블로그를 운영하는 경우 수익이 없으므로 무료로 사용할 수 있도록 하지만 프로그램에 대한 가치를 평가한다면 적당한 금액을 낼 수도 있습니다. 하지만 기업용 사이트인 경우는 수익이 있기 때문에 비용을 내도록 권장하고 있습니다. 모든 버전의 기능은 같습니다.

다음 화면에서 이름을 입력하고 우측의 슬라이더를 0으로 이동하면 결제 부분이 사라집니다. Continue 버튼을 클릭하면 다음 화면에서 키가 나타납니다. 이를 블록 설정해서 복사합니다.

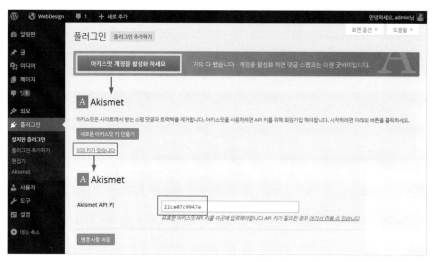

그림 2-44 아키스밋 키 등록

설치된 플러그인 화면에서 상단의 버튼을 클릭해서 다음 화면으로 가서 "이미 키가 있습니다" 링크를 클릭하고 키를 붙여넣은 다음 변경사항 저장 버튼을 클릭합니다. 이 키는 자신의 이메일로도 전송됩니다.

그림 2-45 아키스밋 설정

다음 화면의 설정 부분에서 두 곳에 체크한 다음 변경 사항 저장 버튼을 클릭하면 완료입니다.

그림 2-46 스팸 확인

스팸이 들어오면 아키스밋 플러그인이 자동으로 스팸 댓글로 보내고 30일간 보관하고 있다가 데이터베이스에서 삭제하므로 가끔 정상적인 댓글이나 트랙백이 포함돼 있는지 확인해야 합니다. 댓글 화면에서 스팸 링크를 클릭해 들어가서 스팸 여부를 확인한 다음 스팸 아님을 클릭하면 원상 복구됩니다.

고유주소(Permalink) 설정 05

01 고유주소와 검색엔진 최적화

워드프레스를 설치하고 처음으로 글을 올리기 전에 가장 먼저 해야 할 일 중 하나가 고유주소를 설정하는 것입니다. 워드프레스는 본래 검색엔진에 최적화돼 있지만 완벽하지는 않습니다. 워드프레스 설정에서 고유주소는 기본적으로 아래 그림처럼 글 주소의 마지막에 "?p=123"처럼 알 수 없는 문자와 숫자로 돼 있습니다. 이 주소는 데이터베이스에 저장된 글의 아이디로서, 보는 사람도 그렇고 검색엔진에서도 어떻게 처리해야 할지 난감합니다. 워드프레스가 이처럼 알 수 없는 코드를 기본 주소로 한 것은 데이터베이스에서 아이디를 그대로 불러오는 것으로 다른 설정을 할 필요가 없어 간편하기 때문입니다. 검색엔진은 사람이 알 수 있는 글자로 돼 있는 것을 인식하도록 설계돼 있으니 글 주소도 그렇게 만드는 것이 좋습니다.

주 메뉴에서 "설정" → "고유주소 설정"을 클릭하면 다음과 같은 화면이 나옵니다.

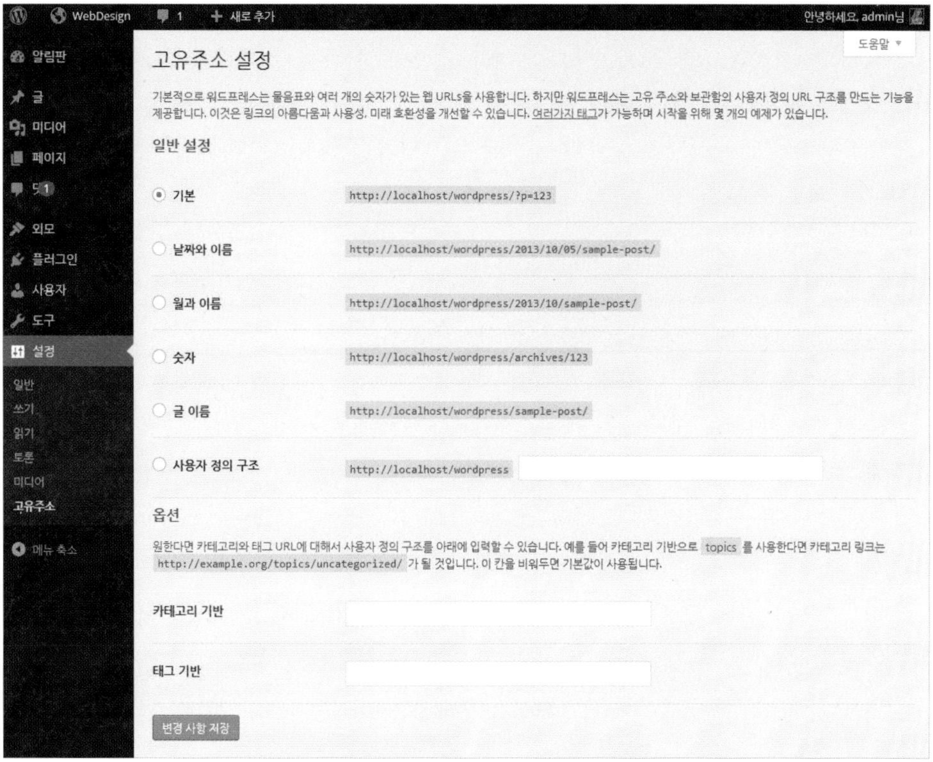

그림 2-47 고유주소 설정

고유주소에 글의 제목이 나타나게 하는 것이 가장 좋은 방법이며, 위의 화면에서 두 번째와 세 번째, 또는 다섯 번째 항목을 선택하면 됩니다. sample-post라고 돼 있는 것이 글의 제목에 해당합니다. 앞의 두 가지 방법을 사용하면 글이 발행된 날짜나 월이 표시되는데, 글을 자주 발행하지 않는다거나 글이 오래된 경우는 방문자가 읽으려 하지 않을 수도 있어서 이런 표기법이 좋지 않을 수도 있습니다. 위의 이미 설정된 구조 외에 다른 구조를 원할 경우 마지막 항목의 "사용자 정의 구조"를 사용합니다. 글 이름만 나타나게 하는 /%postname%/을 사용하면 "도메인/글 제목"의 형태로 나타나는데, 글 제목만 있으면 작동되지 않는다는 문제점이 발생할 수 있어서 이를 방지하기 위해 다음과 같이 글 아이디나 연도를 추가로 입력하면 됩니다.

/%year%/%postname%/
/%post_id%/%postname%/

이처럼 사용자 정의 구조로 주소를 정하는 방법은 다음과 같은 코드를 사용하며, 중복해서 사용할 수도 있습니다. 하지만 마지막에는 하나의 글을 표시하는 /%postname%/이나 /%post_id%/를 반드시 넣어야 합니다.

- %year%: 글을 발행한 연도입니다. 4자리 숫자를 사용합니다.
- %monthnum%: 글을 발행한 월로서 두 자리 숫자를 사용합니다. 2월은 02입니다.
- %day%: 글을 발행한 날짜로서 두 자리 숫자입니다.
- %hour%: 글을 발행한 시간으로 두 자리 숫자입니다.
- %minute%: 글을 발행한 분으로 두 자리 숫자입니다.
- %second%: 글을 발행한 초로 두 자리 숫자입니다.
- %post_id%: 글의 고유 아이디이며, 발행되는 글의 순서로 자동으로 매겨집니다.
- %postname%: 글 제목입니다.
- %category%: 글이 속한 카테고리 이름입니다.
- %author%: 글 발행자의 이름입니다.

글의 고유주소를 기본 설정 이외의 구조로 설정하기만 해서는 안 되고 별도의 설정을 해야 합니다. 워드프레스는 기본적으로 글 아이디를 사용하므로 다른 고유주소 구조를 사용한다면 아파치 서버에서 mod_rewrite 모듈이 활성화돼 있어야 하고 워드프레스를 설치한 디렉터리에 .htaccess 파일이 있어야 합니다. 고유주소 설정 화면에서 사용자 정의 구조로 설정하고 "변경사항 저장" 버튼을 클릭하면 내 컴퓨터에서 .htaccess 파일이 워드프레스 설치 폴더에 자동으로 추가됩니다.

그림 2-48 아파치 서버의 모듈

이는 아파치 서버의 모듈에서 mod_rewrite가 활성화돼 있고 워드프레스 폴더가 쓰기 가능으로 돼 있어서 가능한 것입니다. 웹 호스팅 환경에서는 워드프레스가 파일을 추가할 수 있도록 파일 권한을 수정해줘야 합니다. 어떤 경우는 직접 .htaccess 파일을 추가해야 할 수도 있습니다.

내 컴퓨터에서 워드프레스를 사용하는 경우에는 이 작업만 하면 글 주소가 한글로 바로 나오지만, 웹 호스팅 환경에서는 상황이 다릅니다. 웹 호스팅 환경에서는 고유주소를 사용자 정의 구조로 설정하고 변경 사항 저장 버튼을 클릭하면 바로 아래에 .htaccess 파일을 만들어서 추가하라고 나옵니다. 이는 웹 호스팅 서버의 루트 디렉터리에 쓰기 권한이 없을 때 나타납니다.

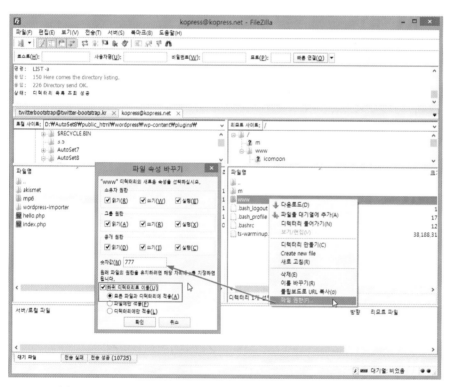

그림 2-49 퍼미션 변경

파일질라로 접속해서 루트 디렉터리에 마우스 오른쪽 버튼을 클릭했을 때 나오는 메뉴에서 "파일 권한"을 선택하고 나오는 팝업창에서 숫자 값을 777로 입력하고 "하위 디렉터리로 이동"에 체크한 뒤 확인 버튼을 클릭하면 모든 디렉토리와 파일의 퍼미션이 변경됩니다. 이때부터는 워드프레스가 직접 파일을 만들어서 내용을 입력할 수 있습니다. 사이트가 모두 완성된 다음에는 퍼미션을 원래대로 변경해줘야 합니다.

퍼미션 팁

리눅스의 퍼미션에서는 소유자, 그룹, 사용자에 대해 권한을 설정할 수 있습니다.

퍼미션은 숫자로 지정할 수 있으며 각 숫자의 의미는 다음과 같습니다.

4: Write

2: Read

1: eXecute

여기에서는 소유자, 그룹, 사용자에게 모든 권한(쓰기, 읽기, 실행)을 부여하기 위해 세 값을 더한 값인 7을 지정해 주었습니다.

그림 2-50 고유주소 실험

테스트하기 위해 새 글쓰기에서 위처럼 제목과 내용을 입력하고 공개하기 버튼을 클릭합니다. 글보기 버튼을 Ctrl+클릭하면 새 탭에 글이 나타납니다.

그림 2-51 **고유주소 결과**

URL에 보면 한글로 글 제목이 나타납니다. 하지만 위 주소를 복사해서 인터넷 익스플로러에서 열면 다음과 같이 퍼센트 인코딩된 URL로 나타납니다.

- http://localhost/wordpress/%ED%85%8C%EC%8A%A4%ED%8A%B8-%EA%B8%80/

여러 호스팅 사이트를 시험해 봤는데 우비(http://www.woobi.co.kr/), 나야나(http://www.nayana.com/), 아이비로(http://www.ivyro.net/)는 퍼센트 인코딩된 글자로 나오고 파란닷컴(http://www.paran.com/)과 닷홈(http://www.dothome.co.kr/)은 한글로 나왔습니다. 특히 호스팅거는 퍼미션을 변경하지 않고도 한글 주소가 제대로 나옵니다. 이처럼 각 호스팅 환경의 설정이 제각각이므로 현재 이용 중인 호스팅 회사에 문의해서 해결하면 됩니다. 참고로 저는 세 군데의 호스팅 회사에 문의했는데 모두 다른 내용의 답변이 왔습니다. 우비의 경우에는 알려준 대로 .htaccess 파일에 다음의 코드를 삽입하니 한글과 한문이 제대로 나왔습니다. 하지만 이를 다른 호스팅 환경에 적용했을 때 제대로 동작하지 않았습니다.

```
〈IfModule mod_url.c〉
CheckURL Off
〈/IfModule〉
```

위와 같은 작업을 하더라도 다른 웹 브라우저는 한글이 제대로 나오지만, 인터넷 익스플로러는 퍼센트 인코딩된 주소로 나옵니다. 고유주소를 한글로 만드는 것은 중요하지만 먼저돕고 안 되는 부분도 있으니 기본 설정으로 사용하거나 숫자로 사용하는 것도 좋을 듯합니다.

02 글 제목 슬러그 만들기

워드프레스에서 슬러그란 도메인명 다음에 오는 글자를 말합니다. 검색엔진은 글 제목을 중요하게 생각하므로 될 수 있으면 글 제목을 길게 해서 키워드를 많이 삽입하는 것이 좋습니다. 예를 들어, "워드프레스에서 고유주소를 검색엔진에 최적화하는 방법 알아보기"라고 길게 제목을 설정했다면 글 주소의 슬러그도 이대로 나타납니다. 하지만 검색엔진은 키워드만 중요시하며, 주소창에도 이렇게 길게 나오면 보기에도 좋지 않습니다. 그래서 새 글을 쓸 때 글 제목 부분의 슬러그를 수정할 수 있게 해놓았습니다.

그림 2-52 슬러그 만들기

새 글쓰기 창에서 제목을 입력하고 본문 입력란을 클릭하면 제목 아래에 고유주소가 나타납니다. 제목이 길어서 다 나오지도 않습니다. 편집 버튼을 클릭해서 키워드만 입력합니다. "워드프레스 고유주소 검색엔진 최적화"라고 수정합니다

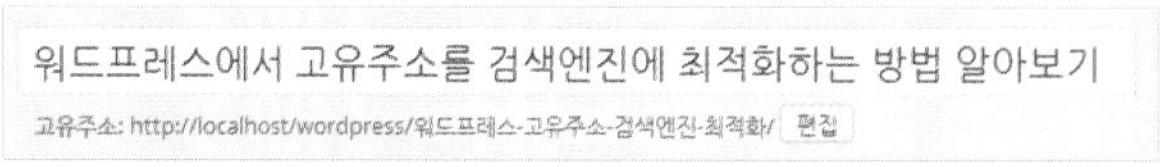

워드프레스에서 고유주소를 검색엔진에 최적화하는 방법 알아보기
고유주소: http://localhost/wordpress/워드프레스-고유주소-검색엔진-최적화/ 편집

그림 2-53 슬러그 수정 결과

긴 제목의 슬러그가 키워드만 남고 간결해졌습니다. 글을 입력할 때 키워드 사이에 빈칸만 띄우고 저장하면 자동으로 대시가 만들어집니다. 글을 발행하고 웹 브라우저에서 어떻게 보이는지 확인해 보세요. "글보기"와 "짧은 링크 얻기" 버튼은 글 발행 후 "글 편집"에 들어왔을 때 보이는 버튼입니다. 짧은 링크 얻기 버튼을 클릭하면 고유주소 기본 설정에서처럼 "?p=123"의 형태로 나타나는 주소를 다시 만들 수 있습니다.

포스트와 페이지의
차이점과 페이지 만들기

06

01 포스트와 페이지의 차이

워드프레스에는 두 종류의 콘텐츠가 있습니다. 하나는 포스트(Post)이고 다른 하나는 페이지 (Page)입니다. 블로그에서 포스트는 글을 올리는 행위를 의미하기도 하고 하나의 글 자체를 의미하기도 합니다. 포스트와 페이지의 가장 두드러진 차이는 시간적 순서에 따라 정렬할 수 있는가입니다. 포스트는 시간의 역순서로 정렬할 수 있지만, 페이지는 그런 기능이 없습니다. 포스트는 상하 계층구조가 없지만, 페이지는 상하 계층구조를 만들 수 있습니다. 하지만 포스트를 카테고리로 분류해서 상하 계층구조를 만들 수 있습니다.

워드프레스에서 페이지는 메뉴와 연관됩니다. 메뉴를 클릭하면 블로그 글이 나오는 것이 아니라 블로그 소개 글인 About 페이지와 같은 페이지가 나옵니다. 워드프레스에서 페이지란 하나의 독립된 레이아웃이라고 보는 것이 좋습니다. 이 페이지에는 블로그 글이 아닌 글 목록이 나올 수도 있고 태그 목록이 나올 수도 있습니다.

포스트	페이지
동적이다(Dynamic) – 시간상 역순으로 나열됨	정적이다(Static) – 독립적으로 나타남
포스트 목록이 있음	페이지 목록이 없음
카테고리 글 보관함(Archive)이 있음	글 보관함이 없음
태그가 있음	태그가 없음
월별 글 보관함이 있음	월별 글 보관함이 없음
최근 포스트 목록이 있음	최근 페이지 목록이 없음
RSS 피드가 있음	RSS 피드가 없음
검색 결과에 나옴	검색 결과에 나옴
예)	예)
뉴스	About page
블로그	Contact page
	FAQ

표 2-2 포스트와 페이지의 차이

위의 표에서처럼 포스트는 최신 글이 순서상 가장 먼저 나타납니다. 이러한 포스트는 블로그 글이나 뉴스 아이템 등 업데이트될 수 있고 변동 가능한 글입니다. 반면 페이지는 내 소개에 관한 글, FAQ 등 업데이트되지 않고 변함이 없는 글이 있는 장소입니다. 워드프레스 블로그의 전형적인 형태는 블로그를 방문하면 초기 화면에 블로그 글이 나오고 카테고리, 글 보관함이나 월별 글 보관함이 있지만 워드프레스로 웹 사이트를 제작할 수도 있기 때문에 초기 화면이 블로그 포스트가 아닌 정적인 페이지가 나오게 할 수도 있습니다. 이 정적인 페이지는 블로그 글이나 포트폴리오, 상품 상세 페이지로 갈 수 있는 관문 역할을 합니다.

∩2 페이지 만들기

워드프레스 관리자 화면의 주 메뉴에서 페이지 → 새 페이지 추가를 클릭하면 우측에 새 글쓰기와 같은 형태의 화면이 나옵니다. "화면 옵션"을 클릭하면 설정 화면이 내려오고 글을 작성할 때 추가할 수 있는 옵션이 나옵니다. 각 옵션의 체크박스에 체크하면 하단에 박스가 추가됩니다. "화면 레이아웃" 항목에서는 기본적으로 열의 수가 2개인데 열의 수를 1로 체크해서 하나만 나오게 하면 우측 열이 좌측 열의 아래로 내려가고 글 입력 화면이 넓어집니다. 다시 열의 수를 두 개로 하면 자동으로 원상 복구됩니다.

그림 2-54 페이지 만들기 화면

제목 입력란에 "블로그 소개"를 입력하고 본문을 클릭하면 새 글쓰기에서처럼 제목 밑에 고유주소가 나타납니다. 편집 버튼을 클릭해서 웹 브라우저의 주소창에 나타날 이름을 바꿀 수 있고 띄어쓰기를 하면 대시(−)가 자동으로 입력됩니다. 이는 URL에서 빈칸을 허용하지 않기 때문입니다. 여기서는 내 소개에 관한 글을 입력합니다. 텍스트 편집창 아래의 토론 박스에는 댓글 허용이나 트랙백 허용이 있는데, 자기소개 글에 댓글이 있으면 어색하므로 체크를 해제합니다. 이처럼 페이지는 상황에 따라 토론 부분의 댓글을 입력할 수 없게 할 수 있습니다.

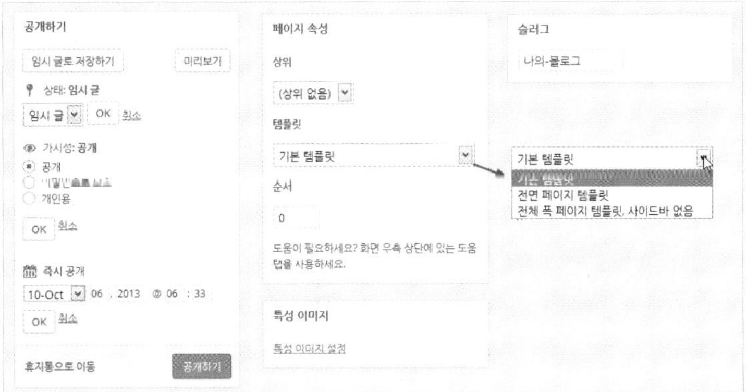

그림 2-55 페이지 편집 화면 메타박스

이렇게 글을 작성하고 미리보기를 클릭하면 페이지를 미리 볼 수 있습니다. 공개하기 버튼을 클릭하면 글이 발행됩니다. 공개하기 박스의 내용은 새 글쓰기와 같습니다. 이와 관련한 내용은 다음 장에서 새 글쓰기를 설명할 때 자세히 알아보겠습니다. 페이지 속성 박스에서 "상위"는 페이지가 메뉴와 관련이 있으므로 메뉴의 상하관계를 정할 수 있습니다. 블로그 소개 페이지는 홈 메뉴의 하위 메뉴로 설정할 수도 있지만 여기서는 "상위 없음"으로 우선 설정해 둡니다. "템플릿" 항목에서 기본 템플릿을 선택하면 사이드바가 있는 페이지가 됩니다. "순서" 항목은 블로그 화면에서 페이지의 순서를 정합니다. 순서의 숫자가 많을수록 메뉴에서 우측으로 이동합니다. 즉, 페이지가 여러 개인 경우 메뉴의 좌측부터 알파벳 순으로 순서가 정해지는데 이러한 순서에서 벗어나 어느 하나의 페이지 메뉴를 우측으로 이동하고 싶으면 순서의 숫자를 높이면 됩니다. "특성 이미지"는 이미지를 추가하고 항상 일정한 위치에 나오게 할 수 있습니다. 이것도 다음 장에서 다룰 새 글쓰기에서 나옵니다. 화면 좌측 상단의 블로그 제목(여기서는 WebDesign)을 대상으로 마우스 오른쪽 버튼을 클릭해 "새 탭에서 열기"를 선택하면 "블로그 소개"라는 메뉴가 추가된 화면이 나옵니다.

그림 2-56 페이지의 메뉴

홈 메뉴를 클릭하면 글 목록이 있는 페이지가 나타납니다.

∩З 메뉴의 상하 관계

그림 2-57 페이지의 계층구조 만들기

상단의 새 페이지 추가 버튼을 클릭해서 새로운 페이지를 하나 더 만듭니다. 여기서는 "프로필"이라는 제목을 입력하고 본문에 내용도 입력합니다. 페이지 속성 박스에서 상위 항목의 선택 박스를 클릭하면 이전에 만든 페이지 제목이 나옵니다. 이 선택 박스에서 블로그 소개 항목을 상위 메뉴로 선택하면 부모/자식 관계가 만들어지고 프로필 페이지는 블로그 소개 메뉴의 하위 메뉴로 등록됩니다. 공개하기 버튼을 클릭하고 이미 열려있는 새 탭에서 새로고침 합니다.

그림 2-58 하위 메뉴

하위 메뉴로 등록되면 위와 같이 블로그 소개의 하위에 메뉴가 나옵니다. 프로필 메뉴를 클릭하면 프로필 페이지가 나오고 주소창도 순차적인 주소 형태로 나옵니다.

부모/자식 관계를 설정하지 않고 "상위 없음"을 선택하면 다음과 같이 블로그 소개와는 관계가 없는 별도의 메뉴로 등록됩니다. 페이지를 계속 만들다 보면 알파벳 순서에 따라 메뉴가 나오는데, 이 순서를 수정하려면 원하는 페이지의 순서로 숫자를 변경합니다. 주 메뉴에서 "모든 페이지"를 선택하고 페이지 목록 중 하나에 마우스를 올리면 메뉴 링크가 나타납니다. "빠른 편집"을 클릭하면 편집 화면이 나타납니다. 블로그 소개 페이지의 순서 숫자를 2로 변경하고 업데이트 버튼을 클릭한 다음 블로그 화면에서 새로고침 해보면 블로그 소개 페이지가 프로필 페이지보다 오른쪽에 나타납니다.

그림 2-59 페이지의 순서 변경

여기서 "편집"을 클릭하면 페이지 만들기와 같은 화면의 편집 모드로 들어가지만 빠른 편집으로 하면 여러 개를 같은 화면에서 편집할 수 있습니다. 페이지 관리를 쉽게 하는 방법을 하나 알려드리자면 "순서"의 수치를 10단위로 입력하는 것입니다. 페이지의 순서를 10단위로 입력하면 나중에 다른 페이지의 순서를 변경할 때 숫자가 겹칠 경우 두 개 이상의 순서를 변경해야 하므로 순서 숫자에 여유를 주면 수정하기가 편해집니다.

위젯 사용하기 07

위젯은 각종 블로그 프로그램에서 다른 의미의 용어로 사용되고 있습니다. 티스토리는 사이드바에 있는 카테고리나 최근 글 같은 기본적으로 사용되는 요소로서 추가하거나 제거할 수 있는 부분을 모듈이라고 하고 위젯 뱅크에서 코드를 복사해서 임의로 추가할 수 있는 부분을 위젯이라고 합니다. 익스프레스 엔진이나 드루팔에서는 모듈이 블로그 프로그램에 보조적으로 사용되는 작은 프로그램으로서 티스토리의 모듈과 성격이 다릅니다.

이러한 위젯이나 모듈은 성격상 같은 부류에 속하고 플러그인으로 만들어집니다. 플러그인이란 기본적인 프로그램에 그 프로그램의 사용을 확대하기 위해 사용하는 작은 프로그램으로, 설치하고 배치만 하면 바로 사용할 수 있습니다. 위젯은 플러그인으로 만들어지지만, 위젯으로 사용하려면 위젯화 과정을 거쳐야 합니다. 그러니 모든 플러그인이 위젯인 것은 아닙니다.

위젯은 PHP 프로그램의 함수를 이용해 데이터베이스에서 데이터를 불러내는 복잡한 작업을 하지만 워드프레스에서는 사용하기 쉽게 돼 있습니다. 관리자 화면에서 박스 형태로 존재하므로 언제든지 원하는 위젯을 클릭한 후 드래그해서 사이드바 영역이나 푸터 영역에 붙이면 바로 사용할 수 있습니다. 예전에는 사이드바 영역에 주로 배치할 수 있었지만, 지금은 푸터, 헤더, 콘텐츠 영역에도 배치할 수 있어서 사실상 위젯은 모든 영역에 배치할 수 있습니다.

01 위젯 설정하기

위젯의 종류는 다양하고 테마에 따라서도 다릅니다. 어떤 테마에 있는 위젯이 다른 테마에는 없을 수도 있습니다.

그림 2-60 워드프레스 위젯

워드프레스 기본 테마인 Twenty Fourteen은 사이드바에 기본적인 위젯이 있습니다. 위젯 화면에서 배치된 순서대로 검색 위젯, 최근 글 위젯, 최근 댓글 위젯 등이 배치돼있습니다. 이러한 위젯의 순서를 바꾸거나, 이름을 변경하거나, 다른 위젯을 추가하려면 상단의 툴바에서 "블로그 제목", "위젯"을 차례로 클릭합니다.

그림 2-61 위젯 화면

위젯 화면은 크게 세 부분으로 나눕니다. 오른쪽의 위젯 영역에는 처음에 기본 테마에서 설정된 대로 위젯이 배치돼있습니다. 화면 좌측 열에는 "사용할 수 있는 위젯"과 그 아래에 "비활성화 위젯"이 있습니다. 상단의 화면 옵션을 클릭하면 "접근 모드 활성화"가 있습니다. 이것은 위젯을 클릭한 후 드래그하는 식으로 위젯 영역에 배치할 수 없는 경우에 사용하며, 이에 대해서는 별도로 설명하겠습니다.

"사용할 수 있는 위젯"과 "비활성화 위젯" 박스의 제목에 마우스를 올리면 삼각형의 아이콘이 나타납니다. 이것은 박스의 내용을 축소하는 아이콘으로, 클릭하면 "사용할 수 있는 위젯" 영역이 줄어들어 "비활성화 위젯" 영역이 위로 올라오므로 이 영역의 위젯을 선택한 후 클릭해서 드래그하는 식으로 위젯 영역에 배치하기가 편해집니다. 닫힌 위젯은 삼각형이 아래로 향해 있어 클릭하면 열린다는 표시를 하고 있습니다.

02 위젯 편집하기

그림 2-62 위젯의 끌어놓기 배치

위젯의 타이틀 바(예를 들어, 텍스트 위젯)에 마우스를 올리면 이동할 수 있게 커서가 손 아이콘으로 바뀝니다. 이를 클릭한 후 드래그해서 우측 위젯 영역의 주 사이드바에 놓으면 배치가 끝납니다. 위젯을 클릭한 후 드래그해서 배치하더라도 원래의 위젯이 남아 있는 것은 다른 영역에도 추가로 배치할 수 있게 하기 위해서입니다. 이런 식으로 배치할 수도 있지만 워드프레스 3.8 버전에서 다른 방법으로 배치할 수도 있습니다.

그림 2-63 위젯의 위젯 영역 선택 배치

위젯을 클릭하면 바로 아래에 위젯 영역이 표시됩니다. 원하는 위젯 영역을 선택하고 위젯 추가 버튼을 클릭하면 배치됩니다. 이 기능은 위젯의 끌어놓기 배치를 하던 중 클릭이 풀리기도 하고 배치하는데 불편할 수도 있으며 특히 모바일 기기에서 사용이 불편하므로 추가됐습니다.

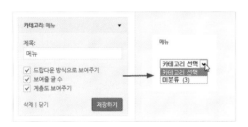

그림 2-64 카테고리 위젯

카테고리 위젯을 펼치고 세 곳의 체크박스에 체크합니다. 제목을 변경할 수도 있습니다. 저장하기 버튼을 클릭한 후 사이트에서 새로고침 하면 우측의 그림처럼 드롭다운 형태로 나타납니다. 카테고리 옆에 글의 수가 나타나고 하위 카테고리가 있는 경우 우측으로 들어간 상태로 나타나서 계층 구조를 표시하게 됩니다.

"닫기" 링크와 타이틀 바의 세모 아이콘은 같은 역할을 하며, 위젯 편집 영역을 안 보이게 합니다. 삭제를 클릭하면 위젯 영역에서 제거되는데, 위젯에서 편집하거나 설정해 놓은 것이 다 사라지므로 이럴 때 사용하는 것이 비활성화 위젯 영역으로 클릭한 후 드래그하는 것입니다.

그림 2-65 비활성화 위젯

위젯의 내용을 편집하고 사용하다가 제거하기 위해 삭제를 클릭하거나 "사용할 수 있는 위젯 영역"으로 클릭한 후 드래그하면 편집 내용이 모두 사라집니다. 편집 내용을 보존하려면 비활성화 위젯 영역으로 이동해야 합니다. 워드프레스를 사용하다 보면 수많은 위젯이 설치됩니다. 그래서 위젯이 많을 경우 "사용할 수 있는 위젯" 영역의 타이틀 바에서 세모 아이콘을 클릭하면 화면이 줄어들면서 아래의 "비활성화 위젯"이 올라와서 이동하기가 수월해집니다. 여기서는 카테고리 위젯을 클릭한 후 드래그해서 비활성화 위젯 영역에 올리면 작업이 끝납니다.

이처럼 간단한 위젯은 저장하지 않고 제거해도 다시 설정하는 데 시간이 오래 걸리지 않습니다. 반면 텍스트 위젯은 블로그를 소개하거나 이미지를 넣을 수 있고, HTML 코드만 알면 이미지에 링크를 걸 수도 있습니다. 여기서 편집해 놓은 위젯은 삭제하기보다는 비활성화 위젯 영역에 보관해 두면 언제든지 다시 사용할 수 있습니다. 그러면 이번에는 텍스트 위젯에 대해 알아보겠습니다.

03 텍스트 위젯 사용하기

텍스트 위젯은 사이드바에 다양한 형태로 요소를 만들 수 있는 위젯입니다. 블로그의 소개 글을 올린다거나 트위터 연결 버튼을 만드는 등 다양한 용도로 사용할 수 있습니다. 텍스트 위젯을 메인 사이드바 영역에 올려놓으면 편집 화면이 펼쳐집니다. 제목을 입력하고 글 내용을 입력합니다. 문단 사이에 단락을 만들려면 "단락을 자동으로 추가합니다."에 체크합니다. 저장하기 버튼을 클릭하는 것도 잊지 마세요.

그림 2-66 텍스트 위젯 사용하기

텍스트 위젯에는 이미지도 삽입할 수 있습니다. 이미지를 사용하려면 워드프레스에 이미지가 저장돼 있어야 합니다. 이 부분은 다음 장에 나오는 이미지 편집을 참고해서 이미지를 이미지 라이브러리에 업로드 하고 이미지의 URL을 복사해서 HTML의 〈img src="URL"〉을 사용해서 삽입하면 됩니다.

04 Twenty Fourteen의 위젯 영역

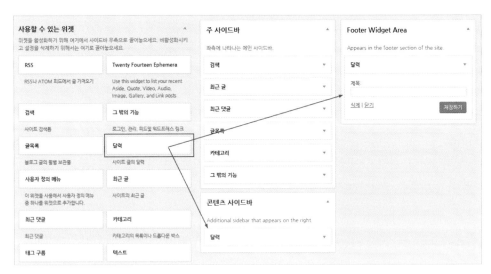

그림 2-67 Twenty Fourteen의 위젯 영역

새 기본 테마인 Twenty Fourteen의 위젯 영역은 3개 있습니다. 주 사이드바는 사이트에서 좌측에 나타나고 콘텐츠 사이드바는 콘텐츠 영역의 우측에 나타납니다. 콘텐츠 사이드바로 명칭이 정해진 이유는 콘텐츠 사이드바가 콘텐츠 영역에 포함돼 있어서 위젯을 배치하지 않으면 전체 영역을 콘텐츠가 차지하기 때문입니다. 푸터 위젯 영역은 콘텐츠 영역 하단에 나타납니다. 어떤 형태로 나타나는지 알아보기 위해 달력 위젯을 두 곳에 배치하고 사이트에서 확인합니다.

그림 2-68 위젯의 배치 결과

콘텐츠 영역이 축소되면서 우측에 달력 위젯이 나타납니다. 하단에도 달력 위젯이 나타나며 배경이 검은색이라서 글자는 흰색으로 전환됩니다.

05 접근 모드 활성화

위젯을 위젯 영역에 클릭해서 드래그할 수 없는 상황이 있을 수 있는데, 시력이 안 좋아서 스크린 리더(인터넷 화면의 글 내용을 읽어주는 도구)나 스마트폰을 사용하거나 오래된 웹 브라우저를 사용할 때는 접근 모드 활성화를 이용하면 됩니다. 화면 상단에서 화면 옵션을 클릭하면 접근 모드 활성화 링크가 있습니다.

그림 2-69 접근 모드 활성화

이 링크를 클릭하면 위젯 영역의 각 위젯의 타이틀 바에 "편집" 링크가 나옵니다. 이를 클릭하면 위젯 영역의 어떤 위치로 배치할지 설정하는 화면이 나옵니다. 같은 위젯 영역에서는 선택 박스를 클릭해서 순서를 변경할 수 있고 다른 위젯 영역으로 이동할 수도 있습니다.

06 위젯 글자 스타일링하기

블로그 화면에서 위젯의 제목을 보면 글자의 크기가 작습니다. 글자 스타일을 수정하려면 스타일 시트를 손봐야 합니다. 글자의 크기를 정하는 설정이 스타일 시트의 어떤 부분에서 적용되는지 알아보려면 웹 브라우저의 개발자 도구를 사용하면 됩니다. 해당 글자를 마우스 오른쪽 버튼으로 클릭하면 메뉴가 나옵니다. 메뉴에서 "요소 검사"를 선택하면 하단에 HTML 코드와 스타일 시트창이 나옵니다. 스타일 시트창을 보면 .widget-title이라는 클래스 선택자에 대한 설정이 나옵니다.

그림 2-70 위젯 제목의 요소검사

폰트 사이즈가 11px로 설정돼있습니다. 우선 이를 변경했을 때 어떻게 보이는지 살펴보려면 "11px"이라고 적힌 부분을 클릭해서 수치를 수정할 수 있습니다. 16px로 수정하고 다른 곳을 클릭하면 글자의 크기가 커집니다.

그림 2-71 웹 브라우저에서 스타일 시트 변경

하지만 개발자 도구에서 수정한다고 해서 실제 파일에 반영되는 것은 아니므로, 최종적으로 워드프레스의 CSS를 수정해야 합니다. 우측의 스타일 시트 이름에 마우스를 올리면 스타일 시트 파일의 경로와 파일 안에서의 줄 번호(3676)가 나옵니다. 이 파일을 텍스트 편집기에서 열고 폰트를 수정해 보겠습니다.

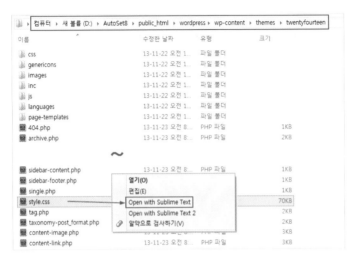

그림 2-72 테마의 스타일 시트 열기

요소 검사에서 나온 경로를 찾아서 폴더로 들어갑니다. localhost는 탐색기에서 public_html에 해당합니다. style.css 파일을 대상으로 마우스 오른쪽 버튼을 클릭하고 서브라임 텍스트 편집기를 선택합니다.

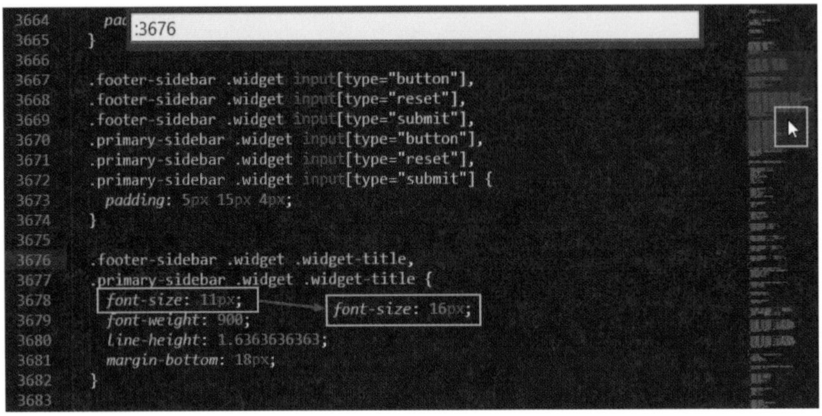

그림 2-73 원하는 스타일 시트 찾기

Ctrl+G 키를 누르면 입력 상자가 나타납니다. 줄 번호를 입력하면 해당 줄로 이동하고 줄 번호가 하이라이트 됩니다. 또는 미니맵에 마우스를 올리고 클릭 드래그해서 빠르게 이동할 수도 있습니다. font-size를 16px로 수정합니다. 그런 다음 Ctrl+S 키를 눌러 저장합니다. 웹 브라우저를 새로고침 하면 수정한 내용이 반영됩니다.

위 그림에서 중괄호 앞에 있는 것을 선택자라고 합니다. .widget-title이라는 선택자는 앞에 점이 있는데 이를 클래스 선택자라고 합니다. 클래스 선택자는 해당 클래스를 가진 모든 요소에 같은 규칙을 적용하고자 할 때 사용합니다. 앞에서 요소검사 할 때 〈h1 class="widget-title"〉베누시안 블로그〈/h1〉를 선택했고, 따라서 클래스 명이 "widget-title"인 곳은 모두 이 규칙이 적용됩니다. 베누시안 블로그라는 제목을 대상으로 요소검사 했지만, 사실 모든 위젯의 제목에 이 선택자가 들어있으므로 모든 위젯 제목에 이 규칙이 적용됩니다. 이처럼 클래스 선택자는 여러 요소에 같은 규칙을 적용할 때 사용합니다.

이러한 수정 방법은 앞으로 테마를 수정하면서 자주 사용하게 되니 숙지해 두는 것이 좋습니다. 어떤 테마를 사용하더라도 최소한 한 두 곳은 수정할 필요가 있는 곳이 있습니다.

그림 2-74 스타일 변경 결과

글자의 크기가 달라졌습니다. 폰트는 대부분 컴퓨터에 기본으로 설치된 굴림체가 많이 사용되지만, 웹 폰트를 사용하면 보기 좋은 디자인의 블로그가 되겠죠. 다음 절에서는 웹 폰트를 사용해 워드프레스의 전체 폰트를 바꾸는 방법을 알아보겠습니다.

한글 웹 폰트
사용하기 08

웹디자인에서 폰트의 선택은 아주 중요합니다. 글을 읽을 때의 가독성과 글자의 생김새는 디자인에 많은 영향을 미치기 때문이죠. 한글 완성형은 글자 수가 많지만 가장 많이 쓰는 글자가 2,350개이므로 대부분 폰트는 이 개수만큼 글자를 만듭니다. 그런데 가독성이나 디자인 측면에서 좋은 폰트를 선택하기란 쉽지 않습니다. 왜냐하면 내 컴퓨터에 설치된 폰트가 방문자의 컴퓨터에도 설치돼 있다는 보장이 없기 때문이죠. 내 컴퓨터에 있는 나눔 고딕체 폰트를 CSS 스타일 시트에서 선언하고 블로그의 새 글쓰기에서 굴림체로 글을 작성하더라도 글을 저장하고 나면 설정된 나눔 고딕 폰트로 보입니다. 하지만 방문자의 컴퓨터에 이 폰트가 없다면 기본적으로 설치된 굴림체와 돋움체로만 보입니다. 그렇다면 내가 열심히 디자인한 블로그의 웹페이지가 다른 사람에게는 다르게 보인다는 것인데, 결국 하나 마나 한 디자인을 한 셈입니다.

웹 폰트는 방문자의 컴퓨터에 폰트가 설치돼 있지 않아도 웹 폰트 사이트에 링크를 걸어놓고 CSS로 인식하게 하면 어느 컴퓨터에서나 내가 선언한 폰트로 보이는 아주 훌륭한 역할을 합니다.

나눔체는 총 7종으로 나눔 고딕, 나눔 명조, 나눔 붓글씨, 나눔 펜, 나눔 코딩, 나눔 에코가 있으며, 2013년 10월 나눔 바른 고딕이 추가됐습니다.

○1 구글 웹 폰트 사용하기

구글은 많은 폰트를 웹 폰트로 변환해서 사용할 수 있도록 하고 있습니다. 이 중에는 영문을 제외한 외국 폰트를 지원하기 위한 프로젝트로 Early Access가 만들어졌는데 한글 중 나눔 고딕을 일부 지원하고 있습니다.

- http://www.google.com/fonts/earlyaccess

위 링크로 가서 "Nanum"으로 검색하면 Nanum Brush Script(붓글씨) Nanum Gothic(고딕) Nanum Gothic Coding(코딩) Nanum Myeongjo(명조) Nanum Pen Script(펜)의 스타일 시트와 사용 방법을 볼 수 있습니다. 나눔 고딕체를 적용하는 방법은 다음과 같습니다.

```
@import url(http://fonts.googleapis.com/earlyaccess/nanumgothic.css);
font-family: 'Nanum Gothic', sans-serif;
```

@import는 다음에 오는 url에서 스타일 시트를 가져오는 역할을 하며 font-family는 가져온 스타일 시트를 사용하기 위해서 폰트를 지정해주는 역할을 합니다.

워드프레스에서 가장 편리하게 구글 웹 폰트를 사용하는 방법은 플러그인을 설치해서 사용하는 것입니다. 관리자 화면의 플러그인 → 설치된 플러그인 화면에서 WP Google Fonts를 활성화합니다.

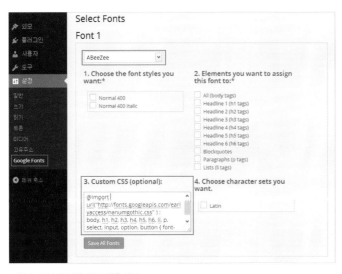

그림 2-75 **구글 웹 폰트 사용하기**

설정 → Google Fonts의 폰트 선택 상자에서 아무 폰트나 선택하면 설정 화면이 펼쳐집니다. 체크박스를 모두 해제하고 3의 Custom CSS에 아래의 코드를 입력합니다. 선택박스의 폰트 목록에는 영문 폰트만 있고 나눔 고딕은 별도로 링크를 만들어 사용해야 합니다.

```
@import url("http://fonts.googleapis.com/earlyaccess/nanumgothic.css" ) ;
body, h1, h2, h3, h4, h5, h6, li, p, select, input, option, button { font-family:"Nanum
Gothic" !important ; }
```

body와 h1 같은 것은 HTML에서 태그라고 하며 앞에서 설명한 선택자와 같은 역할을 합니다. 앞에서 살펴본 선택자는 클래스 선택자였고, 위처럼 태그명만 쓰인 선택자는 태그 선택자라고 합니다. 클래스 선택자는 같은 클래스에 대해 모두 같은 규칙을 적용하는 선택자이고, 태그 선택자는 해당 태그에 모두 같은 규칙이 적용됩니다. 클래스 선택자는 같은 클래스에 대해 모두 같은 규칙을 적용하며 태그 선택자는 해당 태그가 있는 곳은 모두 같은 규칙이 적용됩니다. "!important"를 사용한 것은 위 스타일 시트를 우선 적용하라는 의미로 플러그인이나 테마에서 이미 폰트의 규칙이 정해진 경우 덮어쓰기 해서 적용할 수 있게 됩니다. Save All Fonts 버튼을 클릭한 다음 사이트에서 새로고침 하면 다음과 같이 모든 글자가 나눔 고딕으로 보이게 됩니다.

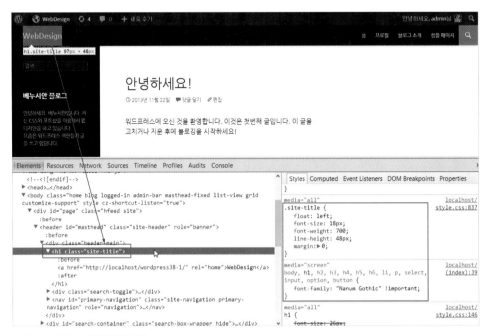

그림 2-76 사이트 제목의 요소검사

이처럼 플러그인을 사용해서 한글 폰트를 설정하면 테마를 변경해도 별도를 설정하지 않아도 됩니다.

그러면 이번에는 사이트 제목의 글자를 다른 폰트로 적용해보겠습니다. 우선 제목을 요소검사 해서 어떤 선택자에 적용할 것인지 찾습니다. 사이트 제목은 class="site-title"라는 선택자가 있습니다.

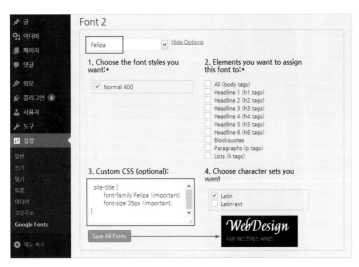

그림 2-77 사이트 제목 폰트 변경

구글 폰트 설정에서 Font2의 폰트 선택박스에서 Felipa를 선택한 다음 아래의 코드를 Custom CSS에 입력한 다음 저장 버튼을 클릭합니다. 사이트에서 새로고침 하면 우측의 그림처럼 나타납니다.

```css
.site-title {
  font-family:Felipa !important;
  font-size:35px !important;
}
```

⋂⋂ 관리자 화면을 나눔 고딕 체로 변경하기

관리자 화면의 스타일 시트를 변경하기 위해서는 약간 복잡한 과정을 거치게 됩니다.

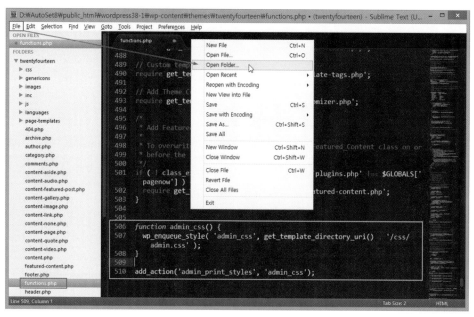

그림 2-78 관리자 화면 스타일 시트 추가 함수

우선 테마 폴더를 텍스트 편집기에서 엽니다. File 메뉴를 선택하고 Open Folder를 선택하면 브라우저가 열립니다. twentyfourteen 폴더를 선택한 다음 하단에서 폴더 선택을 클릭하면 폴더의 내용이 사이드바에 나타납니다. functions.php 파일을 열고 다음 코드를 하단에 입력한 다음 저장합니다. 이것은 관리자 화면의 스타일을 제어하기 위한 스타일 시트를 추가하는 함수입니다. get_template_directory_uri()는 테마 폴더를 표시하는 워드프레스 템플릿 태그입니다. 다음에 오는 css 폴더에 admin.css 파일을 만들고 이전처럼 스타일 시트를 넣어주면 됩니다.

```
function admin_css() {
  wp_enqueue_style( 'admin_css', get_template_directory_uri() . '/css/admin.css' );
}
add_action('admin_print_styles', 'admin_css');
```

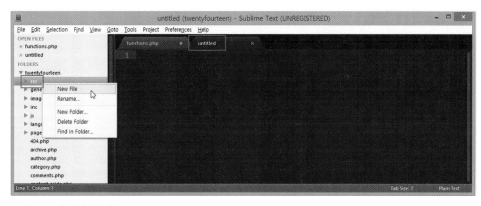

그림 2-79 새 파일 만들기

다음으로 css 폴더를 대상으로 마우스 오른쪽 버튼을 클릭해서 New File을 선택하면 untitled 탭이 생성됩니다.

그림 2-80 관리자 화면 스타일 시트 추가

다음 코드를 입력한 다음 Ctrl+Shift+S 키를 누르면 브라우저창이 CSS 폴더를 대상으로 열립니다. 파일 이름을 admin.css로 입력하고 저장합니다. font-style을 normal로 사용한 것은 간혹 내용을 강조하기 위해서 이탤릭체로 나오는 글자가 있어서 이를 보통 글자로 나타내기 위해서 입니다. 이탤릭체는 외국어에 적합하고 한글은 가독성이 떨어져 읽기도 어렵습니다.

```css
@import url("http://fonts.googleapis.com/earlyaccess/nanumgothic.css");
  body, h1, h2, h3, h4, h5, h6, li, p {
 font-family: 'Nanum Gothic' !important;
 font-style: normal  !important;
 }
```

플러그인 09

워드프레스를 설치하고 그대로 사용할 수 있지만 사용하다 보면 이런 기능은 없을까? 하고 찾아보면 없는 기능이 많습니다. 사용자의 취향이나 필요한 기능이 아주 다양하므로 모든 기능을 설치해 놓을 수가 없죠. 그래서 개별적으로 만들어 사용할 수 있게 해 뒀으며, 개인이 만든 플러그인은 천차만별이어서 이런 기능이 있었으면 좋겠다고 생각해서 플러그인을 찾아보면 거의 다 있습니다. 인기 있는 플러그인은 만드는 사람도 많아서 종류가 다양합니다.

01 워드프레스 기본 플러그인

워드프레스에는 기본적으로 두 개의 플러그인이 설치돼 있습니다. 하나는 스팸 댓글 방지를 위한 아키스밋이고, 아키스밋은 앞에서 이미 알아봤습니다. 다른 하나는 헬로우 달리(Hello Dolly)인데, 헬로우 달리는 워드프레스에서 어떤 기능을 하는 프로그램도 아닌데 왜 기본으로 포함돼 있을까요?

플러그인은 PHP 프로그래밍 언어로 만들기 때문에 이 언어만 알면 원하는 플러그인을 누구든지 만들 수 있습니다. 워드프레스에 플러그인이 처음 도입됐을 때 워드프레스 창시자인 매트 뮬렌베그(Matt Mullenweg)는 아주 난순한 플러그인인 헬로우 달리라는 플러그인을 만들어 워드프레스의 기본 플러그인으로 넣었습니다. 이 플러그인을 활성화하면 관리자 화면 우측 상단에 루이 암스트롱의 노래인 헬로우 달리의 가사가 몇 구절 나타납니다. 별 의미는 없지만, 이것을 넣은 이유는 플러그인은 누구든지 원하는 기능을 쉽게 만들 수 있다는 사실을 알려주기 위해서였죠. 워드프레스의 플러그인 화면에 보면 이에 대한 간단한 소개가 나오며 단순한 플러그인이 아니라 Hello Dolly라는 두 단어에 함축된 전 세대를 아우르는 희망과 열정을 상징화하는 것이라고 합니다. 이 아이디어는 성공적이어서 이와 비슷한 플러그인이 수십 개 생겨나기도 했습니다.

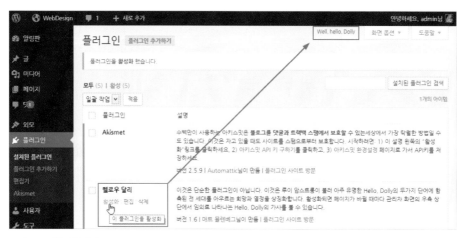

그림 2-81 헬로우 달리

워드프레스의 플러그인은 수많은 개발자의 참여로 활성화되어 현재까지 2만 7천 개에 이르는 플러그인이 만들어졌고 다운로드 횟수는 5억을 넘습니다. 개발자들이 플러그인을 만든다고 해서 모두 다 워드프레스 홈페이지에 공식적으로 등록되는 것은 아니어서 실제 플러그인의 숫자는 더 많습니다.

∩2 유료 플러그인과 무료 플러그인

테마도 유료와 무료가 있듯이 플러그인도 마찬가지입니다. 유료인 것도 대부분 일부 기능이 무료이며, 모든 기능을 사용하려면 돈을 지불하게 돼 있습니다. 플러그인 개발자도 먹고살아야 하니 전면 무료로 개방할 수는 없죠. 무료 기능을 사용해 보고 마음에 들면 개발자 지원을 위해 최소한 평가를 해주는 것이 좋고 기부하는 것도 좋은 방법입니다. 어떤 플러그인의 코드를 보면 참 대단한 작업을 했다는 생각이 드는 것이 있습니다. 가끔 플러그인 설정 페이지에 광고가 나오기도 하는데, 이를 클릭하는 것만으로도 개발자에게 도움이 된답니다. 테마도 그렇지만 무료와 유료 플러그인에서 가장 차이가 나는 부분은 업데이트와 지원입니다. 워드 프레스가 업그레이드되면 플러그인도 업데이트돼야 하는데 그대로 두면 사용할 수가 없죠. 또한, 사용법이나 문제가 발생할 경우의 대처법 등 지원이 필요합니다. 그래서 테마나 플러 그인 전문 개발자는 정기적인 업데이트와 지원을 하고 있습니다. 무료인 경우에도 이런 방식 을 취하는 플러그인이 많습니다. 오픈 소스 프로젝트에서 가장 문제시되는 점은 시간과 경제 적인 이유로 지속적인 개발이 이뤄지지 않는다는 것입니다. 그러니 프로그램 사용자가 적절 한 대가를 지불하거나 프로그램을 평가해주는 것은 프로젝트가 발전하는 길이 됩니다.

03 플러그인 사용하기

플러그인을 사용하려면 두 가지 방법이 있습니다. 플러그인 압축 파일을 내려받아 플러그인 폴더에 압축을 푸는 방법과 블로그에서 직접 내려받아 설치하는 방법입니다. 이 두 가지 방 법을 각각 사용해도 되지만 병합해서 사용하는 편이 훨씬 편합니다. 검색은 워드프레스 홈페 이지나 구글을 이용하고 설치는 두 번째 방법을 이용하는 것입니다.

워드프레스 홈페이지에서 검색하기

워드프레스 홈페이지인 워드프레스닷오그에는 2만 7천 개에 이르는 플러그인이 있습니다. 이곳에 있는 플러그인은 워드프레스에서 공인한 플러그인이지만 누구나 올릴 수 있기 때문 에 검증을 거친 플러그인은 아닙니다. 그래서 단순히 내려받아 설치하기보다는 설치하기 전 에 플러그인을 검증하는 갖가지 방법을 알아두면 쉽게 선택할 수 있습니다.

웹 브라우저에서 워드프레스 플러그인 저장소(http://wordpress.org/plugins/)로 이동합 니다.

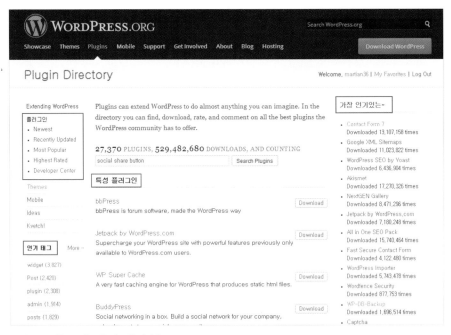

그림 2-82 워드프레스 플러그인 저장소

1년 전만 해도 등록된 플러그인이 1만 9천여 개에, 내려받은 횟수는 3억 6백만 정도였는데 엄청나게 늘어났습니다. 원하는 기능을 나타내는 단어를 검색창에 입력하고 검색하면 수많은 항목이 나타납니다. 여기서는 소셜네트워크 아이콘을 설치하기 위해 "Social Share Plugin"을 입력하고 검색합니다.

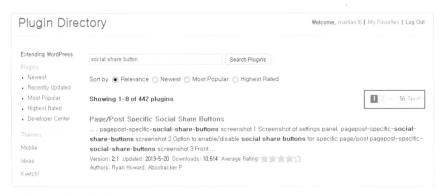

그림 2-83 저장소 검색 결과

무려 56개의 페이지나 나옵니다. 모든 항목을 열고 특징을 살펴보기란 어려운 일이죠. 사실 워드프레스 홈페이지에서 원하는 좋은 플러그인을 찾아낸다는 것은 몹시 어려운 일입니다. 그래서 구글에서 검색하면 더 빠르게 찾을 수 있습니다.

구글에서 검색하기

그림 2-84 **구글 검색 결과**

영문 구글에서 검색어를 입력하면 평가 별 표시와 무료 여부, 투표수 등 갖가지 정보가 포함된 목록이 나옵니다. 구글에서 검색할 때는 "wordpress"를 검색어로 추가해야 검색 범위가 좁혀집니다. 별이 많다고 해서 무조건 좋은 것은 아니지만, 어느 정도 신뢰성이 있다고 볼 수 있습니다. 보통 평가를 잘 하지 않기 때문입니다. 검색 결과 사이트에서 여러 개의 플러그인을 소개하고 있는 곳도 있습니다. "Smashing Magazine"은 웹과 디자인으로 정평있는 사이트이니 신뢰할 수 있습니다. 이런 사이트에서 몇 가지를 둘러보고 마음에 드는 것을 선택해도 됩니다. 아래에 보니 AddThis라는 플러그인도 보입니다. 구글은 많이 클릭하고 좋은 사이트를 상단에 올려놓으므로 검색하고 찾는데 아주 좋은 도구입니다. 그러면 이 플러그인을 사용하는 방법을 알아보겠습니다.

∩/₁ AddThis 플러그인 사용하기

Favorite 기능 사용하기

AddThis라는 플러그인을 설치하기로 하고 이를 워드프레스 플러그인 사이트에서 다시 검색
합니다.

그림 2-85 저장소 검색

검색 결과 중 제목이 Share Buttons by AddThis인 플러그인을 클릭해 플러그인 페이지로
이동합니다.

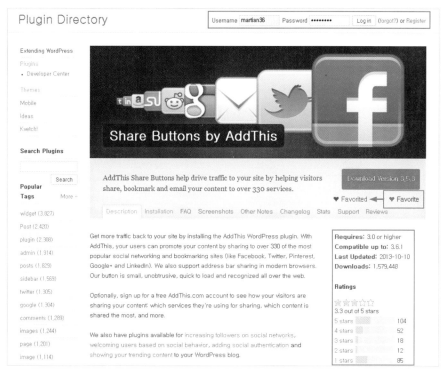

그림 2-86 플러그인 사이트의 정보 확인

워드프레스 사이트에 로그인합니다. 아이디가 없는 경우 Register를 클릭해서 회원가입 합
니다. Download 버튼을 클릭해서 설치해도 되겠지만 여기서는 Favorite를 이용하는 방법
을 알아보겠습니다. 다운로드 버튼 아래의 Favorite를 클릭하면 빨간색으로 변경됩니다. 플
러그인을 둘러보다가 좋다고 생각되면 이처럼 Favorite 링크를 클릭해 놓는 것이 좋습니다.
개별 탭을 클릭해서 여러 가지 정보를 알 수 있습니다. 사이드바의 정보를 확인하고 스크린
샷 탭을 클릭해서 어떤 모양인지 확인합니다.

플러그인 설치하기

그림 2-87 플러그인 즐겨찾기

관리자 화면의 플러그인 추가하기 화면에서 즐겨찾기 링크를 클릭한 다음 워드프레스닷오그의 사용자명을 입력하고 즐겨찾기 가져오기 버튼을 클릭하면 플러그인이 나타납니다. 지금 설치하기 버튼을 클릭합니다. 플러그인이 설치되고 다음 화면에서 플러그인 활성화 링크를 클릭합니다. 플러그인 이름을 알면 검색 링크에서 검색해서 설치할 수도 있으며 zip 파일을 내려받은 경우 업로드 링크를 클릭해서 업로드 하면 압축해제 되면서 설치됩니다.

AddThis 플러그인 설정하기

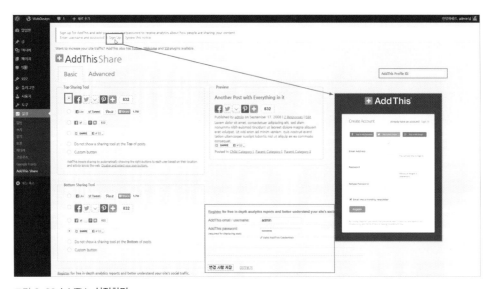

그림 2-88 AddThis 설정화면

플러그인이 활성화되면 상단에 메시지가 나타납니다. Sign Up 링크를 클릭해서 AddThis 사이트로 이동한 다음 회원 가입합니다. 아래 그림에서 우측 상단에 있는 계정 옵션을 클릭하고 Settings 메뉴를 선택해 설정 페이지로 이동합니다. 좌측 상단에 있는 Account Settings를 선택한 다음 비밀번호를 설정합니다. Profiles를 선택한 뒤 Add a Profile 버튼을 눌러 프로필의 이름을 입력하고 Add 버튼을 클릭하면 프로필 아이디가 생성됩니다. 아이디를 블록 설정해서 복사한 다음 위 화면에서 우측 상단에 AddThis Profile ID의 입력란에 붙여넣습니다. 이메일과 비밀번호는 하단에 입력한 다음 변경 사항 저장 버튼을 클릭합니다.

설정이 완료되면 위 화면의 좌측 라디오버튼을 클릭해서 사이트에서 사용할 버튼의 형태를 선택합니다. 선택하면 우측에 미리보기가 달라집니다. 글의 상단과 하단에 나타나게 할 수 있는데 "Do not show a sharing tool at the Top of posts"에 체크해서 나타날 장소를 제어합니다.

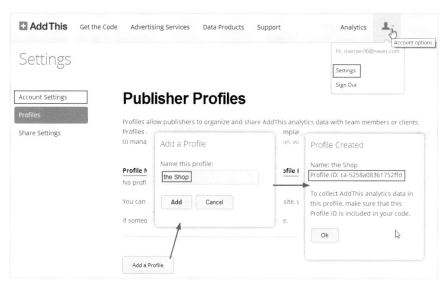

그림 2-89 AddThis 계정 생성

그림 2-90 Addthis 고급 설정

Advanced 탭을 선택하고 공유 버튼이 사이트에서 어디에 나타나도록 할 것인지 선택합니다. Display Options에서 한글을 선택하고 하단에서 변경 사항 저장 버튼을 클릭합니다.

그림 2-91 블로그 화면의 공유 버튼

글에서 보면 글의 상단과 하단에 공유 버튼이 나타나고 버튼에 마우스를 올리면 추가 옵션이 나타납니다. AddThis 사이트에서 로그인한 후 상단에서 Analytics를 선택하면 통계도 볼 수 있습니다.

그림 2-92 공유 버튼의 개별 설정

글 편집 화면에서 화면 옵션 탭을 선택하면 Addthis 메타박스를 보이게 할 수 있고 개별 글에서 공유 버튼을 나타내지 않게 할 수 있습니다.

05 가져오기 플러그인 사용하기

워드프레스에 기본적으로 설치되지는 않았지만 주 메뉴에 포함돼있어서 선택하기만 하면 설치할 수 있는 가져오기 플러그인은 가져오는 글의 종류에 따라서 다양하게 있습니다. 여기서는 다음 장의 진행을 위해서 워드프레스 블로그 글 가져오기 플러그인을 설치하고 실제로 제 블로그의 글을 가져와 보겠습니다.

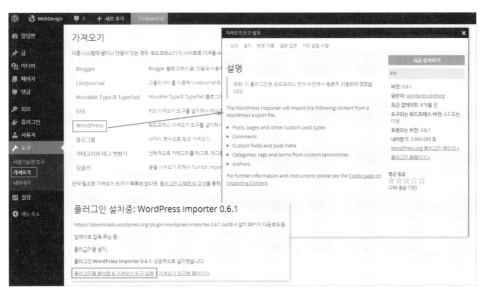

그림 2-93 가져오기 플러그인 설치

주메뉴에서 도구 → 가져오기를 선택한 다음 Wordpress를 클릭하면 팝업창이 나타납니다. 우측의 지금 설치하기 버튼을 클릭하면 다음 화면에서 플러그인이 설치됩니다. "플러그인 활성화 & 가져오기 도구 실행" 링크를 클릭합니다.

그림 2-94 워드프레스 xml 파일 가져오기

파일 선택 버튼을 클릭하고 첨부 파일에서 wordpress.2013-10-04.xml을 선택하면 버튼 옆에 파일 이름이 나타납니다. "파일 업로드 후 가져오기" 버튼을 클릭합니다. 다음 화면에서 선택 박스를 클릭해서 admin이나 자신의 아이디를 선택한 다음 "첨부 파일 내려받기와 가져오기"에 체크하고 제출하기 버튼을 클릭합니다. xml 파일은 800kb의 작은 용량이지만 이미지 첨부 파일을 제 워드프레스 사이트에서 가져오기 때문에 시간이 좀 걸립니다. 가져오는 중 실패 메시지가 나오면 파일을 다시 업로드 하고 위 가져오기 과정을 다시 실행합니다. 완료되면 "모두 완료됨"이라는 메시지가 나타납니다. 간혹 몇 개의 첨부파일 이미지가 실패함이 나타나더라도 중요한 데이터가 아니니 무시합니다.

워드프레스 3.7 버전에서 달라진 부분 중에 하나가 언어팩입니다. 이전에는 가져오기 플러그인을 설치하면 영문으로 나타나고 한글로 보려면 한글 언어파일을 별도로 설치해야 했지만, 이제는 자동으로 설치되고 아래 폴더에 저장됩니다.

그림 2-95 언어 파일의 자동 설치

그림 2-96 가져오기 확인

글 가져오기를 완료하면 각 메뉴를 선택해서 글, 카테고리, 태그, 미디어, 페이지 등이 나타나는지 확인합니다. 붙박이 글도 5개 있습니다. 이 상태에서 사이트에서 새로고침 하고 보면 초기화면에서 글이 10개로 나오므로 관리자 화면의 설정 → 읽기 화면에서 페이지당 보여줄 글의 수를 1개로 변경하고 하단에서 변경 사항 저장 버튼을 클릭합니다.

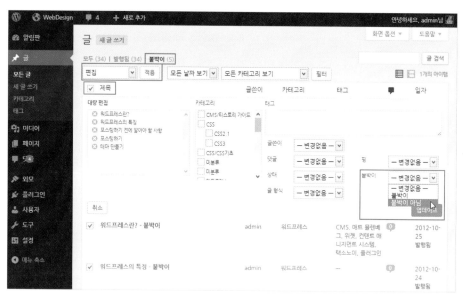

그림 2-97 붙박이 제거

모든 글 메뉴에서 붙박이를 선택하고 상단 제목 옆의 체크박스를 클릭한 다음 일괄편집 선택 상자에서 편집을 선택하고 적용 버튼을 클릭합니다. 붙박이 항목의 선택상자에서 붙박이 아님을 선택하고 업데이트 버튼을 클릭하면 5개의 글이 붙박이에서 해제되면서 초기 화면에서 글이 하나만 나타납니다. 메뉴바는 여러 개의 메뉴가 정리되지 않고 나타나는데 이것은 다음 장의 사용자 정의 메뉴 부분에서 변경하겠습니다.

∩6 플러그인 일괄 설치

이제까지는 플러그인을 일일이 검색해서 설치하고 활성화했지만 이 책에서 사용할 플러그인을 모두 이런 식으로 검색해 설치하기는 번거롭습니다. 그래서 첨부파일의 wordpress-plugins 폴더의 플러그인을 작업 중인 워드프레스의 wp-content/plugins 폴더로 모두 복사해서 붙여넣기 하세요. 작업을 진행할 때마다 하나씩 활성화해서 사용하겠습니다. 업데이트가 되면 책의 내용과 다를 수 있으니 업데이트는 책의 내용을 파악하고 난 다음 하세요.

3장
포스팅하기

1장에서 블로그에 글을 올리기 위해 워드프레스를 설치해 글 쓰는 환경을 만들었고, 2장에서는 좀 더 쉽게 블로그를 관리하는 데 필요한 설정을 했습니다. 먼 길을 거쳐서 이제 블로그에 글을 올리는 일이 남았습니다. 물론 블로그를 더 멋지게 보이려면 테마를 수정하는 일이 남았지만, 이것은 다음 장에서 다루겠습니다. 이번 장에서는 글 작성에 필요한 도구를 소개합니다. 이번 장에서 나올 내용을 간추려 보면 다음과 같습니다.

1. 블로그로 어떤 콘텐츠를 생산할 것인가

구글과 같은 검색엔진은 검색 결과로 노출된 페이지의 순위를 정하기 위해 평가를 합니다. 블로거들은 좋은 내용을 올려서 자신의 글이 검색 결과의 상단에 나타날 수 있게 동분서주합니다. 대부분 블로그는 구글 애드센스 광고를 설치하므로 자신의 글이 검색 결과의 상단에 위치하면 더 많은 수입을 올릴 수 있습니다. 검색엔진 최적화가 도움되지만 가장 중요한 것은 글의 충실한 내용입니다. 여기서는 어떤 글을 어떻게 써야 하는지 간단히 알아봅니다.

2. 새 글쓰기

블로그가 다른 웹사이트와 다른 점은 글 위주로 웹페이지가 만들어진다는 것입니다. 블로그의 어원이 인터넷 일기장(Weblog)이라는 점에서 실생활에서 찾아볼 수 있는 가장 좋은 예가 잡지입니다. 다양한 주제를 배정해서 카테고리를 형성하고 지속해서 글을 발행하며 월별 글 보관함이 만들어집니다. 또한, 태그라는 주제를 만들어 연관된 글을 찾기 쉽게 합니다. 글만 있으면 단조로우므로 이미지, 오디오, 비디오 등의 멀티미디어를 사용합니다. 글의 내용도 중요하지만 보기 좋은 디자인을 위해 비주얼 편집기와 HTML 편집기를 사용합니다. 여기서는 워드프레스에서 글쓰기와 관련된 모든 도구를 알아봅니다.

3. 사용자 정의 메뉴

페이지를 만들면 메뉴가 추가되지만, 사용자 정의 메뉴는 페이지뿐 아니라 카테고리, 링크, 글 형식 등 워드프레스에서 만드는 모든 콘텐츠에 대해 메뉴를 만들 수 있습니다. 사용자 정의 메뉴는 메뉴바에 배치할 수도 있고 사이드바에 배치할 수도 있습니다.

4. 테마

어떤 테마를 설치하느냐에 따라 테마를 관리하는 방법이 모두 다르지만 워드프레스의 기본 테마인 Twenty Fourteen의 테마 관리 방법을 알아봅니다. 특히 워드프레스가 3.4 버전으로 업데이트되면서 추가된 실시간 미리보기 기능 덕분에 활성화되지 않은 테마도 미리 보면서 테마의 모양을 바꿀 수 있습니다.

무엇을 쓸 것인가? 01

01 블로거는 인터넷 콘텐츠의 주 생산자

블로그에 글을 올리는 것은 다양한 소셜 네트워크 서비스 중에서도 가장 어려운 일에 속합니다. 트위터나 페이스북 같은 소셜 네트워크 서비스는 글 내용이 길지 않고 맞춤법이 틀리거나 특별한 내용이 아니더라도 무엇이든 올릴 수 있죠. 즉, 내용이나 형식에 구애받지 않는 장점이 있습니다. 단점이라면 한 번에 그치는 글이라는 점입니다. 글이라고는 할 수 없고 쪽지에 불과해서 시간이 지나면 효력이 상실되는 내용의 글입니다. 그만큼 글의 수도 많아서 일일이 찾아보기도 어렵고 인터넷 검색도 어렵습니다.

블로그의 시작은 인터넷이 시작한 것과 같다고 해도 과언이 아닙니다. 인터넷에서 자신을 알리고 싶어하는 본능이 HTML로 홈페이지를 만들게 됐고 더 효율적인 방법으로 블로그 프로그램이 만들어졌습니다. 웹 2.0은 공유라는 개념을 도입했고 이때부터 소셜 네트워크 서비스가 발전하기 시작했습니다. 웹 2.0 플랫폼이 나오기 전에는 정보는 정보 전달자와 수요자가 별개였지만 이후로는 정보의 전달자가 수요자를 겸하고 있습니다. 즉, 내 정보를 전달하고 남의 정보도 얻는 정보의 공유가 시작된 것입니다. 21세기의 주 된 정보 전달자는 뉴스 미디어가 아닌 바로 일반인입니다.

세계 최대의 검색엔진인 구글은 블로그를 아주 좋아합니다. 우리나라 포털의 검색엔진도 마찬가지지만 검색어에 따라 광고가 먼저 나오기도 합니다. 검색엔진이 블로그 글을 좋아하는 이유는 수많은 사람이 올리는 글이 다양하고 신선하기 때문입니다. 구글에서 검색해서 나오는 글의 우선순위는 대부분 블로그의 글입니다. 웹디자인이나 워드프레스에서 필요한 정보는 구글만 있다면 다 해결됩니다. 단, 영어로 된 정보가 대부분이라는 점이 흠입니다.

02 콘텐츠의 생산

구글 검색을 해보면 검색어에 가장 적절한 정보가 높은 순위로 나타나서 두 페이지 정도만 봐도 대부분 원하는 결과를 찾을 수 있습니다. 하지만 국내 검색엔진은 그렇지 않습니다. 정보도 부족하고 좋은 정보라 해도 높은 순위에 있는 경우가 드물어서 한참을 찾아야 합니다.

정보의 전달자로서 국내 블로그는 아직 부족한 점이 많습니다. 정보의 종류는 많지만 높은 순위를 차지하고 많은 블로거가 택하는 주제가 맛집이더군요. 맛집 소개에 관한 글이 이렇게 많은 것을 보면 우리나라는 먹는 데 소비를 많이 하는 것 같습니다. 더 다양하고 깊이 있는 정보가 필요하다고 봅니다.

정보의 전달자로서 블로거는 자신이 잘할 수 있고 잘 알고 있는 전문적인 정보를 글로 표현하는 것이 가장 좋은 방법입니다. 이보다 쉬운 방법은 없겠지만 대부분 사람은 전문 지식이 없습니다. 전문 지식이 있는 사람이 한국에서 블로그에 글을 올리는 일은 드뭅니다. 바쁘기 때문이기도 하지만 전문적인 정보를 공유하기 싫어한다고나 할까요. 이런 점에서 외국 블로그를 살펴보면 참 대단하다는 생각이 듭니다. 고급 정보가 무료라는 게 의심스러울 정도입니다.

그렇다면 어떤 글을 어떻게 올려야 좋을지 궁금해집니다. 제 경우에는 웹디자인을 위해 가장 먼저 포토샵을 시작했고 그다음에 PHP, CSS, HTML5, 자바스크립트(제이쿼리) 등 웹디자인과 관련된 분야로 넓혀 나갔습니다. PHP를 공부하던 중 워드프레스와 드루팔, 익스프레스엔진(XE) 등 PHP로 만들어진 콘텐츠 매니지먼트 시스템(CMS) 프로그램을 알게 됐습니다. 여러 가지를 하다 보니 어느 하나 전문적으로 잘하는 것은 없습니다만 이런 공부를 하면서 알게 된 지식을 정리해서 블로그에 올리는 것은 잘합니다.

이처럼 자신이 전문적으로 잘 알지 못해도 내가 관심이 있거나 취미로 하는 일을 정리해서 블로그에 올리면 좋은 글이 됩니다. 글을 작성하면서 정보의 정확성을 위해 더 찾아보고 확인한 정보를 올리려는 책임감으로 인해 지식은 깊이를 더하게 됩니다. 내 글을 누군가 보고 정보로 삼으려면 글을 대충 올려서는 안 되기 때문이죠. 취미가 직업이 된다면 이보다 좋은 직업이 없습니다. 취미를 살려서 깊이 있는 공부를 하다 보면 직업이 됩니다.

내 블로그의 글을 모아서 책을 만든다고 생각하고 글을 쓰면 블로그 글은 원고가 됩니다. 사실 티스토리에 블로그를 만들어 포토샵에 관한 글을 쓰면서 PDF로 책을 만들 계획이었습니다. 포토샵은 제가 경험한 분야 중에서 가장 잘 아는 분야이기 때문입니다. 포토샵 관련 글이 200개를 넘다 보니 더는 쓸 내용이 없어서 그다음으로 잘 아는 CSS와 워드프레스에 대해 글을 쓰기 시작했습니다. 6개월 정도 쓰고 나서 다른 분야로 넘어가려고 했더니 계획에 차질이 생겼습니다. CSS와 워드프레스 글을 본 분들이 의뢰가 들어오기 시작한 것이죠. 그래서 포트폴리오 소셜 네트워크 서비스 디자인을 담당하게 됐고 출판사에서는 워드프레스에 관한 책을 만들자는 제안이 들어왔죠. 취미로 시작한 포토샵을 발전시켜서 웹디자인을 공부하게 됐고 이제는 직업이 됐습니다. 밤새도록 작업해도 싫증이 안 나는 일이 직업이 됐으니 이보다 좋은 직업은 없으리라 생각합니다.

이 책을 보시는 여러분도 잘할 수 있는 것에 대한 글을 만들어 블로그에 올려보세요. 방문자가 들어와 보고 좋아할 겁니다. 그러면 더 좋은 글을 쓸 힘이 납니다. 글재주가 없다고요? 저는 글을 잘 쓰지 못해서 원고를 작성해서 출판사에 보내면 모든 게 수정돼서 돌아옵니다. 처음엔 당황스럽고 이런 사람이 책을 만들 수 있을 것인가, 라는 의문이 들고 용기가 안 났지만, 한편으로는 이런 생각도 들더군요. "나는 글을 쓰는 사람이 아니라 정보를 전달하는 사람이다. 정보 전달은 글 쓰는 능력이 없어도 된다"고 말이죠. 맞는 얘기죠?

새 글쓰기
화면의 개요

워드프레스에서 글(포스트) 만들기는 페이지 만들기와 같은 편집기를 사용합니다. 2장에서 포스트와 페이지의 차이점을 알아봤는데 두 가지 콘텐츠가 지닌 고유의 차이점 말고는 포스트나 페이지나 모두 같은 방식으로 만들어집니다. 실제로 포스트를 만들면서 편집기에 나오는 여러 가지 메타 박스의 사용법을 알아보겠습니다.

그림 3-1 새 글쓰기 화면

새 글쓰기 화면으로 가는 방법은 두 가지가 있습니다. 툴바 메뉴에서 "새로 추가"에 마우스를 올리고 드롭다운 메뉴의 "글"을 클릭하거나, 주 메뉴의 "글"에 마우스를 올리고 플라이아웃 메뉴 (Flyout Menu: 좌측이나 우측에 나타나는 메뉴)에서 "새 글쓰기"를 선택합니다.

글 편집기를 보면 관리자 화면을 나눔 고딕체로 적용했는데도 불구하고 굴림체로 보이고 원하지 않는 점들이 여러 곳에 나타나기도 합니다. 테마에는 편집기만의 스타일 시트가 있는데 이곳에 나눔 고딕체를 적용해주면 됩니다. 테마 폴더의 css 폴더에서 editor-style.css 파일을 열고 다음 코드를 상단에 추가한 다음 저장합니다.

```
Description: Used to style the TinyMCE editor.
*/
@import url("http://fonts.googleapis.com/earlyaccess/nanumgothic.css");
 * {
font-family: 'Nanum Gothic' !important;
font-style: normal  !important;
}
```

글이란 하나의 작품을 만드는 것과 같아서 새 글쓰기에는 아주 다양한 옵션 상자가 있습니다. 워드프레스는 기본적으로 몇 개의 옵션 상자만 나타나는데 화면의 우측 상단에서 화면 옵션을 클릭하면 화면에 이러한 옵션 상자를 추가로 나타나게 할 수 있습니다. 모든 옵션에 대해 알아볼 것이므로 "화면에 보이기"의 모든 체크박스에 체크하면 화면 아래에 하나씩 나타납니다.

화면 레이아웃은 기본으로 열의 수가 2개이고 좁은 화면에서는 하나를 선택하도록 돼 있지만 MP6 플러그인을 설치해서 사용하고 있으므로 좁은 화면일 경우 우측 열이 좌측 열 아래로 내려가므로 1열을 선택할 일이 없습니다. 새 포스트를 만들기 위해 제목란에 제목을 입력하고 본문 입력란을 클릭하면 제목 아래에 고유주소가 나타납니다. 본문 입력 상자는 글 상자(Post Box)라고도 하지만 페이지 만들기 화면에도 같은 글 상자가 있으므로 "텍스트 편집기"라고 해야 합니다.

편집기 상단에는 사진이나 동영상을 첨부할 수 있는 미디어 추가 버튼이 있습니다. 이에 관해서는 미디어 파일 업로드 절에서 설명합니다. 편집기의 우측 상단에는 "비주얼"과 "텍스트" 편집기를 선택할 수 있는 탭이 있습니다. 대부분 비주얼 편집기를 사용하겠지만, 어느 정도 HTML과 CSS를 배우게 되면 텍스트 편집기를 사용해 글을 더 멋지게 만들 수 있습니다.

이에 대해서는 다음 절에서 편집기의 툴바에 대해 자세히 알아봅니다.

편집기 우측과 하단에는 화면옵션에서 선택한 각종 옵션 상자가 있는데 이런 상자를 메타 박스(Metabox)라고 합니다. 모듈 박스나 패널이라고도 하는데, 워드프레스 공식사이트에서는 메타 박스로 칭합니다.

새 글쓰기 화면에 있는 도구와 각 메타 박스의 기능을 간략히 살펴보면 다음과 같습니다.

- **공개하기**: 글을 발행하거나 임시 글로 저장할 수 있고 비밀 글로 할 수도 있으며, 글의 날짜를 과거로 소급하거나 예약할 수 있습니다.
- **편집기**: 비주얼 편집기와 텍스트 편집기가 있으며 비주얼 편집기에서는 주로 글을 작성하고 상단의 도구 아이콘을 이용해 글 모양을 다듬을 수 있습니다. 텍스트 편집기를 이용하면 HTML 코드를 직접 입력해 더 풍부하게 글 모양을 바꿀 수 있습니다.
- **미디어 추가**: 이미지, 비디오, 오디오 파일을 내 컴퓨터나 URL을 통해 업로드하거나 갤러리를 만들 수 있고 이미지 파일을 편집하거나 미디어 파일을 관리할 수 있습니다.
- **카테고리와 태그**: 글을 주제별로 분류해서 카테고리를 설정하고 소주제인 태그를 첨부해 원하는 글을 찾기 쉽게 합니다.
- **요약**: 글을 요약해서 정리한 글을 만들고 나타낼 수 있습니다. 특성 이미지와 연계하면 블로그 글 화면에서 썸네일 이미지와 글 요약이 나타난 글 목록을 만들 수 있습니다.
- **특성 이미지**: 글 페이지의 대표 이미지를 만듭니다.
- **글 형식**: 6개의 기본적인 글 형식을 만들어서 다양한 블로그 글로 표현할 수 있습니다.
- **토론**: 댓글 달기나 핑백, 트랙백을 허용할 수 있습니다.
- **트랙백 보내기**: 트랙백은 내 블로그에 글을 작성해서 타인의 블로그에 댓글을 다는 방법입니다.
- **댓글**: 댓글이 달린 글에 댓글을 추가하거나 댓글에 댓글을 달 수 있습니다.
- **슬러그**: 인터넷 URL을 사람이 알기 쉬운 일반 글자로 수정합니다.
- **글쓴이**: 타인을 위해 글 작성을 할 경우 글쓴이를 변경할 수 있습니다.
- **사용자 정의 필드**: 글 내용 중 글의 특성을 표시할 수 있습니다.
- **리비전**: 저장된 글의 전체 과정이 나타나고 원하는 저장 글을 불러내서 재편집할 수 있습니다.

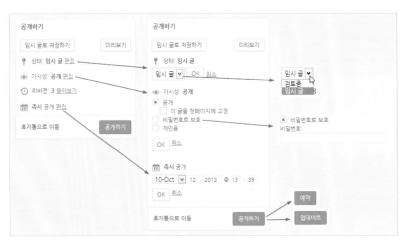

그림 3-2 공개하기 메타 박스

공개하기 메타 박스는 기본적으로 상태, 가시성, 예약 세 가지 옵션이 있습니다. 리비전은 글 편집 중 이전 버전과 다른 버전이 있으면 나타납니다. 리비전에 대해서는 나중에 자세히 알 아봅니다. 하단에는 파란색 배경의 공개하기 버튼이 있는데 이 버튼은 상황에 따라 "업데이 트"와 "예약"으로 바뀝니다. 즉, 이미 발행된 글을 수정할 경우 이 버튼은 업데이트로 바뀝니 다. 또한, 예약 날짜를 정하면 "예약" 버튼으로 나타납니다. 메타 박스의 상단에는 "임시 글로 저장하기" 버튼이 있는데 이 버튼은 완료되지 않은 글을 저장할 때 사용하고 나중에 다시 편집해서 발행할 수 있습니다. "미리보기"는 말 그대로 웹 브라우저에서 어떻게 보이는지 확인할 때 사용합니다.

01 상태

글의 상태는 네 가지가 있습니다. 글의 상황에 따라 다른 상태로 변경하고자 할 때 사용하는 것이므로 처음에는 모두 나타나지 않고 글의 상태에 따라 변경하고자 할 때 다른 메뉴가 나타납니다. "상태" 옆에 있는 "편집" 링크를 클릭하면 메뉴 박스와 OK 버튼, 취소 링크가 나옵니다. 수정하고 나면 OK를 클릭하고, 수정하지 않으려면 취소 링크를 클릭합니다.

- **임시 글**: 글을 처음 작성하면 임시 글로 표시됩니다. 이는 공개되지 않아서 작성자 외에는 볼 수가 없습니다.
- **검토 중**: 다중 사용자가 있는 블로그의 경우 글을 공개할 권한이 있는 사람으로 관리자와 편집자가 있지만, 글을 작성할 수 있는 사람은 이 둘 외에 글쓴이도 있습니다. 글쓴이는 글을 작성만 하고 공개할 수 없으므로 글을 작성한 후에는 검토 중으로 선택하면 글을 검토할 권한이 있는 사람에게 검토할 목록에 글이 나타납니다. 이들이 글을 검토하고 공개를 합니다.
- **예약**: 작성 중인 글이나 이미 발행된 글이라도 다음에 나오는 예약을 통해 미래의 날짜로 변경할 수가 있는데 예약 상태의 글은 이 부분에 예약이라고 표시됩니다. 그러니 일반적인 상태에서는 이 메뉴가 보이지 않습니다.
- **공개됨**: 글을 공개하고 나면 바로 공개됨으로 표시되고 이미 공개된 글을 수정하고자 들어오면 이 부분이 공개됨으로 나타납니다. 이를 다시 검토 중이나 임시 글로 변경할 수 있습니다.

02 가시성

이 옵션은 글을 공개하고 나면 누가 볼 수 있는지를 결정할 수 있습니다. 평상시는 "공개"로 나타나지만 "편집" 링크를 클릭하면 세 가지 옵션이 나타납니다.

- **공개**: 가장 일반적인 가시성으로 이 부분에 체크돼 있으면 모든 사람이 글을 볼 수 있습니다. 공개는 추가 옵션이 있는데 해당 글을 블로그 전면에 붙박이 글로 만들 수 있습니다. 블로그 글은 시간적 순서에 따라 최근에 발행된 글이 가장 먼저 나오게 돼 있지만 이 옵션을 사용하면 해당 글이 항상 처음에 나옵니다.
- **비밀번호 보호**: 이 부분에 체크하면 바로 아래에 비밀번호 입력란이 나타납니다. 이 옵션은 비밀번호를 부여해 이 글을 보고자 하면 해당 글에 설정된 비밀번호를 입력해야 합니다. 글 작성자의 사적인 글을 만들

수도 있지만 뉴스레터를 발행할 경우 비밀번호를 첨부해 뉴스레터의 URL을 이메일로 보내면 일반에게는 공개하지 않고 이메일을 받은 사람만 볼 수 있습니다. 나중에 시간이 지난 다음 이 글을 삭제하면 됩니다.

- **비공개:** 이 옵션을 선택하면 공개되지 않고 관리자와 편집자만 볼 수 있고 그들의 알림판에 나타납니다. 멤버쉽 설정을 한 경우 여러 가지 레벨의 회원이 있는데 각 레벨에 대해 글을 볼 수 있게 하려면 별도의 플러그인을 설치하면 됩니다.

03 즉시

편집 링크를 클릭하면 날짜를 수정할 수 있는 메뉴가 나타납니다. 사실 예약이라고는 하지만 이 옵션을 이용하면 이미 발행한 글이라도 과거의 날짜로 돌릴 수 있습니다. 글이 어떤 순서에 따라 발행되기를 원할 때 나중에 발행한 글을 이미 발행한 글 가운데 놓을 수 있으니 편리합니다.

위에서 모든 옵션을 설정하고 나면 해당 항목의 OK 버튼을 클릭만 해서는 안 되고 항상 공개하기, 업데이트, 예약 버튼을 클릭해야 합니다.

편집기 04

01 비주얼 편집기

워드프레스는 글을 작성할 때 공통으로 많이 사용하는 도구를 편집기 상단의 첫 줄에 배치하고, 추가 도구를 사용하고자 할 때는 첫 줄의 우측 끝에 있는 키친 싱크(Kitchen Sink) 아이콘을 클릭했을 때 두 번째 줄에 도구 모음이 나오게 해놓았습니다. 이 아이콘을 한번 클릭하면 다시 새 글쓰기에 들어왔을 때 두 번째 도구 모음이 나타납니다. "키친 싱크"라는 용어가 생소하지만, 그 유래를 보면 영어의 관용적 표현입니다. "Everything but Kitchen Sink"는 영어에서 잡동사니를 의미합니다. 직역하면 "부엌의 싱크대를 제외한 모든 것"을 의미하는데, 그렇다면 "Kitchen Sink"는 잡동사니가 아니란 얘기죠. 잡다한 도구를 제외한 필요한 도구만 모아놓았다는 정도로만 이해하면 되겠습니다. 다음 사진은 키친 싱크 아이콘을 클릭했을 때의 도구 모음의 모습입니다. 각 도구의 명칭과 기능을 알아봅니다.

워드프레스의 편집기는 오픈 소스 프로그램인 TinyMCE라는 편집기를 사용합니다. 이 편집기는 본래 다양한 기능이 있어서 워드프로세서의 수준에 이름 만큼 기능이 많지만 워드프레스에서 여러 가지 기능을 생략하고 단순하게 만들어 사용하고 있습니다. 그래서 별도의 플러그인을 설치하면 원래의 기능을 가진 편집기를 사용할 수도 있습니다.

워드프레스의 편집기는 기본적으로 두 가지를 제공합니다. 하나는 비주얼 편집기이고 다른 하나는 텍스트 편집기입니다. 2장에서 비주얼 편집기를 사용하지 않도록 설정할 수 있었는데, 대부분 비주얼 편집기를 사용하는 것이 편리하지만 잘 사용하지 않는 텍스트 편집기를 추가해놓은 이유는 이를 이용하면 어느 편집기에서도 구현할 수 없는 다양한 편집을 할 수 있기 때문입니다. 이는 HTML 코드와 CSS에 대해 어느 정도 알아야 가능합니다. 이번 절에서는 편집기의 세부 내용과 텍스트 편집기를 이용해 간단하게 링크 아이콘을 삽입하는 방법을 알아봅니다.

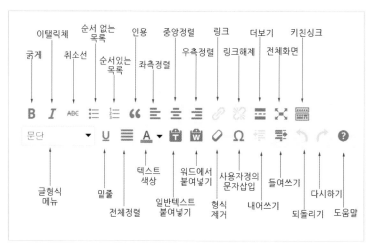

그림 3-3 비주얼 편집기의 툴바

- **굵게(Bold):** 편집기에서 글자를 블록 설정하고 이 아이콘을 클릭하면 굵은 글자로 바뀝니다. 미리 이 아이콘을 클릭해 놓고 글자를 치면 이후로는 모두 굵은 글자가 됩니다.

- **이탤릭체(Italic):** 위와 같은 방법으로 이 아이콘을 클릭하면 기울어진 글자가 됩니다.

- **취소선(Strikethrough):** 글자의 가로 중앙에 가로 선을 만들어 취소된 글자임을 표시합니다.

- **순서 없는 목록(Unordered List):** 목록을 만들어 블록 설정하고 이 아이콘을 클릭하면 목록의 앞에 네모가 만들어져서 목록임을 표시합니다. 미리 아이콘을 클릭하고 목록을 만들 수도 있습니다. 이때, 엔터 키를 치면 자동으로 네모가 만들어집니다.

- **순서 있는 목록(Ordered List):** 위와 마찬가지로 하면 네모 대신 숫자가 만들어집니다.

- **인용(Blockquote):** 인용이라고 번역돼 있지만 실제로 인용은 "quote"로 문장 중에 사용됩니다. Blockquote 는 문장에서 벗어나 좌우가 안으로 들여쓰기가 되며 이탤릭 글자로 나타납니다. 주로 글을 강조하거나 특별히 눈에 띄게 할 때 사용합니다. 블록을 설정하지 않아도 문단을 선택하고 아이콘을 클릭하면 선택한 문단은 인용 처리됩니다.

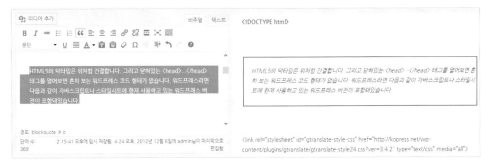

그림 3-4 인용

- **좌측정렬:** 선택한 문단을 왼쪽을 기준으로 정렬합니다. 이미지도 해당합니다. 인용과 마찬가지로 블록 설정을 하지 않아도 문단 내부를 클릭하고 아이콘을 클릭하면 문단 전체가 정렬됩니다. 아래 두 가지도 같습니다.

- **중앙정렬:** 중앙을 기준으로 글자가 배치됩니다.

- **우측정렬:** 오른쪽 기준선을 기준으로 글자가 배치됩니다.

- **링크:** 글자를 블록 설정하면 이 아이콘이 활성화됩니다. 아이콘을 클릭하면 아래처럼 팝업창이 나오고 URL에 인터넷 주소를 입력하면 링크된 글자를 클릭했을 때 해당 주소로 이동합니다. 제목란에 글을 입력하면 링크에 마우스를 올렸을 때 링크가 무엇을 의미하는지 툴팁(말풍선)이 나타나게 할 수 있습니다. "새 창/탭에 링크 열기"에 체크하면 링크가 있는 창이 아닌 새 창이 열리고 이동합니다. 또는, "기존의 컨텐츠에 링크하기" 글자를 클릭하면 아래로 늘어나면서 새로운 내용이 나타납니다. 목록에서 선택하거나 글이 많은 경우 목록이 길어지므로 검색 창에서 검색해서 원하는 글을 찾을 수 있습니다. 링크하고자 하는 글을 클릭하면 URL에 해당 글의 주소가 입력됩니다. 이어서 "링크 추가" 버튼을 클릭하면 링크 삽입이 완료됩니다. 링크를 추가하고 나면 편집기에서 파란색 글자로 나오고 마우스를 올리면 밑줄이 나타나면서 툴팁이 나옵니다.

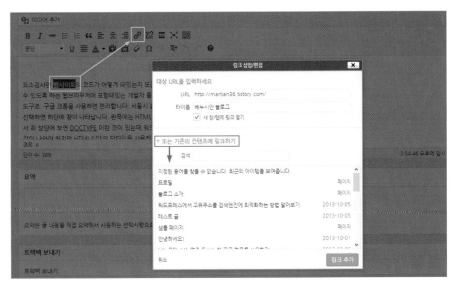

그림 3-5 링크

- **링크 해제**: 편집기의 글자가 링크 설정된 경우 링크 글자를 클릭하면 링크 해제 아이콘이 활성화됩니다. 클릭하면 링크가 제거됩니다.

- **더보기**: 블로그 화면에서 일정 부분만 보여주고 더보기 링크를 클릭하면 전체 내용을 볼 수 있게 하는 기능입니다. 문단의 마지막을 클릭하고 이 아이콘을 클릭하면 "More"가 수평선과 함께 나타납니다. 공개하기 버튼을 클릭하고 블로그 화면에서 보면 "계속 읽기" 링크가 추가돼 있고 이 링크를 클릭하면 전체 글이 나타납니다. 이것을 삭제하려면 "More" 글자에 클릭하면 블록 설정이 됩니다. Delete 키를 누르면 제거됩니다. 또는, 텍스트 탭을 클릭해서 편집기 화면에서 〈!－－ more －－〉 태그를 삭제하고 업데이트 버튼을 클릭하면 더보기 링크가 삭제됩니다.

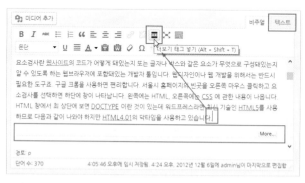

그림 3-6 **더보기**

- **전체화면 보기**: 이 아이콘을 클릭하면 흰색 배경에 글자만 나와서 글쓰기에 집중할 수 있습니다. 툴바도 몇 가지 도구만 나왔다 사라지지만, 마우스를 올리면 다시 나타납니다.

그림 3-7 **전체화면 보기**

- **키친 싱크:** 이전에 설명했듯이 두 번째 도구 모음 줄이 나타나게 합니다.

- **글 형식 메뉴:** 글자를 블록 설정하고 이 메뉴에서 원하는 글 형식을 선택하면 글자의 크기가 바뀝니다.

- **밑줄:** 글자에 밑줄을 만듭니다.

- **전체 정렬:** 문단은 기본적으로 좌측 정렬되도록 설정돼 있습니다. 문단의 한 부분을 클릭하고 이 아이콘을 클릭하면 좌측뿐 아니라 우측까지 정렬됩니다. 아래의 문단을 보면 글자 수가 다르므로 들쭉날쭉하지만, 이 기능을 선택하면 문단의 우측 끝이 정렬됩니다.

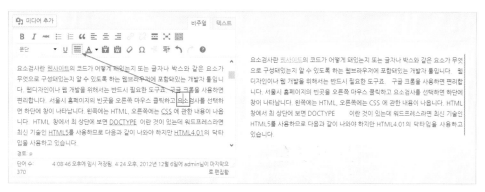

그림 3-8 **전체 정렬**

- **텍스트 색상 선택:** 글자를 블럭 설정하고 이 아이콘을 클릭해 색상을 선택하면 글자색이 바뀝니다. "더 많은 색상"을 클릭하면 1,600만 가지 색을 선택할 수 있습니다. 색상 코드를 안다면 6자리로 된 16진수 코드를 입력합니다.

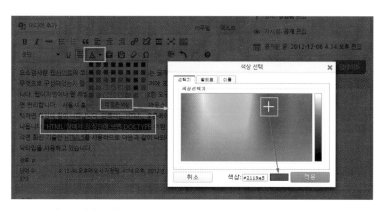

그림 3-9 **텍스트 색상 선택**

- **일반 텍스트로 붙여넣기:** 글을 다른 곳에서 복사해올 경우 글자는 대부분 이미 글 형식이 지정돼 있습니다. 예를 들어, 글자의 크기나 색상과 같은 각종 형식이 설정된 것을 이 아이콘을 클릭했을 때 나오는 창에 붙여넣고 저장하면 모든 형식이 제거된 채 글자만 입력됩니다.

- **워드에서 붙여넣기:** 마이크로소프트 워드에서 만든 글도 글 형식이 설정돼 있습니다. 워드에서 글자를 복사해서 붙여넣으면 HTML 코드와 숨겨진 글자가 있어서 그대로 나타납니다. "워드에서 붙여넣기" 아이콘을 클릭하면 창이 나타나고 이곳에 붙여넣고 저장하면 됩니다.

- **형식 제거:** 각종 형식이 지정된 글을 한 번에 제거할 때 사용합니다. "굵게"와 "이탤릭" 등의 글 형식이 설정된 경우 블록 설정하고 이 아이콘을 클릭하면 한 번에 제거되지만, 취소선 같은 일부 형식은 개별적으로 제거해야 합니다.

- **사용자 정의 문자 삽입:** 이 아이콘을 클릭하면 키보드로 입력할 수 없는 글자 표가 나타납니다. 여기에 없는 특수 문자는 한글의 특수문자를 입력하는 것과 비슷한 방법으로 Alt 키를 사용합니다. Alt 키를 누르고 키보드의 숫자판의 숫자를 누른 후 Alt 키를 놓으면 문자가 나타납니다. 숫자를 알아야 사용할 수 있으며, 숫자에 해당하는 글자의 표는 이곳(http://rmhh.co.uk/ascii.html)을 참고하세요.

그림 3-10 **사용자 정의 문자 삽입**

- **내어쓰기와 들여쓰기:** 글을 선택하고 들여쓰기 아이콘을 클릭하면 두 글자만큼 우측으로 이동하고 내어쓰기 아이콘이 활성화됩니다. 내어쓰기 아이콘을 클릭하면 다시 원위치로 이동합니다.

- **되돌리기와 다시하기:** 되돌리기는 편집기에서 실행한 내용을 취소합니다. 계속 클릭하면 지금까지 실행한 내역이 모두 취소되며 다시하기 아이콘은 취소한 내용을 원상 복구합니다.

- **도움말:** 편집기 사용 시 필요한 도움말이 나옵니다. 특히 핫키 탭을 클릭하면 위에서 설명한 아이콘의 단축 키가 있습니다. 많이 쓰이는 단축키는 외워두면 글을 편집할 때 유용합니다. 특히 "페이지 자름 태그 추가(Alt+Shift+P)"는 긴 내용의 글에서 일정한 부분마다 이 단축키를 사용하면 〈 ! ‒ ‒ More Page ‒ ‒ 〉 태그가 추가됩니다. 이 태그를 삽입한 곳을 기준으로 페이지가 만들어지고 하단에 페이지 번호가 나타납니다. 번호를 클릭하면 해당 페이지로 이동합니다.

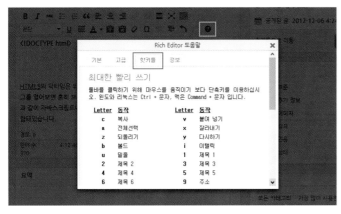

그림 3-11 도움말

∩2 텍스트 편집기

비주얼 편집기에서 작업한 후 텍스트 탭을 클릭해서 편집기 내부를 보면 HTML 코드가 삽입돼 있습니다. 비주얼 편집기에서는 보이지 않던 것이 각종 도구 아이콘을 클릭하면서 만들어진 것들입니다. 호수 위의 우아한 백조의 움직임 아래에는 바쁜 발동작이 있듯이 HTML 코드는 지저분합니다. 텍스트 편집기에서 직접 코딩하는 것을 하드 코딩이라고 하며 개발자들은 이러한 작업을 손을 더럽힌다(get your hand dirty)고 표현합니다. 하지만 손을 더럽히는 것은 글을 멋지게 만듭니다.

그림 3-12 텍스트 편집기

비주얼 편집기에서는 할 수 없었던 모든 작업을 할 수 있는 곳이 텍스트 편집기입니다. 비주얼 편집기를 위지위그(WYSWYG: What You See is What Your Get)라고는 하지만 실제로는 그렇지는 않습니다. 비주얼 편집기에서 작성한 글이라도 스타일 시트에서 명령을 받기 때문이죠. 비주얼 편집기에서 아무리 글 형식을 정하더라도 스타일 시트에서 본문 글에 대해 명령을 내렸다면 스타일 시트의 명령대로 나오게 됩니다.

여기서는 HTML 코드와 CSS를 이용해 링크에 링크 아이콘을 삽입하는 방법을 알아보겠습니다. 링크 아이콘은 서버에 업로드해 두고 스타일 시트에서 명령을 내린 다음 본문 내 링크에 HTML 코드를 삽입하면 되고, 언제든 필요한 곳에 코드만 삽입하면 재사용할 수 있습니다. 첨부 파일에서 link-icon.png를 서버의 워드프레스가 설치된 디렉터리에서 wp-admin/images 디렉터리에 저장합니다. 내 컴퓨터의 경우 오토셋 서버가 설치된 곳에서 "AutoSet8/public_html/wordpress/wp-admin/images"에 저장합니다. 이 디렉터리는 관리자 화면에 사용되는 이미지가 저장된 곳으로 테마의 변경에 상관없이 항상 접근할 수 있는 디렉터리입니다.

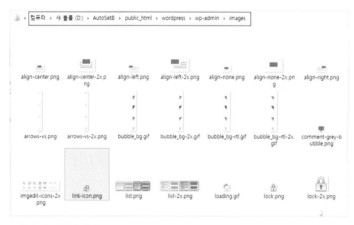

그림 3-13 아이콘 추가

새 글쓰기 화면의 비주얼 편집기에서 글을 작성하고 글자를 블록 설정해서 링크 아이콘을 클릭합니다. URL에 인터넷 주소를 입력합니다. 여기서는 배경 패턴을 무료로 내려받을 수 있는 사이트(http://subtlepatterns.com/)를 입력했습니다. 타이틀을 입력한 다음, "새 창/탭에 링크 열기"에 체크하고 링크 추가 버튼을 클릭합니다.

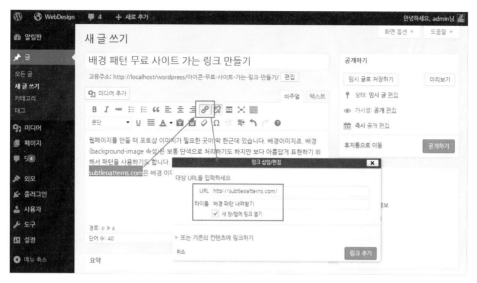

그림 3-14 링크 추가

텍스트 탭을 클릭하면 글에 링크 코드가 삽입돼 있습니다. a(anchor) 태그는 링크를 만드
는 HTML 태그이고 태그 다음에 나오는 title이나 target은 이 태그에 사용되는 속성입니다.
title은 링크에 마우스를 올렸을 때 나타나는 툴팁(말풍선)을 만드는 속성이며 값으로 원하는
글자를 입력합니다. target은 링크를 클릭했을 때 연결된 링크를 현재 창(탭)에서 열지 새 창
(탭)에서 열지 정하는 속성입니다. 값으로 _blank를 입력하면 새로운 창(탭)에서 링크 페이
지가 열리고, 현재 창(탭)에서 열리게 하려면 속성과 값을 입력하지 않거나 값으로 _self를
입력합니다. target="_blank" 다음에 한 칸 띄고 class="mylink"를 삽입합니다. 클래스 선
택자에 대해서는 제2장에서 간략하게 알아봤듯이 스타일 시트에서 명령을 받는 대상에 삽입
되어 중개자 역할을 합니다. 여기서 스타일 시트의 명령을 받는 대상은 a 태그가 됩니다.

그림 3-15 선택자 추가

주 메뉴에서 "외모"에 마우스를 올리면 플라이아웃 메뉴가 나옵니다. "편집기"를 마우스 오른쪽 버튼을 클릭하면 메뉴가 나오며 "새 탭에서 열기"를 선택하면 새 탭에 워드프레스 내장 편집기가 열립니다. 이렇게 하면 편집 중인 새 글쓰기 화면을 벗어나지 않고도 다른 관리자 화면을 열어 작업할 수 있습니다.

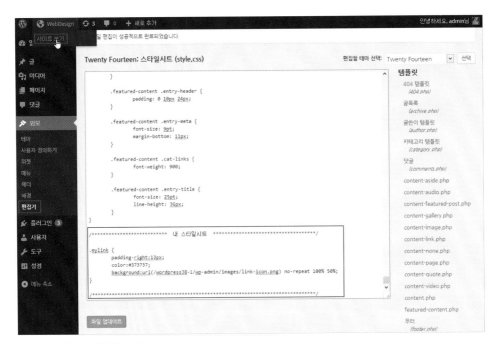

그림 3-16 테마 스타일 시트 수정

스타일 시트가 화면에 나오고 텍스트 편집기에서 삽입한 클래스 선택자에 대해 명령을 선언하기 위해 적당한 위치를 정합니다. 스타일 시트의 어느 곳에나 삽입할 수 있지만 찾기 쉽게 새로 삽입되는 코드는 최하단에 입력합니다. 스크롤 바를 내려서 마지막 중괄호 다음에 클릭하고 엔터키를 누른 다음, 점(마침표)을 찍고 선택자의 이름을 입력합니다. 선택자의 이름은 의미 있고 고유한 이름으로 정합니다. 이미 있는 이름이라면 명령이 다른 곳에 전달될 수도 있습니다. 선택자 이름 앞에 점을 찍는 것은 클래스 선택자라는 표시입니다. 아이디 선택자는 샵(#;파운드 싸인; Pound sign)을 사용합니다.

```
.mylink {
  padding-right:13px;
  color:#2b2b2b;
  background:url(/wordpress/wp-admin/images/link-icon.png) no-repeat 100% 50%;
}
```

선택자 이름 다음에 한 칸 띄고 중괄호 시작을 입력한 다음 엔터 키를 누르고 탭 키를 누른 다음 속성과 값을 입력합니다. 다른 코드와 구별하기 위해 위 그림처럼 내 스타일 시트라는 이름으로 구분 선을 입력하는 것도 좋습니다. 스타일 시트에서 슬래시와 별표는 주석에 사용되는 문자입니다. 코드의 설명을 입력하기 위한 것으로 스타일 시트에서는 무시되는 글자이며 /*와 */ 사이에 들어가는 모든 글자는 무시됩니다.

이번에는 여기서 사용된 속성과 값에 대해 설명하겠습니다.

```
padding-right:13px;
```

패딩은 글자가 있는 공간에 추가 공간을 만들어 아이콘이 들어갈 자리를 만들어줍니다. 글자의 오른쪽에 들어갈 것이므로 right를 추가했습니다. 아이콘의 가로 폭이 13픽셀이므로 이 수치를 입력합니다. 어떤 요소의 공간을 늘리는 방법에 margin이라는 속성도 있는데, 이 속성은 다른 요소와의 관계에서 공간을 만듭니다.

```
color:#2b2b2b;
```

스타일 시트에서 color의 속성은 글자의 색을 설정합니다. 현재 테마에서 사용하는 링크의 색상은 그림의 버튼 색처럼 파란색인데 별도로 색을 정하면 지정한 색으로 나옵니다. 여기서는 링크가 없는 글자의 색인 #2b2b2b로 정했습니다. 링크가 있다는 표시로 파란색을 사용하지만, 링크 아이콘이 있으므로 추가적인 표시는 필요하지 않아서 일반 글자색으로 정했습니다.

```
background:url(/wordpress/wp-admin/images/link-icon.png) no-repeat 100% 50%;
```

아이콘은 이미지이므로 이미지를 삽입할 때 스타일 시트에서는 배경에 삽입됩니다. url은 이미지가 있는 주소를 의미하며, 괄호 안에 경로를 입력합니다. 경로의 입력 방법은 상대주소와 절대주소가 있으며 절대주소를 사용하면 사이트를 관리하는 데 편리합니다. 절대주소와 상대주소에 대해서는 별도로 설명하겠습니다.

no-repeat라는 값은 반복하지 말라는 명령입니다. 글자가 있는 공간은 "아이콘 파인더"이므로 이 값을 설정하지 않으면 글자의 처음부터 끝까지 이 이미지가 반복해서 배경으로 나옵니다. 100%와 50%는 이미지의 가로, 세로 위치입니다. 앞의 값은 가로의 위치로 가장 좌측은 0%이고 가장 우측은 100%입니다. 두 번째 값인 50%는 세로의 포지션으로 50%로 지정했으니 최상단과 최하단의 중앙에 위치합니다. 글자의 상하 폭이 크지 않지만, 중앙에 오도록 설정한 것입니다.

위와 같이 입력하고 화면 하단에서 "저장하기" 버튼을 클릭하면 스타일 시트에 저장됩니다.

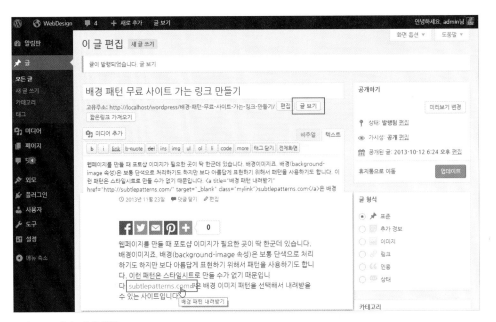

그림 3-17 사이트에서 확인

글 편집 탭을 클릭해서 편집기로 돌아와서 공개하기 버튼을 클릭하면 버튼이 업데이트로 바뀌고 제목 아래에 글 보기 버튼이 나타납니다. 이것을 클릭하면 새 탭에서 발행된 글을 볼 수가 있습니다. 새 탭을 열고 블로그 화면을 보면 아이콘 파인더라는 글자는 파란색이 아닌 검은색으로 바뀌었고 링크 아이콘이 삽입됐습니다. 글자에 마우스를 올리면 툴팁이 나옵니다. 링크를 클릭하면 새 탭이 열리면서 해당 사이트로 이동합니다.

지금까지 텍스트 편집기에서 코드를 삽입하고 스타일 시트에서 명령을 내리는 방법을 알아봤는데, 스타일 시트의 명령은 스타일 시트에서 내리기도 하지만 HTML 편집기에서 직접 삽입할 수도 있습니다. 스타일 시트를 사용하는 방법은 세 가지가 있습니다. 하나는 주로 많이 쓰이고 웹 표준으로 정한 외부 스타일 시트(External Stylesheet) 방식이고 두 번째 방법은 HTML 페이지의 head 태그에 삽입하는 임베디드(Embeded) 스타일 시트(예: 〈head〉스타일 시트〈/head〉)를 이용하는 방법이며, 세 번째 방법은 HTML 태그에 직접 삽입하는 인라인(Inline) 스타일 시트(예: 〈p style="color: red;"〉)를 이용하는 방법입니다.

웹 표준으로 정한 외부 스타일 방식은 콘텐츠와 스타일 시트를 완전히 분리해서 HTML 페이지에는 콘텐츠만 보이게 하고 모든 스타일 시트는 CSS 파일로 head 태그에 링크를 걸어 콘텐츠를 통제하는 방법입니다. 이렇게 하면 페이지의 로딩 속도가 빠르고 하나의 스타일 시트로 모든 페이지를 통제할 수 있기 때문에 아주 효율적입니다. 외부 스타일 시트는 웹사이트에 접근했을 때 한 번만 로딩되고 해당 사이트에서 다른 페이지로 이동할 때는 이미 로딩된 스타일 시트가 저장돼 있어서 계속 사용되므로 속도가 빠릅니다. 반면 임베디드와 인라인 스타일 시트 방식은 페이지마다 스타일 시트가 포함돼 있어서 페이지를 이동할 때마다 로딩해야 하므로 속도가 느립니다.

하지만 제한적으로 일부분의 페이지에서 인라인 방식을 사용한다면 외부 스타일 시트를 수정하지 않아도 되므로 간편하게 스타일을 수정할 수 있습니다. 특히 워드프레스의 텍스트 편집기가 있으므로 이 편집기에서 직접 스타일 시트를 삽입할 수 있습니다. 웹사이트에 여러 개의 스타일 시트 방식을 사용할 경우 적용되는 순서가 있는데, 인라인 〉임베디드 〉외부 스타일 시트의 순으로 인라인 방식이 가장 먼저 적용됩니다.

인라인 방식의 스타일 시트는 HTML 코드의 태그에서 style="" 속성을 사용합니다. 큰따옴표 안에 외부 스타일 시트의 중괄호 안에 들어가는 형식을 그대로 넣으면 됩니다. 여기서는 글자의 색상과 크기를 변경하는 명령을 내렸습니다.

```
style="color:red; font-size:20px;"
```

색상 코드는 이름이 있는 경우 영어 이름을 사용해도 됩니다. 한 종류의 명령이 끝나면 반드시 세미콜론으로 달아야 하고 가능한 한 공백을 둬서 구분하기 쉽게 합니다. 이렇게 하고 저장한 다음 블로그 화면을 보면 글자의 크기와 색상이 바뀐 것을 확인할 수 있습니다. 글자의 색은 외부 스타일 시트에서 이미 선언됐지만, 인라인 스타일 시트가 우선 적용되므로 글자색이 변한 것입니다.

그림 3-18 글자색상 및 크기 변경

이처럼 스타일 시트를 한 번만 사용할 때는 인라인 방식으로 설정하면 테마의 편집기를 사용하지 않아도 되므로 간편합니다.

CSS 팁

절대주소(Absolute URL)와 상대주소(Relative URL)

스타일 시트에서 배경 이미지를 사용할 때나 head 태그에 링크를 삽입할 때는 파일의 참조를 위해 URL을 사용합니다. 여기엔 두 가지 방식이 있는데 바로 절대주소와 상대주소를 이용하는 것입니다. 이는 기준이 되는 파일과 참조하는 파일의 관계를 어떤 식으로 연결하는가를 나타냅니다.

절대주소는 도메인을 기준으로 모든 파일의 위치를 정합니다. 예를 들어, 도메인이 myhome이라면 이것을 기준으로 참조할 파일이 있는 디렉터리를 순서대로 나열합니다. 이전에 link-icon.png라는 파일을 스타일 시트에서 참조하기 위해 절대주소를 사용했습니다. 워드프레스가 내 컴퓨터의 오토셋 서버에 있으므로 도메인은 localhost이고 서브 디렉터리가 wordpress였습니다. 그래서 다음과 같이 도메인을 기준으로 절대주소가 만들어집니다.

```
/wordpress/wp-admin/images/link-icon.png
```

절대주소를 사용하면 항상 주소 앞에 슬래시(/)를 추가합니다. URL의 가장 앞에 있는 슬래시는 루트를 의미하므로 loclahost입니다. 워드프레스를 웹 호스팅의 루트에 설치했다면 절대주소는 다음과 같습니다.

```
/wp-admin/images/link-icon.png
```

이것은 다음과 같이 전체 URL을 적용한 것과 같습니다.

- http://www.myhome.com/wp-admin/images/link-icon.png

상대주소는 기준 파일의 위치를 기준으로 디렉터리의 구조가 만들어집니다. 위와 같은 위치에 있는 이미지 파일을 참조하려면 기준이 되는 파일인 style.css 파일이 테마 디렉터리에 있으므로 최상위 디렉터리로 거슬러 올라가서 다시 wp-admin-images 디렉터리로 내려갑니다. 상위 디렉터리로 올라갈 때는 점 두 개와 슬래시(../)를 사용합니다. style.css 파일이 wp-content/theme/twentyfourteen 디렉터리에 있으므로 점과 슬래시 조합이 세 개 필요합니다. 세 개의 디렉터리를 거슬러 올라가서 다시 내려갈 때는 디렉터리명을 입력합니다. 그래서 다음과 같이 됩니다.

```
../../../wp-admin/images/link-icon.png
```

디렉터리 구조가 간단할 때는 상대주소를 사용하면 속도도 빠르고 간단하지만, 위와 같이 구조가 복잡하면 절대주소를 사용하는 편이 좋습니다. 또한, 스타일 시트 파일의 위치가 변동될 경우에는 절대주소를 사용하는 것이 파일을 관리하는 데 편리합니다. 절대주소를 사용한 스타일 시트는 서버의 어떤 디렉터리에 위치하더라도 항상 루트로부터 시작해서 파일을 참조하므로 URL을 변경할 필요가 없기 때문입니다. 상대주소를 사용했다면 거슬러 올라가는 점과 슬래시를 모두 변경해줘야 합니다.

색상 코드

색상 코드는 6개의 16진수 숫자를 주로 사용합니다. 16진수는 0부터 시작해 9 다음에 A, B, C, D, E, F까지 16개의 숫자를 사용합니다. 모니터의 색상은 R(Red), G(Green), B(Blue)의 세 가지 색상을 조합해서 표현되며, 각 색상을 숫자로 표시합니다. 이때 각 색상은 두 자리의 16진수로 표현하므로 00은 가장 어두운색이고 FF는 가장 밝은색입니다. 색상의 두 자리 숫자가 같으면 검은색과 흰색, 그 사이의 색인 회색을 표현할 수 있습니다. 예를 들어, 검은색은 "000000"으로 R(00), G(00), B(00)이 되며, 각 색의 가장 어두운색이므로 검은색이 되는 것입니다. 가장 밝은색의 조합인 "FFFFFF"는 흰색이 되고 중간색인 회색을 나타내려면 다른 숫자를 넣으면 됩니다.

중간 정도의 회색은 "888888"을 넣으면 되며 색상 코드가 같은 숫자는 한 자리 숫자로 줄여서 사용할 수 있으므로 "000"이나 "FFF" 또는 "888"로 지정하면 됩니다. 그러니 이러한 단색의 색상 코드는 코드를 알지 못해도 숫자의 크기를 고려해서 입력하면 됩니다. 영문 숫자는 소문자를 사용해도 됩니다.

색상 코드에 대해 덧붙이자면 두 자리의 16진수는 00에서 시작해 FF에서 끝나므로 총 256가지의 색입니다. 색상 코드의 구성은 R(두 자리 수), G(두 자리 수), B(두 자리 수)로 되므로 세 가지 색상에 대해서 두 자리의 색상 코드를 적용하면, 256X256X256=16,777,216가지의 색이 나옵니다. 이는 모니터가 표현할 수 있는 색의 최대 한계입니다. 빨간색을 만들자면 ff0000으로 R을 가장 밝게 하고 나머지 두 개의 색은 가장 어둡게 하면 됩니다. 녹색이나 파란색도 같은 방법으로 하면 00ff00, 0000ff가 되겠죠. 색상의 숫자가 0f8922라면 어떤 색이 나올까요? 0f나 22는 어두운색이고 89는 녹색의 중간 정도의 밝은색이니 어두운 녹색이 나옵니다. 이처럼 6개의 16진수 숫자로 표현된 색상 코드를 보면 어떤 색인지 대략 짐작할 수 있습니다.

미디어 파일 업로드 **05**

01 미디어 설정

워드프레스에서 업로드할 수 있는 파일은 여러 가지가 있지만, 웹 호스팅에서 지원하지 않으면 업로드가 불가능합니다. 현재 워드프레스에서 사용할 수 있는 파일 형태는 다음과 같습니다.

- 이미지 파일: .jpg .jpeg .png .gif
- 문서 파일: .pdf .doc, .docx .ppt, .pptx, .pps, .ppsx .odt .xls, .xlsx
- 오디오 파일: .mp3 .m4a .ogg .wav
- 비디오 파일: .mp4, .m4v (MPEG—4) .mov (QuickTime).wmv (Windows Media Video) .avi .mpg .ogv (Ogg) .3gp (3GPP) .3g2 (3GPP2)

주 메뉴에서 설정 → 미디어 설정을 차례로 클릭하면 미디어 설정 화면이 나타납니다. 이미지 크기 부분에서 작은 사진, 중간 크기, 최대 크기가 있는데 입력 박스에 이미 숫자가 입력돼 있습니다. 이는 이미지 업로더에서 어떤 크기의 사진을 업로드해도 이곳에서 정해진 크기로 자동으로 잘라서 저장된다는 뜻입니다. 저장되는 디렉터리는 wp-content → uploads 입니다. 이 디렉터리는 처음에는 없지만, 이미지를 업로드하면 자동으로 만들어집니다. 내 컴퓨터에서는 자동으로 만들어지지만, 웹 호스팅의 경우는 wp-content 디렉터리에 쓰기 권한이 있어야 합니다. 파일질라로 들어가서 이 디렉터리를 대상으로 오른쪽 마우스 버튼을 클릭했을 때 나오는 메뉴에서 파일 권한을 선택해 숫자 값을 "777"로 설정합니다.

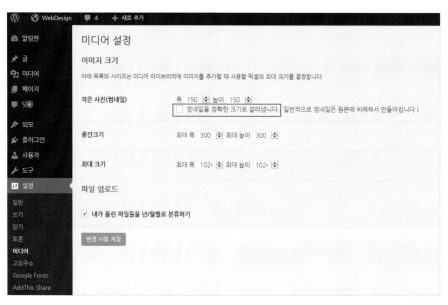

그림 3-19 미디어 설정

작은 사진 항목에서 기본적으로 체크돼 있는 "썸네일을 정확한 크기로 잘라냅니다"를 체크 해제하고 파일을 업로드 해보겠습니다. 실험 후에는 체크해놓는 것이 좋습니다.

∩2 내 컴퓨터에서 업로드하기

워드프레스의 파일 업로더는 기본적으로 플래시 기반의 프로그램을 사용합니다. 플래시가 작동하지 않는 웹 브라우저를 사용하는 경우는 업로드가 되지 않으므로 이럴 때에는 미디어 → 파일 올리기에서 미리 미디어 파일을 업로드 한 후에 사용해야 합니다. 브라우저 업로드 링크를 클릭하면 일반적으로 사용되는 파일 업로더가 다른 화면에 나타납니다. 해당 화면에 는 다시 기본 업로더로 갈 수 있는 "파일 업로더로 변경하기" 링크가 있습니다.

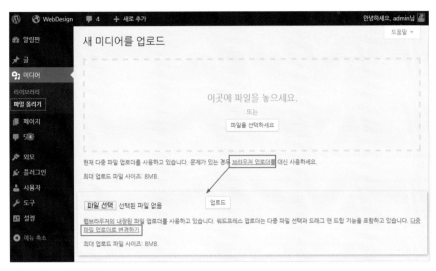

그림 3-20 미디어 업로더

최대 파일 업로드 용량은 내 컴퓨터에서 사용할 때에는 서버 환경설정을 변경할 수 있으므로 얼마든지 가능하지만, 공유 서버를 사용하는 웹 호스팅에서는 정해진 수치를 변경할 수 없습니다. 외국 서버의 경우 공유 서버라 하더라도 서버 환경을 변경할 수 있게 php.ini 파일 삽입을 허용하는 곳도 있습니다(블루호스트: http://www.bluehost.com/). 이곳은 월 5달러의 사용료로 거의 모든 것이 무제한입니다. 내 컴퓨터에서 사용할 경우 다음 코드를 .htaccess 파일을 열고 하단에 입력한 다음 저장하면 됩니다.

```
php_value upload_max_filesize 100M
```

보통 오토셋 서버 설정은 기본이 8MB이며, 100의 숫자에 해당하는 곳에 수치를 변경하고 저장합니다.

그림 3-21 미디어 추가 버튼

이미지를 추가할 곳을 클릭하고 미디어 추가 버튼을 클릭합니다.

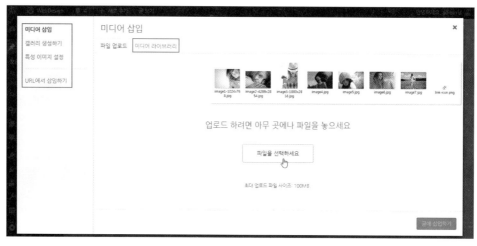

그림 3-22 미디어 업로더

좌측에 여러 가지 옵션이 나타나고 중앙에는 파일 업로드, 미디어 라이브러리 탭이 있습니다. 파일 업로드 탭에서 업로드 한 파일은 미디어 라이브러리에 나타납니다. 파일을 윈도우 탐색기에서 끌어다 붙여넣을 수 있지만, 웹 브라우저를 축소해야 합니다. "파일을 선택하세요"을 클릭하면 탐색기 창이 나오고 원하는 파일을 선택해서 더블클릭하거나 우측 하단에서 열기 버튼을 클릭하면 업로드됩니다. 파일 이름에 한글이 있으면 업로드 시 에러가 납니다.

여러 개의 파일을 선택할 수도 있으며 Shift 키를 누르거나 Ctrl 키를 눌러 원하는 파일을 클릭해 선택합니다. 여기서는 실험을 위해 여러 가지 크기의 이미지를 업로드 해보겠습니다. 첨부 파일에 있는 image1, 2, 3의 파일 이름에는 각 이미지의 크기가 추가돼있습니다. 이들 3개의 파일을 선택해서 브라우저의 우측 하단에서 "열기"를 선택하면 프로그레스 바가 나타나면서 파일이 업로드 되고 미디어 라이브러리 탭에 나타납니다.

그림 3-23 미디어 라이브러리

여러 개의 이미지를 올리면 하나의 이미지가 선택되고 우측에 편집할 수 있도록 나타납니다. 이미지 썸네일 우측에 두 개의 링크가 있는데 "이미지 편집"을 클릭하면 이미지를 자르거나 회전, 뒤집기 등 간단한 편집을 할 수 있는 페이지로 이동하고 "영구적으로 삭제하기"는 미디어 라이브러리뿐만 아니라 서버에서도 삭제하는 기능을 합니다. 이미지 편집은 주 메뉴에서 미디어 → 라이브러리 화면에서 이미지 목록에서 편집 링크를 선택하거나 미디어 → 파일올리기 메뉴에서 파일을 올리고 난 후에 나타나는 편집 링크를 선택했을 때 같은 화면이 나오므로 이에 관해서는 미디어 라이브러리 부분에서 설명합니다.

첨부 상세

타이틀과 대체 텍스트를 입력합니다. 여기서는 편의상 "블로그 이미지"로 입력했지만, 이미지의 적절한 내용으로 입력해야 합니다. 타이틀은 이미지 이름이 그대로 적용되므로 여기서는 별 의미 없는 이름을 입력했지만 적절한 이름을 영문으로 미리 입력하고 업로드 하는 것이 좋습니다. 타이틀은 이미지에 마우스를 올렸을 때 툴팁으로 나타나고 특히 대체 텍스트는 검색엔진 최적화에 중요하므로 반드시 입력하는 습관을 들여야 합니다. 타이틀은 이미지가 어떤 이유 때문에 보이지 않을 때 이미지를 대신해서 나오는 글자로서 이미지를 설명하는 내용을 주로 지정합니다. 또, 시력이 좋지 않아서 스크린 리더를 사용하는 사용자에게는 이미지 설명이 꼭 필요합니다. 스크린 리더는 사진을 읽지 못하지만 대체 텍스트를 읽습니다. 아울러 검색엔진은 검색 목록에 넣을 때 대체 텍스트를 카테고리화하므로 대체 텍스트를 입력해 두면 검색엔진에 노출되는 데 도움이 됩니다.

캡션은 글 페이지에서 이미지 아래에 나타나는 이미지에 대한 설명입니다. "설명"은 이미지의 내용을 참고하기 위한 것으로 중요한 것은 아닙니다.

첨부 표시 설정

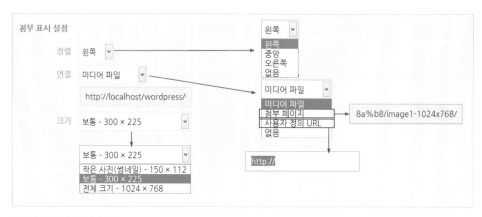

그림 3-24 첨부 표시 설정

정렬에서 왼쪽을 선택하면 이미지가 왼쪽으로 오고 글이 오른쪽으로 와서 이미지를 감쌉니다. 오른쪽을 선택하면 그 반대로 됩니다.

"연결"은 이미지를 클릭했을 때 다음 작업을 선택할 수 있습니다. 미디어 파일이 선택되면 이미지를 클릭했을 때 웹 브라우저에 큰 이미지가 나타나고 첨부 페이지를 선택하면 사이트에서 전체 폭 템플릿을 사용하는 페이지에 이미지가 나타납니다. 사용자 정의 URL은 외부 URL을 입력할 수 있도록 입력 상자가 나타납니다. 다른 곳으로 이동하고자 하면 해당 인터넷 주소를 입력합니다. 링크가 있으면 이미지에 마우스를 올렸을 때 링크가 있다는 표시로 커서가 포인터로 바뀝니다. 없음을 선택하면 이미 있는 URL이 제거됩니다. 다음 절에서 사용할 라이트박스를 위해 앞으로 추가하는 이미지는 "미디어 파일"을 선택합니다.

다음 항목으로 크기입니다. 관리자 화면의 설정 → 미디어 설정에서 "썸네일을 정확한 크기로 잘라냅니다"에 체크해제 했으므로 작은 사진(썸네일) 크기가 이미지 원본의 비율 대로 작게 나옵니다. 만약 미디어 설정에서 체크를 했다면 150×150픽셀로 잘릴 것입니다. 다른 사이즈는 이미지 원본의 비율대로 크기가 변경돼서 저장됩니다. 이미지를 업로드만 해도 wp-content 폴더에 uploads 디렉터리가 만들어지고 하위 디렉터리로 연도와 월이 만들어지며 월 디렉터리 안에 여러 가지 크기의 이미지가 저장됩니다.

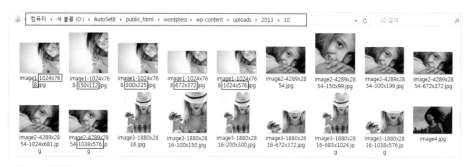

그림 3-25 잘린 이미지

image1은 원본의 폭이 1,024픽셀이므로 큰 이미지의 생성이 생략됐고 image2와 image3는 1,024픽셀의 이미지가 만들어졌습니다. 폭 672픽셀의 이미지는 기본 테마인 Twenty Fourteen에 의해 생성된 이미지로 특성 이미지를 설정할 때 사용됩니다. 폭 1,038픽셀의 이미지도 생성됐는데 이것은 특성 콘텐츠를 사용할 경우 슬라이더 이미지로 사용됩니다. image3의 경우 세로 길이가 가로 폭에 비해 크므로 세로 폭인 300px을 기준으로 잘렸습니다. 이렇게 다양한 이미지로 잘라서 사용하는 이유는 웹사이트는 이미지를 많이 사용하므로 가능한 한 작은 용량의 적당한 크기로 사용해야 속도가 빨라지기 때문입니다.

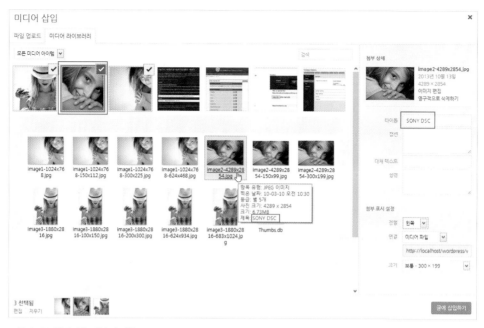

그림 3-26 이미지의 기본 타이틀

두 번째 이미지를 선택하면 이미지 이름과 다르게 타이틀이 나타납니다. 이것은 이미지 자체에 이미 제목이 설정돼 있어서 그렇습니다. 윈도우 탐색기에서 이미지에 마우스를 올리면 제목이 나타납니다. 적당한 이미지 타이틀로 바꾸고 나머지 이미지도 위 내용을 기준으로 편집과정을 거치고 우측 하단의 글에 삽입하기 버튼을 클릭하면 창이 없어지면서 본문에 삽입됩니다.

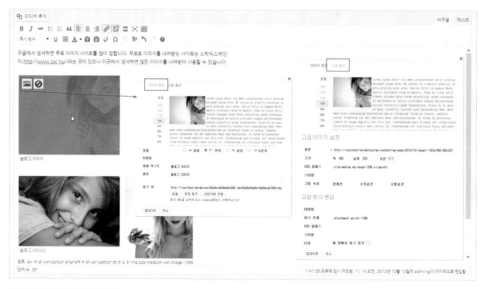

그림 3-27 이미지 추가 수정

본문에 삽입된 이후 수정할 필요가 있는 경우 이미지를 클릭하면 두 개의 아이콘이 나타납니다. 좌측의 아이콘을 클릭하면 수정할 수 있는 팝업창이 나타나고 고급 옵션 탭을 선택하면 추가로 수정할 수 있습니다. 각 이미지를 선택해서 정렬을 모두 중앙으로 선택하고 업데이트 버튼을 클릭합니다. 공개하기 버튼을 클릭하고 사이트 전면에서 확인합니다. 이미지를 클릭하면 이미지만 있는 브라우저가 열립니다.

∩З URL에서 업로드하기

인터넷상의 미디어를 올리는 것은 내 컴퓨터에서 올리는 것과 비슷하지만, 원본이 워드프레스에 저장되지 않고 해당 웹페이지의 서버에 저장된 것을 단지 URL을 이용해 불러오는 것입니다. 그러므로 해당 웹페이지에서 이미지를 제거한다거나 서버가 작동하지 않을 때는 이미지를 불러올 수 없습니다. 또한, 타인의 이미지를 무단으로 사용하는 것은 불법이므로 허용된 범위 내에서 사용해야 합니다.

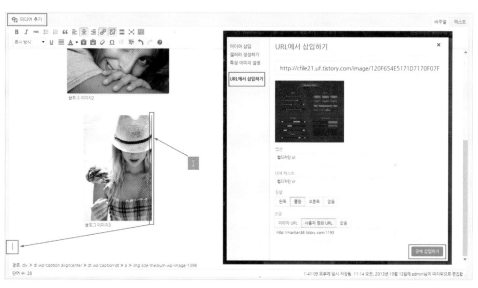

그림 3-28 URL에서 미디어 업로드

이전에 작업하던 글에 이미지를 추가해 보겠습니다. 하단 이미지의 우측을 클릭하면 커서가 깜박거립니다. 엔터 키를 누르면 아래로 내려갑니다. URL에서 이미지를 업로드하려면 미디어 추가 버튼을 클릭하고 나타나는 창에서 "URL에서 삽입하기" 링크를 선택합니다. 불러오고자 하는 이미지가 있는 웹페이지에서 이미지를 대상으로 마우스 오른쪽 버튼을 클릭하고 "링크 주소 복사"를 선택하면 클립보드(내 컴퓨터의 임시저장소)에 주소가 저장됩니다.

- http://cfile21.uf.tistory.com/image/120F654E5171D7170F07FD

URL 입력란에 붙여넣으면 이미지가 나타납니다. 각 입력 항목을 채우고 정렬을 선택한 뒤 연결 항목에서 사용자 정의 URL을 선택하면 입력란이 나타납니다. 해당 웹페이지의 URL을 인터넷 주소창에서 복사해서 붙여넣습니다. 글에 삽입하기 버튼을 클릭하고 저장합니다. 공개하기 버튼을 클릭하고 블로그 화면에서 이미지를 클릭하면 해당 웹페이지로 이동합니다.

∩/ 이미지 갤러리 만들기

워드프레스에 내장된 이미지 갤러리 만들기는 작은 이미지를 나열하고 작은 이미지를 클릭하면 다른 페이지에 큰 이미지를 나타나게 하는 단순한 형태입니다. 제이쿼리를 이용한 애니메이션이 가능한 슬라이드 이미지 갤러리는 플러그인을 설치하면 다양하게 표현할 수 있습니다.

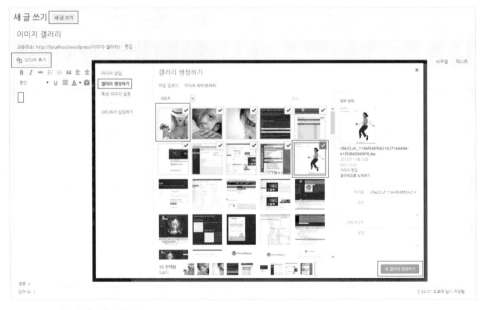

그림 3-29 이미지 갤러리 만들기

상단에서 새 글쓰기 링크를 클릭한 다음 제목을 입력하고 본문 입력란을 클릭합니다. 미디어 추가 버튼을 클릭하고 갤러리 생성하기 링크를 클릭합니다. 파일 업로드 탭에서 새로운 이미지를 업로드 하거나 미디어 라이브러리에서 이미지를 선택할 수 있습니다. 여기서는 미디어 라이브러리에서 이미지를 선택하겠습니다. 여러 개의 이미지를 한 번에 선택하려면 첫 번째 이미지를 선택하고 Shift 키를 누른 채 마지막 이미지를 클릭합니다. 우측 하단에서 새 갤러리 생성하기 버튼을 클릭합니다.

그림 3-30 갤러리 편집

다음 화면에서 이미지를 끌어놓기 해서 순서를 변경할 수 있고 X 아이콘을 클릭해서 제거할 수도 있습니다. 우측 상단의 순서 바꾸기 버튼을 클릭하면 전체 이미지 순서가 변경됩니다. 우측 옵션 창에서 이미지를 클릭했을 때 이동할 수 있는 연결을 설정하거나 썸네일의 열을 설정할 수 있습니다. 여기서는 다음 절에서 사용할 라이트박스를 위해 미디어 파일을 선택합니다. 랜덤 순서는 위 기준에 의한 순서가 아닌 무작위로 나열되게 합니다. 갤러리 삽입 버튼을 클릭하면 아래 그림처럼 나타납니다.

그림 3-31 이미지 갤러리의 단축코드

텍스트 탭을 클릭하면 워드프레스에서 사용하는 단축코드가 나타납니다. 공개하기 버튼을 클릭하고 사이트에서 확인합니다.

그림 3-32 이미지 갤러리 확인

설정한 대로 세 개의 열에 랜덤으로 이미지 썸네일이 나타나고 이미지를 클릭하면 웹 브라우저에 큰 이미지가 나타납니다.

∩5 라이트박스 플러그인 사용하기

워드프레스의 글이나 페이지에 삽입된 이미지 파일을 클릭하거나 갤러리 이미지를 클릭하면 웹 브라우저에 큰 이미지가 나타납니다. 라이트박스 플러그인을 사용하면 갤러리 이미지를 팝업창 형태로 볼 수 있고 슬라이드로도 표현할 수 있습니다. 또한, 사이트에 있는 모든 이미지를 팝업창으로 볼 수도 있습니다. 이 플러그인을 사용하는 방법을 알아보겠습니다. 설치된 플러그인 화면에서 Lightbox Plus Colorbox를 활성화합니다.

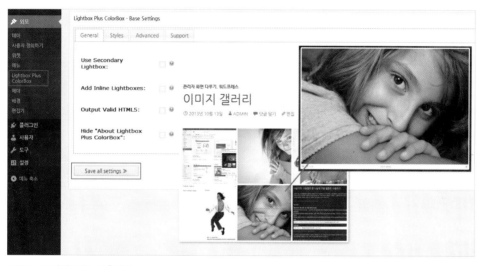

그림 3-33 라이트박스 사용하기

메뉴에서 외모 → Lightbox Plus ColorBox를 선택한 다음 우선 Save all settings 버튼을 클릭해서 저장합니다. 그다음 갤러리 이미지 페이지에서 새로고침 한 후 썸네일 이미지를 클릭하면 팝업창에 클릭한 이미지가 나타납니다. 이 플러그인의 여러 가지 설정 방법을 알아보겠습니다.

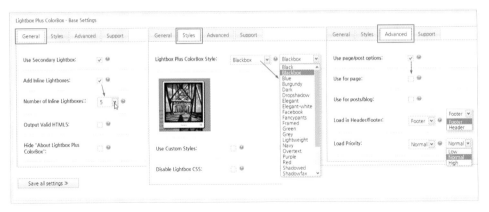

그림 3-34 라이트박스 설정

일반 탭에서 Use Secondary Lightbox에 체크하면 두 번째 라이트박스를 사용할 수 있습니다. 이것은 별개의 라이트박스를 설정해 사용할 수 있도록 하기 위함입니다. Add Inline Lightboxes에 체크하면 바로 아래에 개수를 선택할 수 있는 박스가 나타나며, 위 페이지의 하단에 설정할 수 있는 박스가 나타납니다. 1,000개까지 가능하지만 100개를 초과하면 문제가 발생할 수가 있다고 합니다. 이러한 추가 라이트박스는 라이트박스에 유튜브 동영상을 삽입한다거나 할 때 사용합니다. Output Valid HTML5에 체크하면 기본으로 rel 속성을 사용하던 것을 data- 속성을 사용하게 됩니다.

Styles 탭에서 라이트박스의 스타일을 설정합니다. 미리보기가 있으니 원하는 스타일로 설정합니다. 여기서는 Blackbox를 선택했습니다.

Advanced 탭에서 Use page/post options에 체크하면 새 페이지 만들기나 새 글쓰기에서 메타 박스가 나타나며 각 글이나 페이지에서 사용되는 이미지에 대해 개별적인 설정을 할 수 있습니다. 이곳에 체크한 경우 바로 아래의 두 곳에 체크해야 각 페이지나 글에서 사용할 수 있으며 체크하지 않으면 라이트박스 효과가 전혀 없게 됩니다. Load Header/Footer는 자바스크립트의 위치를 설정하는 곳으로 대부분 푸터에 배치해 사용합니다. Load Priority는 여러 가지 자바스크립트 중 우선순위로 다른 스크립트보다 높거나 낮게 설정할 수 있습니다.

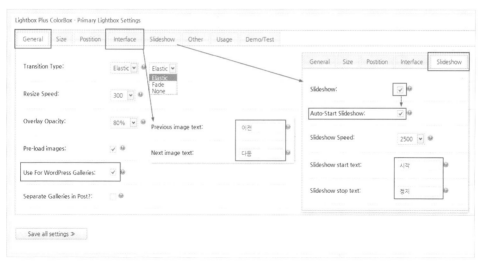

그림 3-35 라이트박스 고급 설정

현재의 상태대로 사용해도 되지만 Primary Lightbox Settings에서 추가로 여러 가지 설정을 할 수 있습니다. 여기서는 이미지 갤러리의 슬라이드쇼를 활성화해보겠습니다. Use For WordPress Galleries에 체크한 다음 Interface 탭에서 글자를 수정합니다. Slideshow 탭에서 Slideshow에 체크하면 추가 옵션이 나타납니다. Auto Start Slideshow에 체크하면 갤러리 이미지를 클릭했을 때 팝업창에서 슬라이드쇼가 자동으로 시작됩니다. Save all Settings 버튼을 클릭해서 저장한 다음 갤러리 페이지에서 이미지를 클릭해 확인합니다.

∩6 미디어 라이브러리

주 메뉴의 미디어를 클릭하면 미디어 라이브러리와 파일 올리기 메뉴가 있습니다. 파일 올리기는 새 글쓰기 화면에서 미디어 추가 버튼을 클릭했을 때와 같은 기능을 합니다. 또한, 미디어 라이브러리의 화면도 미디어 추가 버튼을 클릭했을 때 미디어 라이브러리 탭에 나오는 것과 거의 같습니다. 여기서는 다른 점을 알아보겠습니다.

그림 3-36 미디어 라이브러리

우선 큰 차이점은 미디어 라이브러리의 화면에는 첨부하지 않은 미디어에 관한 링크가 나온 다는 것입니다. 또한, 첨부 목록이 있어서 해당 미디어가 어느 글에 첨부됐는지 알 수 있고 제목을 클릭하면 글을 볼 수 있습니다. 또한, 이 화면에서는 여러 개의 미디어를 선택해 일괄 처리를 할 수 있습니다.

∩7 이미지 편집

워드프레스에 내장된 이미지 편집기를 이용하면 간단한 이미지 편집을 할 수 있습니다. 새 글쓰기에서 미디어 추가 버튼을 클릭해서 이미지를 업로드 한 후 썸네일 이미지 우측에도 이 미지 편집이 있고 미디어 라이브러리에도 편집 링크가 있는데 이들 모두는 같은 화면으로 이 동합니다. 또한, 미디어 → 파일 올리기에서 이미지를 업로드 한 후에 편집 링크를 클릭해도 같은 화면이 나타납니다.

그림 3-37 미디어 업로드

"파일을 선택하세요" 버튼을 클릭해서 브라우저에서 4개의 이미지를 선택하고 열기 버튼을 선택하면 파일이 업로드 됩니다. 편집 링크를 클릭하면 새 탭에서 미디어 편집 화면이 나타납니다. 하나의 이미지를 편집하고 난 후에는 다시 위 화면의 탭으로 돌아와 편집하면 됩니다.

그림 3-38 미디어 편집 화면

워드프레스에는 다섯 종류의 글 형식(Post Type)이 있는데 글(Post), 페이지(Page), 첨부(Attachment), 리비전(Revision), 메뉴(Navigation Menu)입니다. 그중에 미디어는 첨부(attachment)에 속합니다. 그래서 미디어는 글이나 페이지처럼 고유의 아이디(attachment_id)가 있고 화면 옵션 탭을 클릭하면 토론, 댓글, 글쓴이, 슬러그를 보이게 할 수 있습니다. 또한, 첨부 페이지 보기를 클릭하면 페이지에 이미지가 나타나며 짧은 링크 가져오기를 클릭하면 글처럼 글 고유의 아이디가 있습니다. 글이나 페이지가 아닌 곳에 미디어 라이브러리에 있는 이미지를 사용할 필요가 있는 경우 파일 URL의 경로를 복사해서 사용하면 됩니다.

이미지를 편집하기 위해서 이미지 하단에 있는 이미지 편집 버튼을 클릭합니다.

자르기

그림 3-39 자르기 도구 사용하기

이미지 위에서 클릭하고 대각선 방향으로 드래그하면 자르기 툴이 나오고 자르기 아이콘이 활성화됩니다. 또한, 오른쪽 창의 "선택"에 자르기 툴의 크기가 나타납니다. 이미지 자르기(도움) 링크를 클릭하면 자세한 설명이 나옵니다. 이미 그려진 자르기 툴을 이동하려면 마우스를 자르기 툴에 올려 커서가 십자형으로 바뀌는데 이를 클릭한 후 드래그하면 옮길 수 있습니다.

이미지 위에 클릭한 후 드래그해서 자르기 툴을 만들 때 Shift 키를 누르면 "화면 비율"란에 입력한 비율대로 자르기 툴이 그려집니다. 또한, 이미지의 주변에 있는 조절점을 클릭한 후 드래그해서 조절할 수도 있고 자르기 툴이 그려진 상태에서 "선택"란에 수치를 입력하면 자르기 툴의 크기가 바뀝니다. 조절이 끝나면 자르기 아이콘을 클릭합니다.

이미지 비례

이미지 오른쪽의 이미지 비례 링크를 클릭하면 세부 내용이 나옵니다. 원본 크기가 나오고 가로입력란에 수치를 입력하면 원본의 가로 세로 비율에 맞춰서 세로 크기가 자동으로 나타납니다. 스케일" 버튼을 클릭하면 설정된 크기 대로 이미지가 잘리고 저장되며 이미지 비례 링크 바로 아래에 원본 이미지 복구 링크가 나타납니다.

그림 3-40 이미지 비례

업데이트 버튼을 클릭하면 파일 사이즈와 넓이가 변경됩니다. 앞으로 이 이미지를 사용할 경우 위 사이즈의 이미지가 사용되는데 원래의 크기로 다시 복구할 수도 있습니다.

그림 3-41 원본 이미지 복구

미디어 라이브러리에서 같은 이미지를 편집 화면으로 불러오면 파일 크기가 변경된 것으로 나타납니다. 하지만 원본 이미지 복구 링크가 살아있습니다. 이를 클릭하면 이미지 복원 버튼이 있고 이 버튼을 클릭하면 원래의 이미지 크기로 돌아오며 업데이트 버튼을 클릭하면 파일 사이즈와 넓이도 복원됩니다. 원본 이미지 복구가 가능한 이유는 실제 원본 이미지는 그대로 있고 수정된 이미지가 별도의 파일이름으로 관리되기 때문입니다.

이미지 회전, 이미지 뒤집기

자르기 아이콘 우측에는 이미지 회전, 이미지 뒤집기 아이콘이 있고 그다음이 되돌리기, 다시하기 아이콘입니다. 이미지는 시계 방향, 반 시계 방향으로 회전할 수 있습니다. 이미지 뒤집기는 수평, 수직 방향으로 이미지를 뒤집을 수 있습니다. 되돌리기는 이전 작업을 취소하며, 다시하기는 취소한 것을 원상 복구합니다. 이미지 편집이 끝나면 저장하기 버튼을 클릭합니다. 이미지를 저장하면 이미 사용된 글에는 반영이 안 되고 미디어 라이브러리에 저장됩니다.

∩৪ 비디오, 오디오 파일 올리기

비디오, 오디오 파일은 동영상, 음악파일이나 음성 녹음 파일 등을 올릴 수 있으며, 블로그 화면에서 플레이어가 나오지 않고 링크가 나타납니다. 이 링크를 클릭하면 플레이어가 나타나면서 실행됩니다. 미디어 업로더는 모든 미디어를 올릴 수 있으므로 새 글쓰기 화면에서 미디어 추가 버튼을 클릭해서 이미지 업로드 방법과 마찬가지로 파일을 업로드합니다.

내 컴퓨터에서 비디오나 오디오 파일을 올릴 때, 파일의 용량이 큰 경우 웹 호스팅에서 최대 파일 업로드 용량을 제한하고 있습니다. 파일 용량은 최대 파일 업로드 용량과 최대 포스트 사이즈가 있으며 이들 중 작은 수치가 최대로 업로드 할 수 있는 용량입니다. 이는 호스팅 업체마다 다릅니다. 이 밖에도 워드프레스로 다중 사이트를 운영하면 최고 관리자가 최대 파일 업로드 용량을 제한할 수 있습니다.

파일 업로드 용량의 제한을 받더라도 관리자는 파일질라를 이용해 서버에 파일을 업로드 할 수 있으므로 꼭 필요한 경우에는 다음과 같은 방법으로 대용량 파일을 올리고 글에 첨부할 수 있습니다.

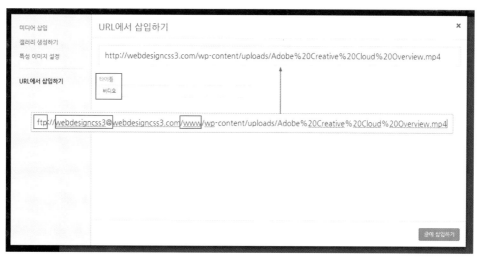

그림 3-42 대용량 미디어 업로드

1. 파일질라를 열고 미디어 파일을 wp-content 〉 uploads 폴더에 업로드 합니다.
2. 업로드 한 파일을 대상으로 마우스 오른쪽 버튼을 클릭한 후 메뉴에서 "클립보드로 URL복사"를 클릭합니다.

3. 새 글쓰기 화면에서 미디어 추가를 클릭한 후 업로더 창이 나오면 "URL에서 삽입하기" 링크를 선택하고 입력 상자에 URL을 붙여넣습니다.

4. ftp URL과 http URL은 형태가 다르므로 필요 없는 부분을 제거하고 맨 앞의 ftp를 http로 수정합니다.

5. 타이틀을 입력한 뒤 글에 삽입하기 버튼을 클릭하면 본문에 링크가 만들어집니다.

공개하기 버튼을 클릭해서 발행하고 블로그 화면에서 본문의 미디어 제목 링크를 클릭하면 까만 화면에 플레이어가 나오고 실행됩니다. 워드프레스는 자체 미디어 플레이어를 지원하지 않으므로 링크만 나오며, 링크를 클릭하면 다른 화면에서 실행됩니다. 비디오 파일은 비디오 화면도 함께 나옵니다.

그림 3-43 내 서버의 미디어 실행

∩9 유튜브 동영상 사용하기

비디오 파일은 대부분 위와 같은 방법을 사용하지 않고 유튜브를 이용합니다. 유튜브는 구글 계정만 있으면 누구든지 사용할 수 있고, 15기가의 용량도 업로드 할 수 있습니다. 이에 관해서는 제 블로그 글(http://martian36.tistory.com/1272)을 참고하고, 여기서는 유튜브를 가져오는 방법을 알아보겠습니다.

그림 3-44 유튜브 소스코드

유튜브 동영상이 보이는 곳에서 공유 메뉴를 선택하고 동영상 공유 메뉴가 활성화된 상태에서 아래 URL을 복사합니다. 소스코드 메뉴의 약간 긴 URL을 사용해도 되지만 새 글쓰기 화면에서 텍스트 탭에 붙여넣어야 합니다.

그림 3-45 유트브 소스코드 붙여넣기

글 편집 화면에서 비주얼이나 텍스트 탭에 URL을 붙여넣고 미리보기를 클릭하면 동영상이 나타납니다.

10 라이트박스에 유튜브 동영상 사용하기

이미 설치한 라이트박스를 이용해서 유튜브 동영상 실행 시 라이트박스에서 실행되게 하는 방법을 알아보겠습니다.

그림 3-46 유튜브 동영상 스크린샷 캡처

우선 유튜브 동영상에서 원하는 프레임을 정지시키고 캡처 프로그램을 사용해서 이미지를 캡처 합니다. 프로그램은 그린샷을 추천합니다(http://martian36.tistory.com/1047). 위 이미지를 워드프레스에 업로드하고 글에 삽입합니다.

그림 3-47 소스코드 수정

텍스트 탭을 선택하면 코드가 나타납니다. 이곳에서 href 속성의 URL을 수정하고 클래스 선택자만 추가하면 됩니다.

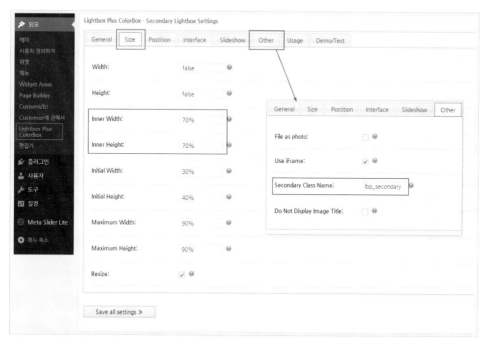

그림 3-48 라이트박스 수정 및 선택자 복사

외모 → Lightbox Plus Colorbox를 선택하고 Secondary Lightbox Settings에서 Size탭을 선택해 크기를 수정합니다. 그다음 Other 탭을 선택하고 Secondary Class Name의 클래스 선택자를 복사합니다.

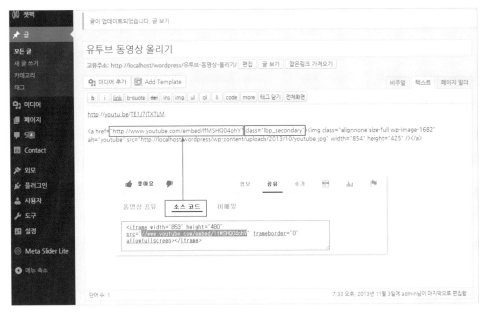

그림 3-49 유튜브 URL 수정 및 선택자 삽입

a 태그의 URL 다음에 한 칸 띄고 class="lbp_secondary"를 입력한 다음 URL은 유튜브 페이지의 소스코드를 선택해 URL 부분만 붙여넣습니다. 저장한 다음 사이트에서 이미지를 클릭하면 팝업창에 유튜브 동영상이 나타납니다.

그림 3-50 유튜브 실행 확인

처음 나타나는 이미지도 캡처한 이미지로 나타납니다. 유튜브 동영상은 중앙의 빨간색 플레이 버튼이 특징이죠. 그래서 위 이미지를 다시 캡처해서 이전에 사용한 이미지와 교체하는 것도 좋겠습니다.

웹 호스팅 팁

이용 중인 웹 호스팅 회사에서 서버에 어떤 설정을 해뒀는지 일일이 웹 호스팅 회사에 문의하기는 번거롭습니다. 하지만 간단한 파일을 하나 만들어 파일질라를 이용해 루트 디렉터리에 업로드한 후 이 파일을 실행하면 서버의 설정 정보를 알 수 있습니다.

텍스트 편집기에 다음과 같은 코드를 입력하고 파일명을 test.php로 저장한 다음, 파일질라로 서버의 루트에 이 파일을 업로드합니다. 내 컴퓨터에서 wordpress 폴더에 추가하고 실험해도 됩니다.

```
<?php phpinfo(); ?>
```

인터넷 주소창에서 내 도메인/test.php를 입력하면 서버 설정 정보가 다음과 같은 형식으로 나옵니다. Ctrl+F 키를 눌러 검색창에 max를 입력하면 최대 용량과 관련된 내용이 나오는데, 제 사이트의 경우 최대 파일 업로드 용량이 20MB이고 최대 포스트 용량은 30MB입니다. 이 밖에도 아파치 서버의 설정에서 어떤 모듈이 활성화돼 있는지 module로 검색하면 나옵니다. 열에서 우측이 마스터 설정이고 좌측이 로컬, 즉 내 서버 설정입니다. 이러한 서버 설정은 변경이 가능한 경우 호스팅 회사에 요청하면 되지만 안 되는 경우도 있습니다. 제 경우에는 최대 업로드 용량을 늘릴 수 없었고 다중 사이트를 사용했을 때 서브 도메인이 가능한지 문의했는데 사용할 수 없었습니다. 서브 도메인을 사용하려면 서버 설정을 수정해야 하므로 단독 서버를 운영할 때에만 가능합니다.

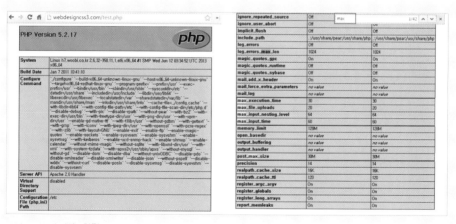

그림 3-51 phpinfo 화면

카테고리와 태그 06

블로그에 글을 올리다 보면 처음에는 글이 별로 없어서 글을 종류별로 분류할 필요를 못 느낍니다. 하지만 점차 글의 수가 늘어나면 자신이 쓴 글인데도 찾으려면 한참 걸리고 그제야 글을 분류해야겠다는 생각이 들죠. 워드프레스는 이러한 글의 분류를 위해 다양한 형태의 옵션을 제공합니다. 워드프레스에서 글을 작성하면 기본적으로는 시간상 역순으로 분류해놓습니다. 즉, 가장 나중에 쓴 글이 맨 첫 페이지에 보이게 됩니다. 글은 연도별, 월별, 일자별로 분류되며, 검색 입력란에 검색어를 이용해 찾을 수도 있습니다.

가장 보편적으로 사용하는 방법은 글과 관련된 주제를 카테고리로 정한 다음, 주제에 해당하는 글을 이 카테고리에 포함하는 방법입니다. 또한, 글에 나오는 키워드를 태그로 지정하면 해당 태그에 속하는 모든 글을 모아서 볼 수 있습니다. 이처럼 카테고리와 태그는 글 작성자나 방문자가 글을 찾기 쉽게 만드는 방법이지만 검색엔진 최적화를 위해서도 필요합니다. 정리가 잘된 카테고리와 태그는 검색 엔진 목록에 포함되어 검색 순위에서 상단에 올리는 데 도움이 됩니다.

01 카테고리

워드프레스에서 카테고리는 글의 주제를 의미합니다. 예를 들어, 내 블로그에 맛집에 관한 글이 있다면 "맛집"은 카테고리가 되고 내 글의 주제가 됩니다. 카테고리는 상하관계를 지정할 수 있으므로 하위 카테고리를 만들 수 있으며, 맛집이 상위 카테고리라면 "강남구 맛집"은 하위 카테고리가 됩니다. 이 주제는 정하기 나름이라서 맛집의 하위 카테고리로 "삼겹살"이 될 수도 있습니다. 어떤 카테고리든 주제가 될 수 있지만, 해당 카테고리를 선택했을 때 보이는 글은 항상 주제에서 벗어나지 말아야 방문자에게 혼란을 주지 않습니다.

워드프레스를 처음 시작하면 카테고리가 없는 것으로 생각되지만, 기본 카테고리가 있습니다. 워드프레스를 설치하고 나면 자동으로 글이 만들어지고 "안녕하세요"라는 제목의 글을 처음 접하게 되는데 모든 글은 카테고리가 있어야 하므로 "미분류"라는 카테고리가 만들어져 있고 워드프레스에 의해 자동으로 생성된 첫 글은 미분류 카테고리로 분류됩니다. 마찬가지로 글을 작성한 후 카테고리를 선택하지 않고 저장하면 미분류 카테고리로 분류됩니다. 그러므로 "미분류" 카테고리는 워드프레스의 기본 카테고리라고 할 수 있습니다.

02 새 카테고리 만들기

워드프레스에서 카테고리는 새 글쓰기에서 글을 작성하면서 만들 수도 있고 글을 쓰기 전에 카테고리 메뉴에서 미리 만들어 놓을 수도 있습니다.

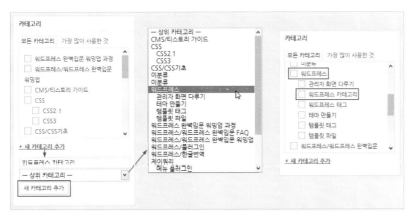

그림 3-52 새 글쓰기 화면에서 카테고리 만들기

새 글쓰기 화면에서는 카테고리 메타 박스에서 "새 카테고리 추가" 링크를 클릭하면 입력란이 나타나고 상위 카테고리를 선택할 수 있습니다. 카테고리를 입력하고 상위 카테고리를 정하면 카테고리의 상하관계가 설정됩니다. 새 카테고리 추가하기 버튼을 클릭하면 카테고리가 추가되지만, 슬러그나 설명을 입력할 난이 없어서 대부분의 경우는 이 화면에서는 기존에 있는 카테고리를 선택할 때 사용합니다. '가장 많이 사용함' 탭을 클릭하면 이전에 사용한 카테고리를 선택할 수 있습니다.

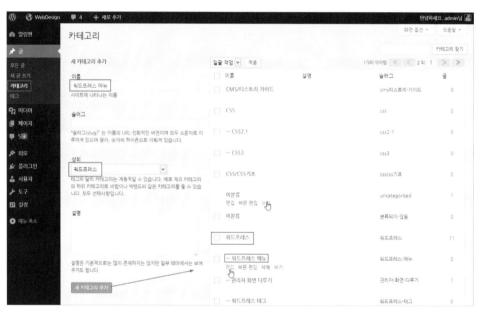

그림 3-53 카테고리 화면에서 카테고리 만들기

새 카테고리를 미리 입력해 놓을 경우 주 메뉴에서 글 → 카테고리 메뉴를 선택하면 슬러그와 설명을 입력할 수 있습니다. 이 화면에서 새 카테고리 추가하기 버튼을 클릭하면 우측의 카테고리 목록에 추가되는 것이 보입니다. 카테고리 목록에 마우스를 올리면 카테고리 이름 밑에 링크 메뉴가 나타납니다. 두 개의 "미분류" 카테고리 중에 체크박스와 삭제 링크가 없는 것은 기본 카테고리이기 때문입니다. 목록 우측의 숫자는 글에서 사용된 카테고리의 수이며 만약 이 카테고리를 삭제하면 여기에 포함된 글이 삭제되는 것이 아니라 기본 카테고리인 "미분류"로 재분류됩니다.

"설명" 부분은 주로 관리자가 참고하기 위한 것인데, 어떤 테마는 카테고리에 마우스를 올렸을 때 설명 내용이 보이면서 방문자에게 해당 카테고리에 관한 정보를 제공하기도 합니다.

03 카테고리 이름 변경하기

카테고리의 이름을 변경하면 해당 카테고리에 있던 글의 카테고리도 모두 변경됩니다. 기존에 있던 카테고리로 변경은 할 수 없으며, 새 카테고리 이름을 만들고 새로 분류해야 합니다. 기존의 카테고리 이름을 사용하면 변경은 되지만 기존의 슬러그 이름을 사용할 수 없으며, 두 개의 같은 이름의 카테고리가 존재하므로 혼동됩니다. 기존의 카테고리로 글을 이동하려면 주 메뉴에서 글 → 모든 글을 선택한 후 빠른 편집을 선택해서 개별 글에 대해 카테고리를 변경해야 합니다. 이 부분에 대해서는 "모든 글 화면"에서 알아보고 여기서는 카테고리 이름을 변경하는 방법을 알아보겠습니다.

그림 3-54 카테고리 편집

주 메뉴에서 글 → 카테고리를 클릭하고 우측의 카테고리 목록에 마우스를 올리면 링크 메뉴가 나타납니다. 편집이나 제목을 클릭하면 편집 화면으로 이동하고 빠른 편집을 클릭하면 바로 아래에 제목과 슬러그만 편집할 수 있는 창이 나오며 보기를 클릭하면 해당 카테고리의 글을 볼 수 있는 블로그 화면이 나타납니다. 제목을 클릭해서 편집 화면으로 이동합니다. 이름을 변경하고 슬러그를 입력합니다. 슬러그는 인터넷 주소창에 나타나는 글자이므로 가능한 한 짧게 표시합니다. 하이픈을 넣지 않아도 공백을 두면 자동으로 생깁니다. 위에서 상위 카테고리를 선택하면 편집하고 난 후에 카테고리 목록에서 하위 카테고리를 나타내기 위해 상위 카테고리의 아래에 제목이 우측으로 들어간 상태로 나타납니다. 설명도 입력할 수 있으며, 편집을 완료하면 업데이트 버튼을 클릭합니다.

∩/ 글을 다른 카테고리로 이동

어떤 카테고리의 글을 다른 카테고리로 이동하려면 모든 글 편집 화면에서 개별적으로 수정해야 하지만 일괄 처리를 할 수 있습니다. 다만 일괄 처리를 하면 카테고리가 추가될 뿐이고 이전의 카테고리는 그대로 존재하므로 이동이라기보다는 카테고리 추가에 해당합니다.

그림 3-55 글 카테고리 이동

글 하나의 카테고리 변경: 주 메뉴에서 글 → 모든 글을 선택합니다. 글 하나의 카테고리를 변경하려면 목록에서 빠른 편집을 선택한 다음 창이 바뀌면 카테고리 목록에서 미분류에서 체크 해제하고 새로운 카테고리에 체크한 뒤 업데이트를 클릭합니다.

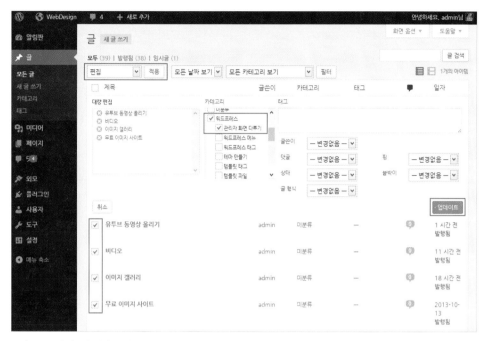

그림 3-56 카테고리 일괄 수정

여러 개의 글을 한 번에 변경: 현재 미분류로 된 글을 글 목록에서 좌측 끝의 여러 개의 체크박스에 체크한 다음, 상단의 일괄 처리 드롭다운 목록에서 편집을 선택합니다. 오른쪽의 적용 버튼을 클릭하면 체크한 글 목록이 "대량 편집"에 나타나고 카테고리에서 원하는 카테고리를 선택한 다음 업데이트 버튼을 클릭하면 됩니다. 현재까지는 카테고리가 추가될 뿐이고 이전 카테고리는 제거되지 않으므로 글이 세 개의 카테고리에 속하게 됩니다.

그림 3-57 카테고리 제거

이전의 카테고리를 제거하려면 개별 글에서 빠른 편집을 선택합니다. 카테고리 항목에 두 개의 카테고리에 체크돼 있는데, 제거하려는 항목에 체크 해제한 다음 업데이트를 클릭하면 됩니다.

∩5 태그

카테고리가 주제를 기준으로 분류된다면 태그는 소주제(micro category)로 분류된다고 할 수 있습니다. 글의 키워드는 소주제이고 글에는 많은 키워드가 있을 수 있으며, 글에 나오지 않더라도 관련 글과 연결하기 위해 관련 글의 키워드를 포함할 수 있으므로 태그는 원하는 만큼 삽입할 수 있습니다.

태그와 카테고리의 차이점은 카테고리는 상위 카테고리를 설정할 수 있지만, 태그는 상, 하위 태그라는 개념이 없습니다. 사이드바에 태그 클라우드 위젯을 배치해서 태그 목록에 있는 태그를 선택하거나 글의 하단에서 해당 글의 태그 목록 중 하나를 클릭하면 해당 태그를 포함한 모든 글을 볼 수 있습니다.

∩6 태그 만들기

태그를 만드는 방법은 카테고리를 만드는 방법과 비슷하지만, 미리 만들어 두는 방법보다는 글 작성 시 글 내용 중 키워드를 추출해서 만드는 것이 좋습니다. 새 글쓰기 화면에서 태그 메타 박스를 사용해 태그를 만들면 한번에 여러 개의 태그를 만들 수 있지만, 태그 만들기 화면에서는 하나씩만 만들 수 있습니다. 다만 이 화면에서 만들면 슬러그와 설명을 추가할 수 있습니다.

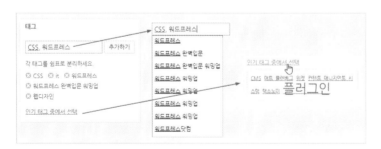

그림 3-58 새 글쓰기에서 태그 추가

새 글쓰기 화면에서 글 작성 후 태그 메타 박스에서 태그를 콤마로 분리해서 원하는 만큼 입력한 다음, 오른쪽의 추가하기 버튼을 클릭하면 아래 목록에 추가됩니다. 각 태그의 이름 앞에 있는 X 아이콘을 클릭하면 제거됩니다. "인기 태그 중에서 선택" 링크를 클릭하면 그 동안 사용한 태그 목록을 볼 수 있습니다. 새 글쓰기 화면에서 태그를 만들더라도 글을 발행해야 태그 목록에 추가됩니다.

그림 3-59 태그 화면에서 태그 추가

주 메뉴의 글 → 태그를 클릭하면 태그를 추가하거나 편집할 수 있는 화면이 나타납니다. 카테고리 만들기 화면과 다른 점은 태그를 만들어 사용하고 나면 "새 태그 추가" 항목 위에 기존에 사용한 태그 목록이 클라우드 형태로 나타납니다. 또한 상, 하위 태그가 없으므로 상위 항목이 나타나지 않습니다. 새 태그 추가에서 이름, 슬러그, 설명을 입력하고 새 태그 추가 버튼을 클릭하면 태그가 만들어집니다.

태그 목록의 하단을 보면 "태그에서 카테고리 변환기" 링크가 있는데, 카테고리 만들기 화면의 카테고리 목록에도 "카테고리에서 태그 변환기"가 있습니다. 카테고리와 태그가 글의 분류 기능이라는 점에서 같은 작업을 하므로 이 둘 간의 변환이 가능해서 별도의 플러그인을 설치하면 변환을 할 수 있습니다. 이 링크를 클릭하면 바로 변환하는 것이 아니라 변환기 플러그인을 설치하는 페이지로 이동합니다.

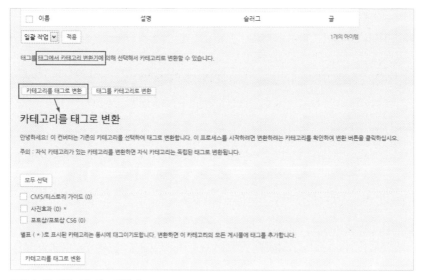

그림 3-60 카테고리, 태그 변환기

태그와 카테고리를 서로 변환해서 사용하는 경우가 있을지는 모르지만 자세한 설명은 생략
하고 이 링크를 클릭하면 가져오기 페이지로 이동하며, 태그 카테고리 변환기 링크를 클릭하
면 플러그인 설치 화면이 나타납니다. 잘 사용하지는 않는지 업데이트된 지 오래됐습니다.

"지금 설치하기"를 클릭해서 설치한 후, 하단에서 "플러그인을 활성화 & 가져오기 도구 실
행" 링크를 클릭하면 다음과 같은 화면이 나옵니다. 상단에 두 개의 버튼이 있어서 둘 중 하
나를 클릭하면 카테고리와 태그를 상호 변경할 수 있는 페이지가 나타납니다. 원하는 곳에
체크하거나 모두 선택 버튼을 클릭하고 하단에서 버튼을 클릭하면 변환됩니다.

요약 메타 박스와 특성 이미지 07

01 요약

요약은 말 그대로 글 내용을 간추려서 요약한 내용을 적어 넣는 곳입니다. 더보기 기능과 비슷하지만 더보기는 글 내용의 처음부터 시작해 더보기 태그가 있는 곳까지 나타나고 이미지가 포함돼 있으면 이미지도 나타나는 데 반해 요약은 글 요약만 나타납니다. 요약은 기본적으로 글 화면에 나타나는 것이 아니라 RSS 피드 페이지에서 글의 요약으로 나타나거나 모든 글 화면에서 요약 아이콘을 클릭하면 나타납니다. 요약 글은 기본적으로 55개의 단어가 나타나게 돼 있고 요약란에 입력하지 않은 경우 글의 처음부터 55개의 단어가 나옵니다.

더보기를 사용할 경우 글의 요약이 아니라 글 일부를 나타내고, 더보기를 원할 경우 계속 읽기를 유도하는 기능이지만 요약은 글의 요지를 입력해서 글 전체의 내용을 간략하게 표시하기 위한 기능입니다.

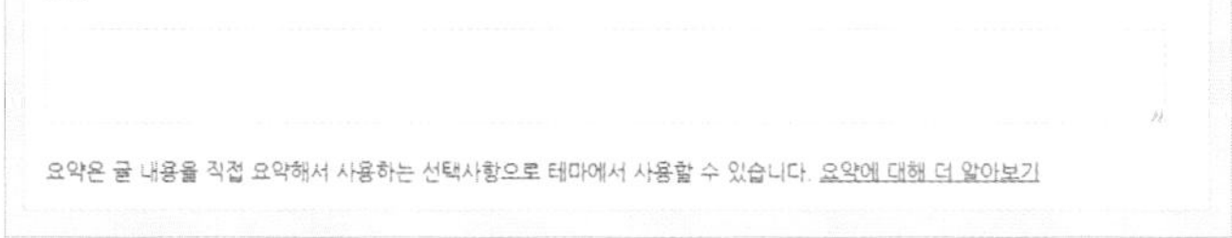

요약

요약은 글 내용을 직접 요약해서 사용하는 선택사항으로 테마에서 사용할 수 있습니다. 요약에 대해 더 알아보기

그림 3-61 요약 메타 박스

요약 글은 주 메뉴의 모든 글 화면에서 요약 보기 아이콘을 클릭하면 글 제목 아래에 나타납니다.

그림 3-62 모든 글 화면의 요약 글

블로그 글 화면에서 요약 글이 나오고 썸네일 이미지가 나오게 하는 방법은 대부분 블로그에서 사용하는 방법인데, 요약 기능과 다음 절에 나오는 특성 이미지 기능을 이용해 이 기능을 코드에 추가하자면 복잡하지만, 플러그인을 사용하면 간편하게 설치해서 구현할 수 있습니다. 이 방법을 사용하면 페이지 뷰(Page View)를 높일 수 있어서 블로그 평가에 도움이 되고 글 로딩 시간을 줄일 수 있습니다.

○2 특성 이미지

특성 이미지는 블로그 글에서 대표적인 이미지로 사용하기로 선택한 이미지를 의미합니다. 워드프레스 버전 2.9에 처음 도입될 때는 명칭이 글 썸네일(Post Thumbnail)이었지만 글뿐만 아니라 페이지에도 사용될 수 있으므로 특성 이미지로 바뀌었습니다. 특성 이미지는 테마에 따라 활성화돼 있지 않을 수도 있고 활성화되어 글쓰기 화면에서 메타 박스가 나오더라도 특정 코드를 삽입해야 사용 가능할 수도 있습니다. 즉, 테마에 따라 사용 방법이 다릅니다. 기본 테마 중에 Twenty Eleven 같은 경우는 특성 이미지를 설정하더라도 글에 나타나지 않습니다. 이를 표시하려면 특성 이미지를 출력할 수 있는 템플릿 태그를 사용해야 합니다. 기본 테마인 Twenty Fourteen에는 글 상단 이미지로 사용할 수 있게 돼 있어서 특성 이미지를 삽입하면 글 상단에 추가됩니다. 사용법을 알아보면 다음과 같습니다.

그림 3-63 특성 이미지

모든 페이지의 페이지 목록에서 하나의 글을 선택해 편집 링크를 클릭하고 페이지 편집 화면으로 들어옵니다. 특성 이미지 메타 박스의 특성 이미지 설정 링크를 클릭합니다. 미디어 라이브러리에서 임의의 이미지를 선택한 다음 하단에서 특성 이미지 설정 버튼을 클릭하면 특성 이미지가 삽입됩니다. 미리보기 변경 버튼을 클릭하면 페이지가 나타납니다.

그림 3-64 기본 테마의 특성 이미지

제목 위에 특성이미지가 나타나며 페이지뿐만 아니라 글에도 같은 방식으로 특성 이미지를 설정할 수 있습니다.

∩3 요약과 특성이미지 활용

특성 이미지는 요약과 함께 사용하면 첫 페이지에 블로그에서 많이 사용하는 블로그 목록을 만들 수 있습니다. 블로그 목록은 글 제목과 대표 이미지가 나오고 간략하게 글의 내용이 나와서 방문자로 하여금 글을 더보기 위해 제목을 클릭하거나 계속 읽기 링크를 클릭하게 해서 페이지 뷰를 높일 수 있는 방법입니다. 앞에서 말했듯이 플러그인을 사용하면 간단하게 구현할 수 있고, 전체 블로그 글에 대해 한 번에 설정할 수 있습니다. 워드프레스에서 이 두 가지 기능을 이용하는 방법을 알아보기 위해 실제 코드를 삽입해서 만들어 보겠습니다.

블로그 목록을 사용하려면 주 메뉴 → 설정 → 읽기에서 "페이지당 보여줄 글의 수"에서 목록으로 나타날 개수의 수(10개)를 입력해야 합니다.

여러 개의 파일을 열어야 하므로 서브라임 텍스트 편집기를 사용하겠습니다.

그림 3-65 서브라임 텍스트에서 프로젝트 폴더 선택

편집기를 열고 File → Open Folder를 선택하면 브라우저 창이 나타납니다. 워드프레스가 설치된 경로를 따라서 twentyfourteen 폴더까지 간 다음 폴더 선택 버튼을 클릭합니다.

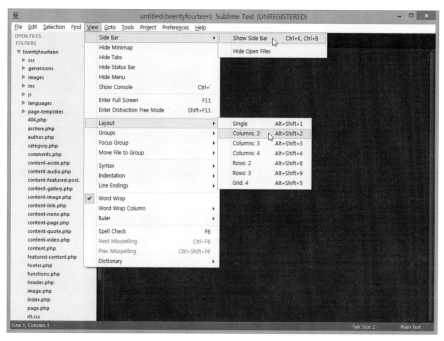

그림 3-66 사이드바 보이기와 칼럼 선택

사이드바에 테마 파일이 나타납니다. 사이드바가 안 보이면 View → Side Bar → Show Side Bar를 선택합니다. 단축키도 알아두세요. 편집화면을 나누려면 View → Layout에서 선택합니다. 주로 Column 2를 사용합니다. 스킨을 변경하려면 메뉴에서 Preferences → Color Scheme을 선택하면 여러 가지가 있으며 위 스킨은 Monokai입니다.

워드프레스에서 글의 내용을 데이터베이스에서 추출해서 페이지에 표시하는 역할은 테마마다 다르지만, 기본 테마인 Twenty-Fourteen에서는 content.php에서 담당합니다. 이전의 기본 테마인 Twenty-Ten에서는 loop.php에 같은 코드가 있습니다. 여기서는 Twenty-Fourteen 테마를 예로 들어 설명하겠습니다.

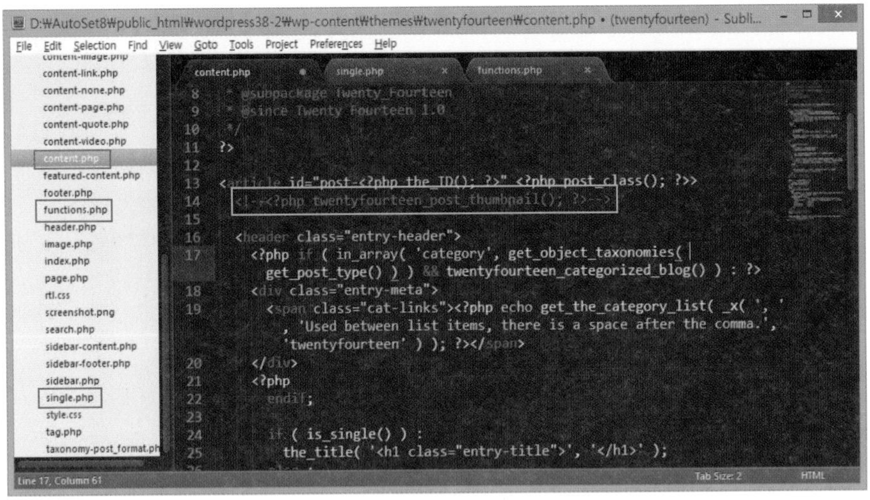

그림 3-67 테마 특성 이미지 비활성화

편집기의 사이드바에서 content.php 파일을 더블클릭하면 텍스트 편집기에서 파일이 열립
니다. 3개의 파일을 편집할 것이므로 functions.php, single.php 파일을 더블클릭해서 열
어놓습니다. 상단에서 〈?php twentyfourteen_post_thumbnail(); ?〉를 그림처럼 양쪽에
〈!--와 --〉를 추가해서 비활성화합니다. 이 코드는 글의 상단에서 Twenty Fourteen 테
마만의 썸네일을 가져오는 역할을 합니다. 아래에서 다른 썸네일을 사용할 것이므로 비활성
화한 것입니다. 실험 후에는 다시 원상복구 하세요.

그림 3-68 테마 글 출력 코드 비활성화

Ctrl+F 키를 누르면 하단에 검색창이 나오는데, entry-content를 입력하고 검색하면 52번째 줄의 검색어가 하이라이트 됩니다. 녹색 상자 부분의 코드를 〈!--와 --〉를 추가해서 비활성화합니다.

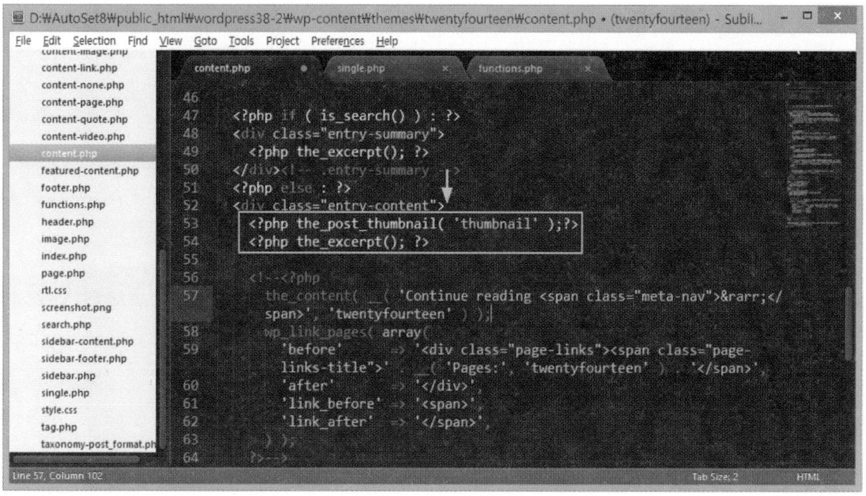

그림 3-69 특성 이미지와 요약 글 출력 코드 추가

〈div class="entry-content"〉 마지막에 커서를 두고 엔터 키를 친 다음 빈 줄에 다음과 같은 코드를 입력합니다.

```
<?php the_post_thumbnail( 'thumbnail' );?>
<?php the_excerpt(); ?>
```

위 코드의 구성에 대해서는 별도의 박스에서 설명하기로 하고 우선 이 코드의 기능에 대해 설명하자면 the_post_thumbnail()은 특성 이미지를 사용하겠다는 워드프레스의 명령어입니다. 워드프레스에서는 이러한 코드를 아주 많이 사용하는데 정식 명칭은 "템플릿 태그(Template Tag)"라고 합니다. 워드프레스가 사용하는 프로그래밍 언어인 PHP에서는 데이터베이스에서 데이터를 조합하거나 스스로 계산해서 어떤 결과를 보여주는 기능을 함수(function)가 담당합니다. function은 영어로 "기능"이라는 뜻이죠. 워드프레스는 워드프레스만의 고유의 함수를 만들어 사용하는데, 이를 템플릿 태그라고 합니다.

괄호 안에 들어가는 것은 매개변수(Parameter)로서 여기서는 thumbnail이 지정돼 있습니다. 이것은 주 메뉴 → 설정 → 미디어 설정에서의 썸네일 이미지의 크기입니다. 기본적으로 가로, 세로 150픽셀로 돼 있죠. 좀 더 큰 사이즈인 medium을 입력하면 대표 이미지가 300×300 픽셀의 크기로 나타납니다.

그다음 줄의 또 다른 템플릿 태그인 〈?php the_excerpt( ); ?〉은 요약 글을 가져오는 기능을 합니다. 비활성화한 그다음 줄의 〈?php the_content( ); ?〉은 블로그 전체 글을 가져오는 탬플릿 태그입니다. 매개변수가 추가돼 있어서 좀 복잡해 보입니다. 이 태그는 그대로 놔두면 요약 글과 전체 글이 동시에 나오므로 비활성화한 것입니다. 이를 다른 곳에 붙여넣어야 합니다.

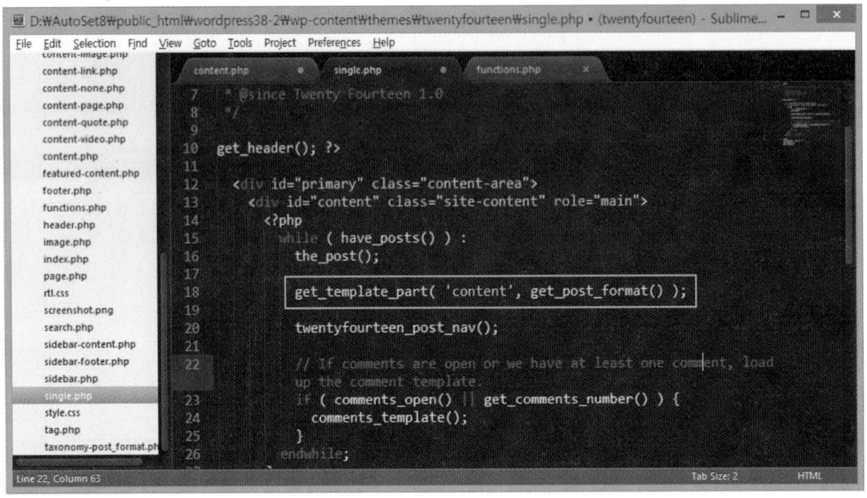

그림 3-70 싱글 페이지의 코드 수정

single.php 파일을 클릭해서 열고 18번째 줄을 보면 get_template_part( )라는 템플릿 태그가 있습니다. 현재 베타버전이므로 줄 번호는 달라질 수 있습니다. 이 템플릿 태그는 괄호 안에 있는 파일을 불러오는 기능을 합니다. content가 있으니 content.php 파일을 불러오게 됩니다. 그런데 이미 content.php에는 요약 글을 불러오도록 변경을 했으니 그대로 두면 안되겠죠. 그래서 위 코드를 제거하고 이전 파일에서 비활성화 한 코드를 붙여넣습니다. 제목을 나타내기 위해 〈?php the_title( ); ?〉도 추가해주고 스타일을 만들어주기 위해서 다음과 같이 템플릿 태그를 감싸는 div 태그를 만들어줍니다.

```
<div class="entry-content">
  <h1 class="entry-title"><?php the_title(); ?></h1>
```

```
<?php the_content( __( 'Continue reading <span class="meta-nav">&rarr;</span>',
'twentyfourteen' ) ); ?>
</div>
```

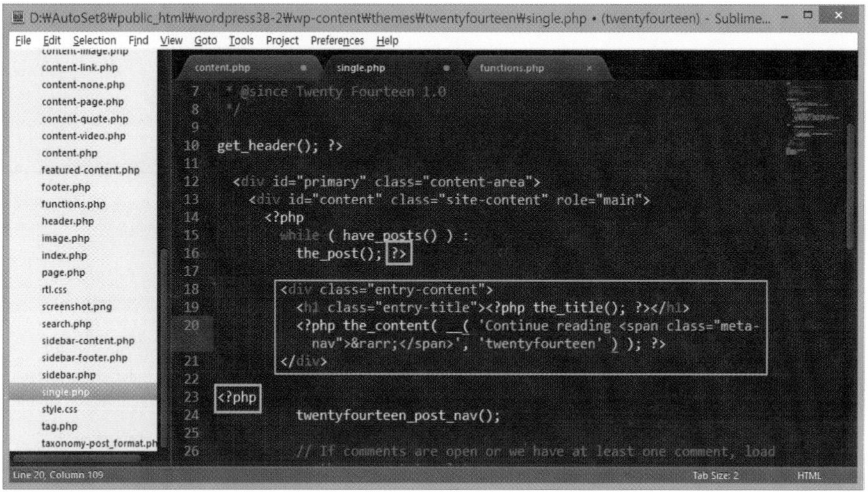

그림 3-71 php 코드의 추가

PHP 코드는 HTML 코드와 함께 사용되는데 서로 분리해줘야 하므로 HTML 코드 이전에는
?>를 추가하고 이후에는 <?php를 추가해줍니다.

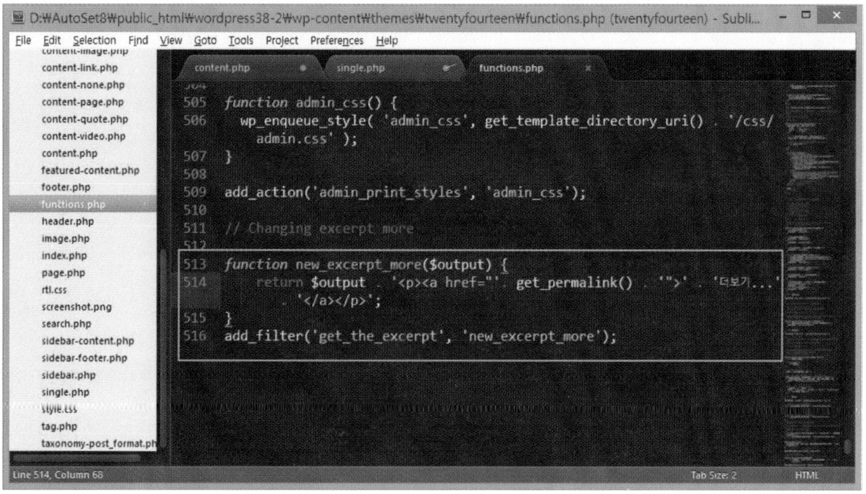

그림 3-72 더보기 링크 추가

functions.php 파일의 하단에는 다음의 코드를 추가합니다. 이것은 요약 글 하단에 더보기 링크를 만드는 함수입니다. 클릭하면 전체 글 페이지로 이동합니다.

```php
function new_excerpt_more($output) {
    return $output . '<p><a href="'. get_permalink() . '">' . '더보기...' . '</a></p>';
}
add_filter('get_the_excerpt', 'new_excerpt_more');
```

그림 3-73 스타일 시트 수정

다음으로 style.css 파일을 열고 하단에서 다음 코드를 입력합니다. 요약 글과 같이 있는 특성 이미지에는 .attachment-thumbnail라는 선택자가 추가됩니다. 이 이미지에 대해서는 좌측으로 배치하고 우측 마진을 20픽셀 설정해서 요약 글과 간격을 두게 하는 것입니다.

```css
.entry-content img.attachment-thumbnail { float:left; margin-right: 20px;}
```

여기까지 작업하고 편집기 메뉴에서 File → Save All을 선택하면 모두 저장됩니다.

그림 3-74 공유 버튼을 상단에 나타나지 않도록 설정

마지막으로 ShareThis 플러그인을 설정할 때 상단과 하단에 공유 버튼이 나타나도록 했으면 상단에는 나타나지 않도록 설정하고 저장합니다.

그림 3-75 사이트에서 확인

사이트에서 사이트 제목을 클릭하면 홈페이지로 이동하며 여러 개의 글이 나타납니다. 그 동안 연습하느라고 제대로 된 글이 없지만 가져오기 한 글을 보면 위처럼 나타납니다. 제목이나 더보기 링크를 클릭하면 전체 글이 있는 single 페이지로 이동합니다. 위 글은 특성 이미지를 설정한 상태에서 저장된 것이므로 이와 같은 형태를 만들려면 항상 특성 이미지를 설정해야 합니다.

이전에는 위와 같이 썸네일 이미지가 좌측에 있고 우측에 요약 글이 있는 형태의 레이아웃을 많이 사용했는데 요즘은 모바일 기기의 영향으로 좌우 배치가 아닌 상하 배치를 사용하는 추세입니다. 그래서 content.php 파일에서 추가한 ⟨?php the_post_thumbnail('thumbnail');?⟩ 코드를 제거하고 비활성화한 ⟨?php twentyfourteen_post_thumbnail(); ?⟩ 코드를 활성화합니다.

그림 3-76 Twenty Fourteen의 특성 이미지

그러면 위와 같이 Twenty Fourteen의 썸네일 이미지가 나타나며 적절한 레이아웃으로 만들어집니다.

그림 3-77 Twenty Fourteen의 반응형 디자인

Twenty Fourteen 테마의 좋은 점은 모바일에 최적화돼 있다는 점입니다. 웹 브라우저 폭을 줄이면 좌측 사이드바가 하단으로 이동하고 더 줄이면 우측 사이드바도 이동하며 스마트폰 크기에서는 작은 썸네일 이미지와 제목만 나타나는 크기로 변경됩니다.

PHP 팁

워드프레스에서 사용하는 프로그래밍 언어는 PHP이므로 워드프레스의 파일에서 PHP 코드가 많이 나옵니다. HTML 코드가 각진 괄호 ◇를 사용하듯이 PHP도 정해진 규칙이 있습니다. 다음과 같이 PHP 코드는 여는 각진 괄호와 물음표, php로 시작하고 마지막에는 세미콜론과 물음표, 닫는 각진 괄호로 끝납니다.

```
<?php the_post_thumbnail( 'thumbnail' ); ?>
```

워드프레스를 이해하고 원하는 대로 블로그를 만들려면 PHP를 많이 알 필요는 없지만, 위와 같은 코드가 PHP 코드라는 사실을 알아두면 테마 수정과 관련된 내용에 익숙해질 것입니다. 워드프레스의 템플릿 태그는 영어로 돼 있지만 이름을 보면 그 기능을 알 수 있게 쉬운 단어로 표현돼 있습니다. 이러한 태그는 내부문 식섭 입력하지 낳고 워드프레스닷오그의 Codex 페이지나 구글에서 검색한 후 복사해서 사용합니다.

글 형식과
기타 메타 박스

08

워드프레스 3.1 버전부터 글 형식(Post Format)이 도입됐는데 처음엔 추가 정보, 갤러리, 기본으로 세 가지였습니다. 기본은 다른 글 형식을 선택하지 않았을 때 기본적으로 선택된, 형식이 없는 글 형식입니다. 그래서 글 형식은 두 가지라고 볼 수 있으며 최신 버전에서는 링크, 상태, 인용, 이미지가 추가되어 총 7종입니다. 워드프레스는 기본적으로 총 10개의 글 형식이 있어서 function.php에 추가만 하면 모두 활성화됩니다. 테마에 따라 글 형식이 없는 경우도 있는데 코드를 추가하면 활성화됩니다.

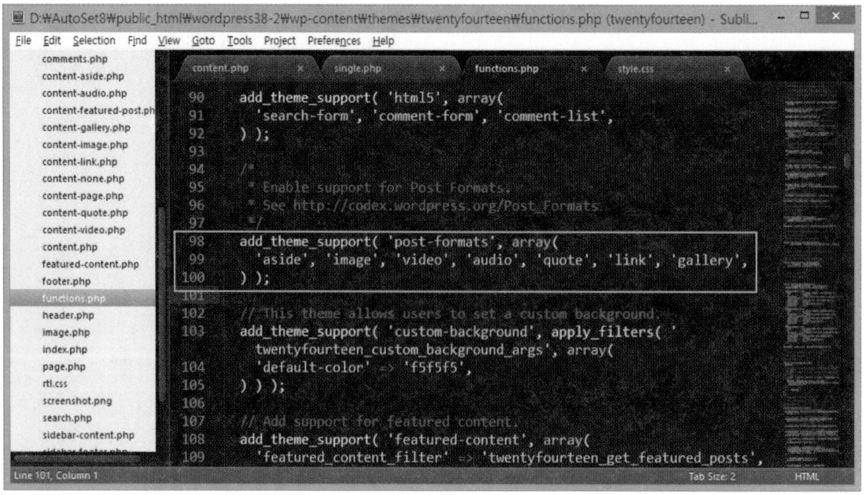

그림 3-78 기본 테마의 글 형식

function.php 파일을 열고 98번째 줄에 보면 위와 같은 내용이 있으며 아래의 코드로 교체하면 새 글쓰기 화면에 모든 항목이 나타납니다.

```
add_theme_support( 'post-formats', array( 'aside', 'chat', 'gallery', 'image', 'link',
'quote', 'status', 'video', 'audio' ) );
```

그림 3-79 기본 테마의 글 형식 추가

∩1 글 형식의 종류

글 형식은 블로그 글의 형식을 만들어 주는 기능이고 각 글 형식에 따라 이미 정해진 형태의 글이 만들어집니다. 이들 글 형식에 대해 간략히 알아보겠습니다.

- **추가 정보**: 제목을 붙이더라도 제목이 표시되지 않으며 카테고리나 태그도 만들어지지 않습니다. 단편적인 생각이나 아이디어를 기록한 짧은 글로 사용됩니다.

- **오디오**: 소리 파일이 있는 글은 대부분 글이 짧아서 오디오 글 형식을 사용합니다.

- **채팅**: 채팅에서 오가는 글 내용을 그대로 옮긴 경우에 사용합니다. 채팅 글 형태를 유지하고자 할 때 사용됩니다. 쪽지 글도 포함합니다.

- **갤러리**: 갤러리는 글이 별로 없고 이미지만 있는 경우가 대부분이고, 이 글 형식을 사용하면 이전 항목에서 알아본 특성 이미지와 요약 글의 형태로 나타납니다. 이미지를 클릭하면 갤러리 전체 이미지가 나옵니다.

- **이미지**: 이미지만 있는 글에서 이 형식을 선택하면 이미지 테두리나 캡션 부분이 형태가 다르게 나타납니다.

- **링크**: 웹 서핑하던 중 중요한 정보가 있는 사이트를 발견했는데. 특별히 글로 표현하고 싶지는 않고 단순히 링크만 걸고 싶을 때 제목과 본문에 링크를 만들어 놓습니다.

- **인용**: 블로그 글 목록 중에 인용에 해당하는 짧은 글을 삽입할 때 유용합니다. 인용 글에 대한 출처를 추가하기도 합니다.

- **상태**: 트위터의 짧은 글처럼 블로그의 상태나 어떤 프로젝트의 진행 상황을 짧게 기록합니다.
- **비디오**: 오디오처럼 글은 없고 동영상만 있을 때 사용합니다. 유튜브와 같은 동영상을 삽입하면 블로그 화면에서 바로 재생할 수 있습니다.

이러한 글 형식은 주로 한 페이지에 여러 개의 글을 표시할 때 많이 사용합니다.

Twenty-Fourteen 테마의 하루살이(Ephemera) 위젯

글 형식은 글이 하나의 완성된 글이 아닌 짧은 글일 경우 많이 사용하며, 특히 추가 정보, 비디오, 오디오, 갤러리, 인용, 링크처럼 짧은 콘텐츠만 있는 경우에는 위젯 화면의 사용할 수 있는 영역에 있는 하루살이 위젯을 사용해 사이드바에 배치할 수 있습니다. 하루살이 위젯은 기본 테마 중 Twenty Eleven에 처음 도입됐는데 Twenty Fourteen에서 부활했습니다.

그림 3-80 비디오 글 형식 추가

위처럼 새 글쓰기 화면에서 제목을 입력하고 본문에 유튜브 동영상을 삽입한 다음 글 형식 메타 박스에서 비디오를 선택하고 저장합니다. 이런 식으로 동영상을 하나 더 만듭니다. 외모 → 위젯 화면에서 Twenty Fourteen 하루살이 위젯을 콘텐츠 사이드바에 배치하고 제목을 비디오로 입력합니다. 이 제목은 사이트에서 나타나는 것이 아니라 다른 하루살이 위젯과 구분을 위한 것입니다. 그런 다음 글 형식 선택 상자에서 비디오를 선택한 다음 저장합니다.

그림 3-81 이미지 글 형식 추가

이번에는 이미지 글을 두 개 추가하고 글 형식으로 이미지를 선택한 다음 저장하고 위젯 화면에서 하루살이 위젯을 배치하고 이미지를 선택한 다음 저장합니다.

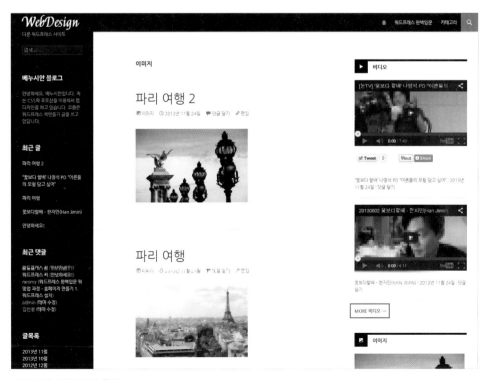

그림 3-82 사이트에서 확인

사이트에서 확인하면 콘텐츠 사이드바에 비디오와 이미지 위젯이 나타납니다. 하단의 더보기 링크를 클릭하면 하나의 페이지에서 모든 이미지를 볼 수 있습니다.

∩2 토론

토론

- ✓ 댓글 허용
- ✓ 이 페이지에 트랙백과 핑백을 허용합니다

그림 3-83 **토론 메타 박스**

주 메뉴 → 설정 → 토론 화면의 기본 설정 항목에서 "댓글을 쓸 수 있게 합니다"에 체크했더라도 새 글쓰기 화면에서 댓글을 허용하지 않게 설정할 수 있습니다. 핑백과 트랙백도 마찬가지입니다. 대부분 댓글을 허용하는 것이 바람직하므로 항상 체크한 상태로 놔두는 것이 좋고 이 메타 박스는 잘 사용하지 않으므로 화면 옵션 탭에서 이 항목에 체크 해제해서 새 글쓰기 화면에 나타나지 않게 하는 것이 좋습니다.

∩3 트랙백 보내기

트랙백은 타인의 워드프레스 블로그 글에 댓글을 추가하는 방식 중 하나입니다. 핑백은 새 글을 쓸 때 내 글의 단어를 블록 설정하고 타인의 블로그 글 URL을 링크로 첨부하기만 하면 되지만 트랙백은 트랙백을 추가하려는 타인의 블로그 글에 트랙백 링크가 있어야 합니다. 트랙백은 스팸에 이용되므로 워드프레스 기본 테마에 활성화돼 있지 않아서 사용하려면 별도의 코드를 삽입해야 합니다.

특성 이미지에서처럼 워드프레스 루트 디렉터리에서 wp-content/themes/twenty-fourteen로 들어간 후 content.php 파일을 열고 다음 코드를 </div><!-- .entry-content --> 이전에 삽입하고 저장합니다. 그리고 나서 블로그 글을 보면 모든 글에 트랙백 링크가 생성됩니다.

```
<p><a href="<?php trackback_url(display); ?>">Trackback-URL</a></p>
```

그림 3-84 트랙백

타인의 블로그에서 트랙백 링크를 대상으로 마우스 오른쪽 버튼을 클릭해 "링크 주소 복사"를 선택한 후, 글 작성 화면에서 트랙백 보내기 메타 박스의 입력란에 붙여넣고 글을 발행하면 됩니다.

∩/ 댓글

그림 3-85 댓글 메타 박스

댓글 메타 박스는 처음으로 글을 작성할 때는 화면 옵션 탭에도 나타나지 않지만, 글을 발행하고 난 다음 화면 옵션 탭을 클릭하면 체크된 채로 보이고 메타 박스도 추가됩니다. 댓글이 추가되면 메타 박스에 모든 댓글이 나타납니다. 댓글 편집 화면에서 댓글에 대한 댓글을 추가할 수 있지만 이는 새 글쓰기 화면에서도 가능하며, 댓글이 많이 있는 글은 글을 편집하기 위해 들어오면 로딩되는 데 시간이 오래 걸리므로 화면 옵션 탭에서 체크 해제해 놓는 것이 좋습니다.

05 _ 슬러그

그림 3-86 슬러그 메타 박스

슬러그 메타 박스는 고유주소에 글 제목이 들어가도록 설정한 경우 긴 제목을 짧게 변경하고자 할 때 사용합니다. 이것은 글 제목 아래의 고유주소에서 편집 버튼을 클릭해서 편집할 수도 있습니다.

06 _ 글쓴이

그림 3-87 글쓴이 메타 박스

글쓴이 메타 박스는 주 메뉴 → 사용자 → 당신의 프로필에서 설정한 공개적으로 표시할 이름에서 선택한 이름이 나타납니다. 멤버십을 가능하게 해서 블로그에 여러 사람이 글을 작성하거나 편집할 수 있을 때 이 메타 박스에 권한이 있는 사람의 사용자명이 나타납니다. 타인을 위해 글을 작성할 경우 이곳에서 선택함으로써 해당 사용자 명의로 글을 발행할 수 있습니다.

∩7 사용자 정의 필드

그림 3-88 사용자 정의 필드 메타 박스

사용자 정의 필드를 사용하려면 코드의 수정이 필요해서 워드프레스 입문 과정에서는 다소 어렵지만, 이전에 코드 수정을 해봤으니 사용자 정의 필드가 어떤 작용을 하는지 알아보기 위해 진행해 보겠습니다. 사용자 정의 필드는 글이나 페이지에 원하는 정보를 출력할 수 있는 기능을 하며 $key와 value로 구성됩니다.

예를 들어, 작성하고 있는 글이 어떤 강좌일 경우 해당 글의 난이도를 표현할 수 있게 해 보겠습니다. "새로 입력" 링크를 클릭하면 선택 상자가 입력 상자로 전환됩니다. 이름에는 difficulty를 입력하고 value에는 중급이라고 입력합니다. 이름은 변수 역할을 하므로 영문으로 입력해야 합니다. 이것을 글에 출력하려면 별도의 코드를 추가해야 합니다. 정보를 불러오는 함수는 get_post_meta()를 사용합니다. 이 코드를 single.php 파일을 열고 다음과 같이 입력합니다.

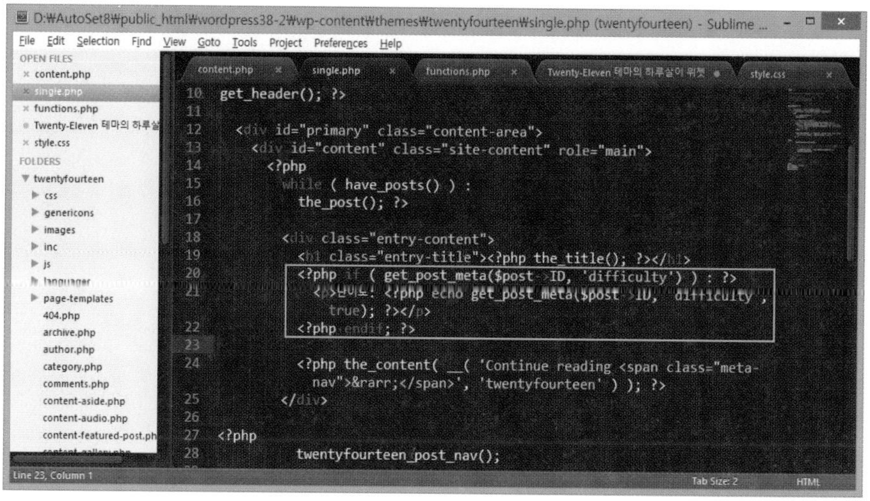

그림 3-89 사용자 정의 필드 가져오기

이 함수는 세 가지 매개변수를 사용합니다. $post->ID는 현재 작성 글의 아이디이고, diffficulty는 사용자 정의 필드에서 설정한 $key입니다. echo는 표시하라는 의미의 php 명령입니다. 저장한 다음 블로그 글을 발행하면 싱글 페이지에서 제목 아래 중급이라는 글자가 나타납니다. 이 글자 앞에 난이도라는 글자를 추가하려면 다음과 같이 코드를 추가합니다.

```
<p>난이도: <?php echo get_post_meta($post->ID, 'difficulty', true); ?></p>
```

그런데 이 난이도라는 글자는 사용자 정의 필드를 사용하지 않는 모든 글에 나타나게 되는데 다음과 같이 조건문을 사용해서 사용자 정의 필드를 설정하지 않은 경우에는 나타나지 않게 해야 합니다.

```
<?php if ( get_post_meta($post->ID, 'difficulty') ) : ?>
    <p>난이도: <?php echo get_post_meta($post->ID, 'difficulty', true); ?></p>

<?php endif; ?>
```

이렇게 만든 사용자 정의 필드는 다른 글을 작성할 때도 재사용할 수 있습니다.

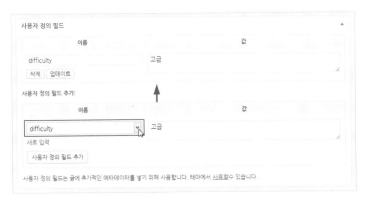

그림 3-90 **사용자 정의 필드 옵션 선택**

새로운 글을 발행할 때 사용자 정의 필드에서 해당 키를 선택하고 원하는 값을 입력한 다음 공개하기 버튼을 클릭하면 새로운 글에 해당 내용이 나타납니다.

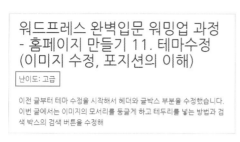

워드프레스 완벽입문 워밍업 과정 - 홈페이지 만들기 11. 테마수정 (이미지 수정, 포지션의 이해)

난이도: 고급

이전 글부터 테마 수정을 시작해서 헤더와 글박스 부분을 수정했습니다. 이번 글에서는 이미지의 모서리를 둥글게 하고 테두리를 넣는 방법과 검색 박스의 검색 버튼을 수정해

그림 3-91 사용자 정의 필드 사용 예

이러한 사용자 정의 필드는 일정한 데이터를 매번 입력해야 할 때 편리하게 사용할 수 있습니다. 예를 들어, 쇼핑몰의 상품 상세 페이지에서 원산지나 배송비를 표시하는 등 일정한 양식을 만들어 상품의 정보를 보여줄 때에도 유용하며 이때는 고급 사용자 정의 필드 (Advanced Custom Field) 플러그인을 사용하면 더욱 편리합니다.

08 리비전

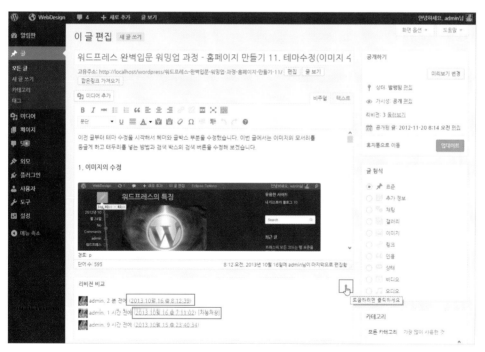

그림 3-92 리비전 메타 박스

워드프레스에서 글을 작성하다 보면 편집기 하단에 자동으로 저장된다는 메시지가 나타납니다. 이 기능은 워드프레스의 자동 저장 기능으로 리비전 메타 박스에 저장되는 시간이 나오며 "자동 저장"으로 표시됩니다. 자동 저장은 기본으로 1분마다 저장됩니다. 링크를 클릭하면 각 리비전을 비교할 수 있는 페이지로 이동합니다.

그림 3-93 리비전 비교

중앙의 스크롤 바에서 눈금에 마우스를 올리면 글쓴이와 시간이 나오고 클릭하면 두 개의 리비전을 비교할 수 있는 상태가 됩니다. 또는, 슬라이더를 끌어놓아도 비교할 수 있으며, 양쪽 끝에 있는 "이전", "다음" 버튼을 사용할 수도 있습니다.

그림 3-94 두 개의 리비전 비교

"두 개의 리비전 비교하기"에 체크하면 슬라이더가 둘로 나뉘고 두 개의 리비전을 비교 수 있고 다른 눈금을 클릭하면 다른 곳의 리비전과 비교할 수 있습니다.

그림 3-95 리비전의 색상 강조

서로 다른 부분의 단락은 색상이 옅은 색으로 표시되고 서로 다른 글자는 짙은 색으로 표시됩니다.

리비전에 대한 설정은 워드프레스 루트 디렉터리에 있는 wp-config.php 파일에 다음과 같은 코드를 삽입하면 됩니다.

```
define('AUTOSAVE_INTERVAL', 120 );      // 단위:초 기본시간:60초
define('WP_POST_REVISIONS', false );  // 리비전 기능 제거
define('WP_POST_REVISIONS', 3);       // 리비전 저장 개수 설정
```

사용자 정의 메뉴 09

메뉴는 사이트의 방문자로 하여금 콘텐츠에 쉽게 접근할 수 있게 하는 도구이며, 웹디자인에서도 아주 중요한 요소 중 하나입니다. 대부분 방문자가 글을 보고 마음에 들면 내 블로그에서 다른 글을 찾아보려고 할 것이고 가장 먼저 찾는 것이 메뉴입니다. 그래서 메뉴는 잘 보이는 곳에 배치하고 웹페이지의 하단 푸터나 사이드바에도 배치합니다. 웹디자이너들은 메뉴바를 더 멋지게 만들기 위해 제이쿼리를 이용해 애니메이션이 되는 메뉴를 만들고 있습니다.

2장의 페이지 만들기 부분에서 페이지를 생성하면 메뉴가 자동으로 생성되고 페이지를 추가해서 다른 메뉴의 하위 메뉴를 만드는 방법을 알아봤습니다. 메뉴는 페이지와 관련이 있기 때문에 페이지를 만들면 메뉴는 자동으로 생성됩니다. 블로그의 카테고리 글이나 어떤 특정한 링크를 만들어 외부 사이트로 연결하는 메뉴를 만들고자 할 때는 사용자 정의 메뉴를 사용하며, 이를 이용하면 블로그의 어떤 콘텐츠라도 메뉴에 포함할 수 있습니다.

블로그에서 메뉴와 비슷한 기능을 하는 것 가운데 카테고리가 있는데, 메뉴와의 차이점은 카테고리는 글을 분류하기 위한 것이고 메뉴는 글뿐만 아니라 태그, 페이지, 링크, 글 형식 등 링크할 수 있는 요소라면 어떤 것이라도 메뉴를 만들 수 있으며, 카테고리도 포함된다는 것입니다. 그만큼 메뉴는 광범위한 개념입니다. 그러면 사용자 정의 메뉴를 이용해 메뉴를 만드는 방법을 알아보겠습니다.

∩1 메뉴 만들기

그림 3-96 메뉴 편집 화면

주 메뉴에서 외모 → 메뉴를 선택하면 메뉴 편집 화면이 나타납니다. 두 개의 열이 보이고 좌측 열은 페이지 메타 박스가 펼쳐져 있습니다. 이것은 메뉴가 주로 페이지를 대상으로 만들기 때문입니다. 화면 옵션 탭을 클릭해서 모든 체크박스에 체크하면 좌측 열에 메타 박스가 나타납니다. 현재 가져오기를 통해서 두 개의 메뉴가 만들어져 있는데 처음 상태로 만들려면 메뉴 선택 상자에서 주 메뉴와 푸터 메뉴, Blank Top Menu를 각각 선택해서 하단의 "메뉴 삭제" 링크를 클릭합니다.

그림 3-97 메뉴 화면의 초기화

모든 메뉴를 삭제하고 나면 처음 메뉴 화면으로 들어왔을 때처럼 페이지 메타 박스의 "메뉴에 추가" 버튼 좌측에 로딩 이미지가 나타나면서 페이지를 기준으로 우측 열에 새로운 메뉴를 로드합니다. 그러면서 메뉴 이름은 기본 메뉴 이름인 "메뉴 1"으로 나옵니다. 또한, 메뉴가 없으므로 위치 관리하기 탭도 사라집니다.

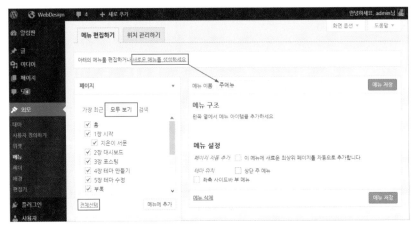

그림 3-98 새 메뉴 만들기

"새로운 메뉴를 선택하세요" 링크를 클릭한 후 메뉴 이름에 주 메뉴를 입력하고 메뉴 저장 버튼을 클릭하면 아래에 메뉴 구조와 메뉴 설정이 나타나고 상단에 위치 관리하기 탭이 나타납니다. 페이지 메타 박스에서 모두 보기 탭을 선택하고 전체 선택 링크를 클릭한 다음 메뉴에 추가 버튼을 클릭하면 우측 열에 모든 페이지 메뉴가 추가됩니다.

그림 3-99 고급 메뉴 속성 보기

메뉴 제목의 우측을 보면 삼각형 아이콘이 있으며 이를 클릭하면 내용이 펼쳐집니다. 화면 옵션 탭에서 "고급 메뉴 속성 보기"의 체크 박스를 활성화했기 때문에 여러 가지 입력 상자가 나타납니다. CSS 클래스에서는 해당 메뉴에 스타일 시트를 위한 클래스 선택자를 추가할 수 있고, 설명에는 메뉴의 설명을 추가할 수 있으며, 일부 테마는 마우스를 올렸을 때 설명을 나타나게 할 수 있습니다. XFN은 XHTML Friends Network의 약자로 링크에 의미를 부여하는 방법이며, 해당 링크가 무엇이냐에 따라서 영어로 author, me, friend를 입력합니다. 구글과 같은 검색엔진은 글쓴이 검색이 가능해서 이와 같은 XFN을 사용하면 검색엔진 최적화에도 도움이 됩니다. 하단에 삭제 링크를 클릭해서 필요 없는 페이지는 메뉴에서 제거합니다.

하단의 메뉴 설정에서 "페이지 자동 추가"에 체크하면 페이지를 만들 때 자동으로 위 메뉴에 추가됩니다. 테마 위치에서 현재 하나의 메뉴만 있어서 주 메뉴만 나타나지만 푸터 메뉴나 다른 메뉴를 추가하면 목록으로 나타나며 메뉴를 만들고 난 후 반드시 체크해줍니다. 테마 위치 탭에서도 제어할 수 있습니다.

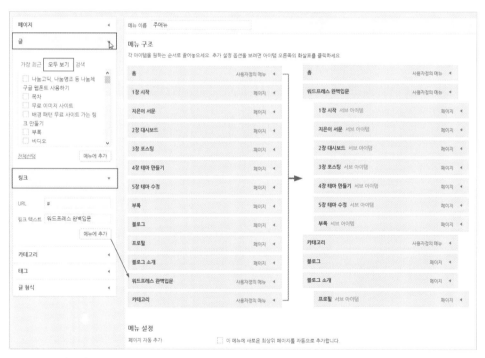

그림 3-100 메뉴 편집

글 메타 박스를 열고 모두 보기 탭에서 원하는 글을 선택하고 메뉴에 추가 버튼을 클릭하면 메뉴에 추가됩니다. 하지만 글 하나를 추가하는 것보다는 글이 속한 카테고리를 메뉴에 추가하는 것이 일반적입니다. 링크 메타 박스를 열고 URL에 #를 입력합니다. #는 웹사이트에서 현재 페이지를 지시합니다. 또한, 아무런 링크가 없지만, 마우스를 올리면 커서가 손 모양으로 바뀌도록 하기 위해 사용합니다. 링크 텍스트로 원하는 글자를 입력한 뒤 메뉴에 추가 버튼을 클릭합니다. 같은 방법으로 카테고리 메뉴를 만들어 줍니다. 메뉴를 끌어놓기로 우측의 메뉴처럼 이동하고 하위 메뉴를 만들려면 메뉴를 우측으로 끌어놓으면 됩니다.

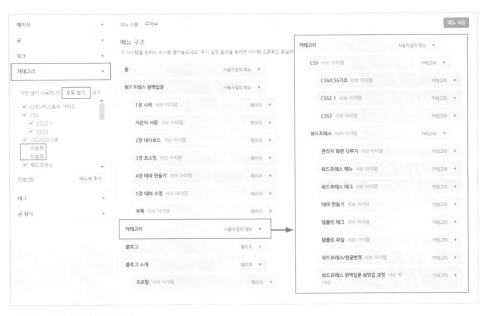

그림 3-101 카테고리 메뉴 편집

카테고리 메타 박스를 열고 모두 보기 탭에서 전체선택을 클릭한 다음 필요 없는 카테고리는 체크를 해제합니다. 메뉴에 추가 버튼을 클릭하고 모든 카테고리를 카테고리 하위 메뉴로 이동합니다. 메뉴의 내용을 보면서 적절한 트리 구조를 만들어줍니다. 완료되면 메뉴 저장 버튼을 클릭합니다.

그림 3-102 메뉴의 계층 구조

사이트에서 새로고침 하고 주 메뉴에 마우스를 올리면 서브 메뉴가 나타나고 여러 단계의 하위 메뉴도 나타납니다.

∩2 좌측 사이드바에 부메뉴 사용하기

Twenty Fourteen 테마는 좌측 사이드바에 부 메뉴를 배치할 수 있습니다. 이를 사용하려면 메뉴 화면에서 미리 설정해야 합니다.

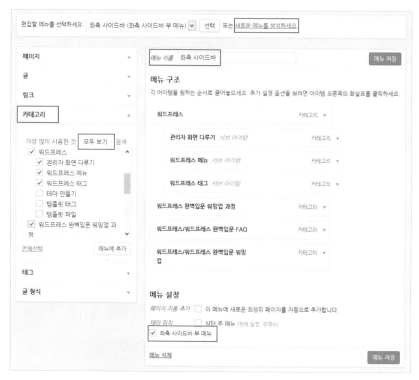

그림 3-103 사이드바 메뉴 만들기

"새로운 메뉴를 생성하세요"를 클릭하고 메뉴 이름을 좌측 사이드바로 입력합니다. 카테고리에서 몇 개의 주요 카테고리를 선택하고 메뉴에 추가 버튼을 클릭합니다. 트리 구조를 만들고 메뉴 설정에서 좌측 사이드바 부 메뉴에 체크한 다음 메뉴 저장 버튼을 클릭합니다.

그림 3-104 Twenty Fourteen의 사이드바 메뉴

사이트에서 새로고침 하면 좌측 사이드바에 메뉴가 나타나며 서브 메뉴도 볼 수 있습니다.

03 푸터에 메뉴 사용하기

푸터에 메뉴를 사용하려면 functions.php 파일에 주 메뉴처럼 메뉴를 등록해야 합니다.

그림 3-105 푸터 메뉴를 위한 코드 수정

테마 폴더에서 functions.php 파일을 열고 82번째 줄의 primary 부분을 블록 설정해서 복사하고 secondary 아래에 붙여넣은 다음 위처럼 이름을 푸터 메뉴로 수정하고 저장합니다.

```
'footer' => __( '푸터 메뉴', 'twentyfourteen' )
```

그림 3-106 header.php에서 메뉴 코드 복사

header.php 파일을 열고 51번째 줄에서 nav 태그 부분을 복사합니다.

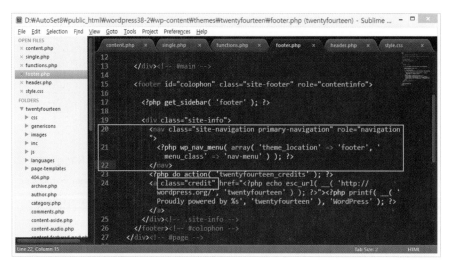

그림 3-107 footer.php 코드 수정

footer.php 파일을 열고 class="site-info" 아래에 붙여넣고 다음과 같이 코드를 수정합니다. id 부분과 h1 태그와 a 태그 부분을 제거하고 theme_locations을 footer로 수정합니다. 헤더의 클래스 선택자에 있는 스타일 시트를 그대로 사용하기 위한 것입니다. do_action 아래의 a 태그에는 class="credit"을 추가합니다.

```
<nav class="site-navigation primary-navigation" role="navigation">
  <?php wp_nav_menu( array( 'theme_location' => 'footer', 'menu_class' => 'nav-menu' )
); ?>
</nav>
```

그림 3-108 푸터 메뉴 만들기

외모 → 메뉴 화면에서 새로고침 한 다음 편집할 메뉴에서 푸터 메뉴를 선택하고 선택 버튼을 클릭합니다. 페이지 메타 박스에서 푸터 메뉴에 들어갈 만한 페이지를 선택하고 메뉴에 추가 버튼을 클릭합니다. 테마 위치는 푸터 메뉴로 선택한 다음 메뉴 저장 버튼을 클릭합니다. 이곳에는 서브 메뉴를 만들지 않도록 합니다.

그림 3-109 푸터 메뉴

사이트에서 새로고침 하면 하단에 위처럼 나타납니다. 상단 주메뉴의 스타일 시트를 그대로 사용하므로 우측에 배치됩니다. 그런데 좌측의 크레딧 부분과 상하 높이가 달라서 수정해줘야 합니다. 푸터 메뉴를 요소 검사하면 높이가 48픽셀입니다. 이것을 그대로 적용하면 됩니다.

```
.credit { line-height: 48px; }
```

이미 입력해둔 .credit이라는 선택자에 대해서 위처럼 설정합니다. line-height는 상하 높이를 정하고 글자를 상하로 중앙에 배치하도록 하는 기능을 합니다.

테마 10

워드프레스의 테마는 테마에 따라 설정 방법이 모두 다릅니다. 테마에 따라 위젯도 다르고 메뉴 항목이 없을 수도 있습니다. 기본 테마인 Twenty-Forteen은 메뉴의 "외모" 항목에서 코드를 수정하지 않고도 테마를 수정할 수 있지만, 대부분 테마는 별도의 항목을 추가해서 다양한 설정을 할 수 있게 하고 있으며, 특히 유료 테마의 경우는 아주 복잡한 설정까지 포함 돼 있습니다. 이것은 1장에서 알아봤듯이 블로그는 블로그 글의 주제에 따라 그에 맞는 테마를 사용해야 하고 사용자의 취향에 따라 원하는 테마가 다양해서 그에 맞는 설정이 필요하기 때문입니다.

유료 테마든 무료 테마든 사용자의 마음에 드는 테마를 찾기는 어렵고, 마음에 드는 테마를 찾았더라도 설치하고 보면 설정 화면에서 설정하거나 코드를 직접 수정해야 원하는 모양이 나오는 경우가 많습니다. 워드프레스 기본 테마는 다양한 기능이 기본적으로 갖춰져 있어 이를 수정해서 사용하도록 권장하고 있습니다. 그래서 최초 모양은 단순하지만 원하는 대로 디자인을 변경할 수 있습니다. 테마의 디자인 변경은 파일을 직접 변경하면 나중에 업데이트할 때 모두 원상 복구되므로 자식 테마를 만들고, 이 자식 테마를 대상으로 변경하는 것이 좋습니다. 자식 테마는 부모 테마를 기반으로 만들며, 수정 내용만 추가하면 자식 테마의 내용이 우선 적용되므로 파일을 관리하기가 수월합니다.

∩1 테마 관리

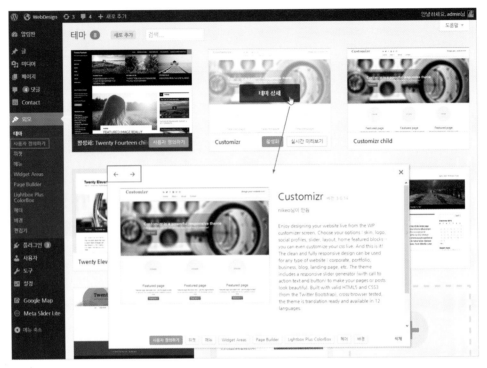

그림 3-110 테마 관리 화면

외모 → 테마를 선택하면 테마 관리 화면이 나타납니다. 이 화면의 상단에는 현재 설치된 테마를 검색할 수 있는 검색 상자가 있고 새로 추가할 수 있는 버튼이 있습니다. 테마의 썸네일을 클릭하면 테마에 대한 설명을 볼 수 있으며 좌측 상단의 내비게이션 버튼을 이용해 설치된 테마의 설명을 둘러볼 수 있습니다. 실시간 미리보기를 클릭하면 사용자 정의 화면으로 이동하며 사용자 정의 작업을 한 후 저장하고 활성화할 수 있습니다. 여기서는 현재 사용 중인 Twenty Fourteen에 대해 사용자 정의하는 방법을 알아보겠습니다. 주 메뉴에서 사용자 정의하기 메뉴를 클릭합니다. 사용자 정의 화면은 미리보기 하면서 수정할 수 있지만, 관리자 화면에서 중복되는 부분은 해당 화면에서 설명하기로 하고 다른 부분만 설정해보겠습니다.

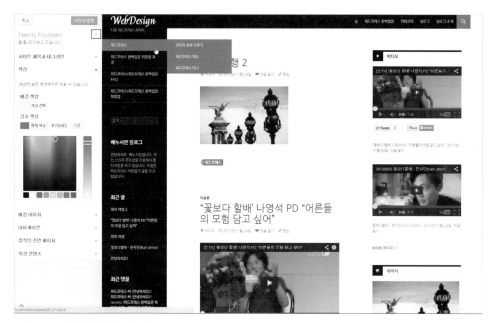

그림 3-111 테마 사용자 정의 화면

화면 좌측에서 제목 오른쪽에 있는 세모 아이콘을 클릭하면 설정 화면이 나타납니다. 테마 이름이 나온 곳은 테마를 소개하는 내용입니다. "사이트 제목과 태그라인"에서는 주 메뉴의 일반 설정에 나오는 사이트 제목과 태그라인을 수정할 수 있습니다. 색상과 레이아웃에서는 주 메뉴의 테마 옵션 항목에서 설정하는 것과 일부 다른 내용이 나옵니다. 여기서는 강조 (Accent) 색상을 변경할 수 있는데 색이 있는 부분을 클릭하면 컬러피커가 나타나며 색조 부분을 클릭해서 색을 선택하고 우측의 슬라이더에서 채도를 선택하면 메뉴, 검색 버튼, 링크 색상이 변경됩니다.

그림 3-112 Twenty Fourteen의 특성 콘텐츠

"배경 이미지"와 "헤더 이미지"는 주 메뉴의 헤더와 배경에서 설정하는 내용의 일부가 있습니다. "내비게이션"은 블로그 화면에 메뉴가 여러 개 있는 경우 메뉴를 선택할 수 있습니다. "정적인 전면 페이지"는 주 메뉴의 읽기 설정에서 전면 페이지 설정에 관한 내용입니다.

이 테마의 가장 특징적인 기능은 특성 콘텐츠(Featured Content)입니다. 그림처럼 그리드 보기나 슬라이드 형태로 볼 수 있으며 글에 태그가 설정돼있어야 합니다. 한글은 인식이 안 되므로 영문으로 태그를 설정해야 합니다. 여기서는 샘플로 featured가 입력돼 있지만 다른 것으로 해도 됩니다. 하단의 체크박스에서 태그를 나타내지 않도록 하면 이 태그만 보이지 않습니다.

그림 3-113 특성 콘텐츠의 슬라이더 기능

위 그림은 레이아웃을 슬라이더로 설정했을 때의 모습입니다. 특성 콘텐츠로 설정된 글은 홈페이지에서 글 목록에 나타나지 않습니다.

이처럼 테마 관리에서 사용자 정의하기 화면은 테마 설정 부분을 한곳에 모아서 간단한 설정을 할 수 있게 만든 화면이며, 테마에 따라 설정할 수 있는 항목이 다릅니다. 다음 장에서 사용할 Customizr 테마는 바로 위와 같은 형태의 사용자 정의 화면을 사용하고 있으며 다양한 설정을 할 수 있습니다.

02 사용자 정의 헤더

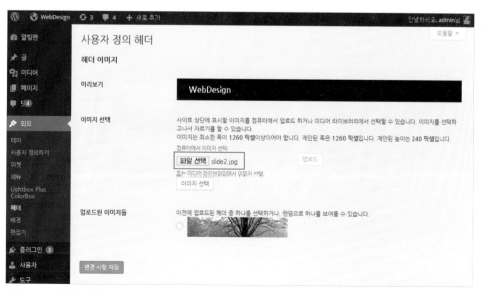

그림 3-114 사용자 정의 헤더

기본 테마의 헤더는 좌측 상단에 사이트 이름과 태그라인이 있습니다. 기본 테마에서 제공하는 사용자 정의 헤더를 이용하면 위에 보이는 사이트 제목 위에 헤더 이미지를 배치할 수 있습니다.

아래에 있는 이미지 선택 버튼을 클릭하면 미디어 라이브러리에 이미 업로드 된 이미지를 사용할 수 있습니다. 여기서 선택하면 이미 잘린 이미지가 사용되므로 자르는 과정이 생략됩니다.

헤더 이미지를 추가하기 위해 이미지 선택 항목의 파일 선택을 클릭하면 내 컴퓨터의 브라우저 창이 열립니다. 첨부 파일에서 slide2.jpg 파일을 선택하고 업로드 버튼을 클릭하면 자르기 화면으로 넘어갑니다.

그림 3-115 헤더 이미지 자르기

이전 버전과는 다르게 크기가 큰 이미지를 사용하더라도 권장 사이즈로 자를 수 있도록 기능이 향상됐습니다. 자르기 툴의 내부를 클릭한 후 드래그해서 이동하거나 툴 주변의 조절 점을 끌기 해서 위치를 조정한 다음 "자르고 공개하기" 버튼을 클릭합니다. 처음 들어올 때의 자르기 툴이 권장 사이즈이므로 될 수 있으면 위치만 변경하고 크기는 그대로 유지하는 것이 좋습니다.

그림 3-116 두 번째 헤더 이미지

마찬가지 방법으로 이번에는 forest.jpg 파일을 업로드하고 위치를 변경해서 자르고 공개하기 버튼을 클릭합니다.

그림 3-117 랜덤 출력 선택

두 가지 이상의 이미지를 업로드하니 다음 화면에서 업로드된 이미지가 두 개로 나타납니다. 랜덤에 체크한 다음 하단의 변경 사항 저장 버튼을 클릭하고 사이트에서 새로고침 하면 헤더 이미지가 나타납니다.

그림 3-118 기본 테마의 헤더 이미지

다른 페이지를 선택하면 다른 이미지가 나타납니다.

03 사용자 정의 배경

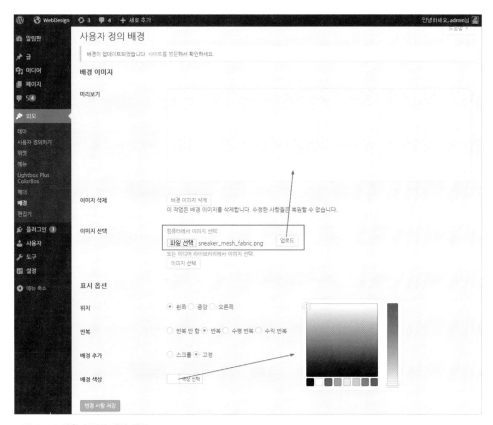

그림 3-119 사용자 정의 배경 화면

외모 → 배경 메뉴를 선택하면 사용자 정의 배경을 사용할 수 있습니다. 처음 화면은 미리보기에 나타나지 않지만, 배경으로 사용할 이미지를 업로드하고 나면 나타납니다. 대부분 배경 이미지는 큰 사진 파일을 사용하지 않습니다. 작은 이미지를 사용해 상하좌우로 반복해 사용합니다. 큰 사진 파일을 사용하면 페이지가 로딩될 때 시간이 오래 걸리기 때문입니다. 어떤 사이트는 3MB나 되는 사진 파일을 사용한 곳을 볼 수 있었는데, 방문자로 하여금 다시는 오지 말라는 것과 같은 잘못된 디자인입니다.

상하좌우로 반복해도 서로 이어지는 이미지를 패턴이라고 하며, 포토샵으로 직접 만들거나 패턴 사이트에서 만들어 사용할 수 있습니다. 위에서 사용한 패턴은 무료 패턴 사이트에서 만든 것으로 자세한 내용은 제 블로그 글(http://martian36.tistory.com/1193)을 참고하면 됩니다.

첨부 파일에서 sneaker_mesh_fabric.png 파일을 업로드 한 후에 표시 옵션의 각 라디오 버튼을 클릭해보면 어떤 의미인지 알 수 있습니다. 반복 항목에서 반복 안 함에 클릭하고 위치 항목에서 왼쪽을 선택하면 이미지가 왼쪽에 치우쳐서 배치됩니다. 위치 항목은 배경 이미지의 위치를 지정합니다. 반복 항목은 반복에 체크하면 상하좌우로 반복되고 수평 반복은 좌우 방향으로만 반복되며, 수직 반복은 상하 방향으로 반복됩니다. 패턴을 사용하면 항상 "반복"에 체크해야 합니다. 만일의 경우 큰 사진 파일을 사용하고 싶다면 위치는 "중앙"에, 반복은 "반복"에 체크하고 사용하면 됩니다. 큰 이미지를 사용할 경우에도 포토샵에서 웹 페이지용으로 파일을 최적화하면 같은 크기의 파일이라도 최소 용량으로 줄일 수 있습니다.

배경 이미지를 사용하지 않을 때에는 기본 색상인 흰색이 사용되므로 원하는 경우 배경 색상의 색상 선택을 클릭해 다른 색으로 설정할 수 있습니다.

∩/⁴ Twenty Fourteen 테마의 템플릿 파일

Twenty Fourteen 테마는 기본 템플릿 파일 외에 두 개의 템플릿이 더 있어서 기여자 페이지와 전체 폭 페이지를 만들 수 있습니다.

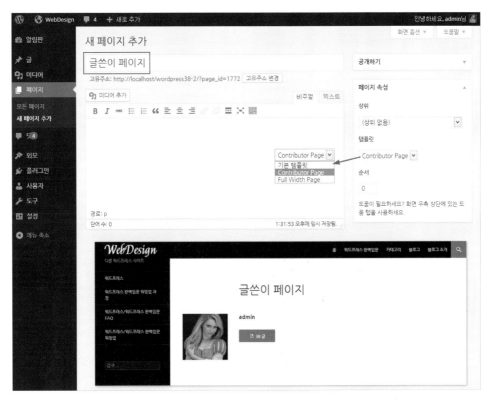

그림 3-120 Twenty Fourteen 테마의 기여자 페이지 템플릿

새 페이지 추가 화면에서 템플릿을 Contributor Page로 선택하고 발행하면 아바타와 발행 글 수가 나타납니다. Full Width Page(전체 폭 페이지)를 선택하면 우측 사이드바가 없는 페이지를 만들 수 있습니다.

05 콘텐츠의 중앙 배치

Twenty Fourteen 테마는 기본적으로 모든 콘텐츠가 화면의 좌측을 기준으로 정렬돼 있습니다. 이를 중앙으로 배치하려면 다음의 코드만 수정하면 됩니다.

```
.site {
  background-color: #fff;
  max-width: 1260px;
  margin: 0 auto;
  position: relative;
}
```

사이트를 요소검사하면 콘텐츠 영역을 감싸고 있는 div 태그에 .site라는 선택자가 있습니다. 이곳에 margin: 0 auto;를 추가해주면 콘텐츠 영역이 중앙으로 정렬됩니다. 취향에 따라 이 레이아웃을 사용하면 됩니다.

그림 3-121 레이아웃의 중앙 정렬

CSS 팁

워드프레스에서 배경 이미지의 표시 옵션은 스타일 시트에서 background 속성을 사용합니다. 블로그 화면에서 배경에 마우스 오른쪽 버튼을 클릭하고 요소 검사를 하면 다음과 같이 스타일 시트에 선언돼 있습니다.

```
body.custom-background {
  background-color: #e6e6e6;
  background-image: url('http://localhost/wordpress/wp-content/uploads/2013/10/
sneaker_mesh_fabric.png');
  background-repeat: repeat;
  background-position: top left;
  background-attachment: scroll;
}
```

body.custom-background에서 .custom-background는 사용자 정의 배경 설정에 대한 클래스 선택자입니다. HTML 코드의 body 태그에 class="custom-background"가 추가됩니다.

- background-color는 배경 색상을 설정하는 속성입니다. 값으로 16진수 색상 코드가 사용됐습니다.

- background-image는 배경 이미지를 설정하는 속성입니다. 이미지가 있는 위치를 표시하기 위해 url(주소/파일이름.확장자) 값을 사용합니다.

- background-repeat는 배경 이미지를 사용할 경우 반복 여부에 대한 속성을 설정합니다. repeat를 사용하면 반복 안 함이고 repeat-x는 좌우 반복, repeat-y는 상하 반복입니다.

- background-position는 배경 이미지의 위치입니다. 여기서는 X, Y 좌표로 두 가지 값을 사용합니다. X 좌표로는 left, center, right를 사용하고, Y 좌표로는 top, center, bottom을 사용합니다. 값으로 center, center를 사용했다면 이미지가 가로, 세로 정 중앙에 배치됩니다. 세밀한 위치를 정하려면 단위로 픽셀이나 퍼센트(%)를 사용할 수 있습니다. 50%, 50%를 사용했다면 center, center에 상응하며, 30%, 70%를 사용하면 화면 비율로 좌측에서 30%에 해당하는 위치, 위에서 70%에 해당하는 위치에 배치됩니다.

- background-attachment는 화면을 스크롤 할 때의 고정 여부인데 fixed를 사용하면 콘텐츠는 스크롤 되더라도 배경은 고정돼 있습니다.

위 모든 사항은 한 줄의 단축형 표현으로 만들어 사용하는 것이 편리합니다. 위 내용을 그대로 한 줄로 표현하면 다음과 같습니다.

```
body.custom-background {
  background: #e6e6e6 url('주소/파일이름.png') repeat top left scroll;
}
```

복잡해 보이던 속성들이 한 줄로 간단하게 정리됐습니다. 속성은 background를 사용하고 콜론 다음에 각종 값을 나열하면 됩니다. 마지막으로 끝에 세미콜론을 지정해서 값이 끝났음을 표시합니다. 이처럼 스타일 시트 한 줄이면 될 것을 테마에서는 관리자 화면으로 하나의 페이지를 할애하고 있습니다. 그만큼 스타일 시트는 사용자 정의 테마를 만드는 데 있어서 아주 중요합니다.

이번 장에서 글쓰기에 관련된 모든 사항을 알아봤습니다. 이번 장에서 살펴본 내용은 워드프레스를 사용할 때 필요한 기본적인 내용이며, 테마를 수정하지 않고 사용할 경우 필요한 사항입니다. 1장의 테마 선택 부분에서 언급했듯이 블로그에서는 글도 중요하지만, 글의 주제에 맞는 테마 디자인을 선택해서 방문자로 하여금 계속 머물 수 있는 공간을 마련해주는 것은 방문자를 위한 배려입니다. 성공한 블로그에서 가장 우선시되는 것이 글의 내용입니다. 하지만 글의 내용에 걸맞게 테마 디자인이 잘 돼 있다면 금상첨화입니다. 다음 장에서는 Cuxtomizr 테마를 이용해 자식 테마(Child Theme)을 만들고 사용자 정의 화면에서 웹사이트를 만드는 과정을 진행하겠습니다.

4장
웹사이트 만들기

4장의 내용을 간략히 알아보면 다음과 같습니다.

1. 자식 테마 만들기

4장에서 사용할 Customizr 테마의 자식 테마를 만들고 관리자 화면의 폰트를 수정합니다.

2. 사용자 정의하기

Customizr 테마는 이름에서 알 수 있듯이 사용자 정의해서 사용할 수 있는 최적의 테마입니다. 무료인 것이 아까울 정도로 다양한 기능이 있고, 테마 사이트에서는 별도의 문서를 제공해서 각종 코드 조각을 사용해 테마를 사용자 정의할 수 있도록 하고 있습니다. 또한, 트위터 부트스트랩 기반의 테마이므로 반응형 지원은 물론이고 부트스트랩 기능을 안다면 다양하게 테마를 수정할 수 있습니다.

3. 위젯 사용하기

사이드바나 푸터, 전면 페이지에서 콘텐츠를 출력하기 위해 여러 가지 위젯을 사용합니다. 위젯은 상당히 다양하므로 몇 가지 위젯 사용법을 알아보고 이러한 위젯을 자유롭게 배치해 사용할 수 있는 WooSidebar 플러그인을 사용하는 방법을 알아봅니다.

4. 전면 페이지 만들기

웹사이트에서 전면 페이지는 아주 중요합니다. 블로그는 글이 먼저 나와도 되겠지만, 웹사이트는 다양한 콘텐츠로 갈 수 있는 포털 역할을 해야 하기 때문입니다. 이러한 전면 페이지를 만들기 위한 페이지 빌더를 사용하는 방법을 알아봅니다.

5. 컨택트 페이지 만들기

페이지 빌더를 이용해 컨택트 페이지를 만드는 방법을 알아봅니다. 특히 컨택트 폼은 고객과의 연락을 위해 사용하는 것이므로 Contact Form 7 플러그인을 사용하면 고객으로부터 이메일을 받으면 바로 답장을 보낼 수 있는 기능이 있습니다. 또한, 같은 페이지에 구글 지도를 삽입해 봅니다.

6. 아쿠아 페이지 빌더 사용하기

페이지 빌더에서 부족한 부분을 아쿠아 페이지 빌더를 사용해서 글 콘텐츠 목록을 출력하는 방법을 알아봅니다.

7. 테마 추가 수정

Customizr 테마는 별도의 사이트를 운영하면서 테마를 수정해 사용하는 방법을 제공하고 있습니다. 여기서 몇 가지 코드 조각을 사용해 테마를 수정해 봅니다.

8. 로컬호스트에서 웹 호스트로 워드프레스 이전

내 컴퓨터의 로컬호스트에서 작업한 워드프레스를 있는 설정 그대로 모든 콘텐츠와 함께 워드프레스를 웹 호스트로 이전하는 방법을 알아봅니다.

자식 테마 만들기 01

3장까지는 워드프레스의 기본 테마를 사용해서 워드프레스 기본 설정과 사용 방법을 알아봤습니다. 4장에서는 무료 테마를 선정해서 웹사이트 만드는 방법을 알아보겠습니다. 3장의 마지막 부분인 테마에서 알아봤듯이 테마는 그 수만큼 사용 방법이 다양합니다. 그래서 가능한 한 많은 테마를 사용해보면 대부분의 테마가 설정하는 방식이 비슷하므로 어떤 테마라도 사용할 수 있게 됩니다. 1장에서 선택한 Customizr 테마를 사용해서 웹사이트를 만들어보겠습니다.

그림 4-1 Customizr 테마의 반응형 지원

이 테마는 트위터 부트스트랩 프레임워크를 기반으로 만들었습니다. 그래서 기본적으로 반응형 디자인을 지원합니다. 모바일 기기의 폭으로 줄였을 때 메뉴의 내용이 사라지고 하나의 수평 바가 바로 나타나며 우측의 버튼을 클릭하면 드롭다운 형태의 세로 메뉴가 나타납니다.

이전까지는 Twenty-Fourteen 테마의 파일을 직접 수정해서 몇 가지 바꿔봤습니다. 그런데 테마나 플러그인은 업데이트됩니다. 그래서 테마 파일을 직접 수정하면 나중에 테마가 업데이트됐을 때 수정한 내용이 모두 사라집니다. 이를 방지하는 방법으로 자식 테마를 만들어서 이 테마를 수정하면 됩니다. 자식 테마를 만드는 방법은 다음 단계를 거칩니다.

1. 기본 테마 폴더를 복사해서 자식 테마 폴더를 만든다
2. 자식 테마의 스타일 시트 파일을 수정한다
3. 자식 테마의 함수 파일 내용을 제거한다.
4. 자식 테마를 활성화하고 수정을 시작한다

그러면 위와 같은 과정을 거쳐서 자식 테마를 만들고 수정을 시작해보겠습니다.

∩1 자식 테마 폴더 만들기

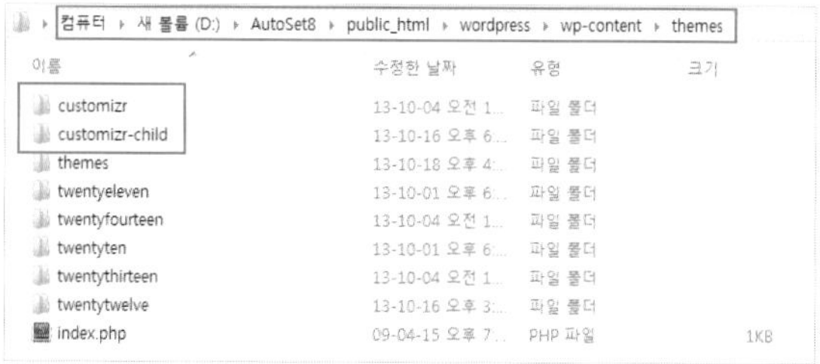

그림 4-2 자식 테마 폴더 만들기

윈도우 탐색기에서 customizr 폴더를 선택하고 Ctrl+C, Ctrl+V 키를 차례로 누르면 복사본이 생성됩니다. 폴더 이름을 customizr-child로 수정한 다음 폴더로 들어갑니다.

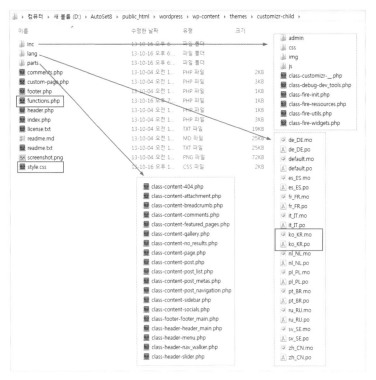

그림 4-3 테마의 파일

처음 들어오면 파일이 별로 없어서 간단한 테마로 생각되지만, inc 폴더와 parts 폴더를 열어보면 더 많은 파일이 있고, 이들이 하나의 테마를 만드는 데 사용됩니다. lang 폴더에는 이 테마만의 언어 파일을 번역해서 사용할 수 있습니다. 다만 자식 테마에서는 인식하지 못하므로 부모 테마의 같은 폴더(customizr/lang)에 붙여넣어야 합니다. 언어 파일은 첨부 파일(languages)에 있습니다.

∩2 함수 파일과 스타일 시트 수정하기

functions.php 파일과 style.css 파일을 수정해야 하는데 우선 style.css 파일을 편집기에 열고 보면 다음 그림처럼 주석 부분만 나타납니다. 이 파일은 테마 디자인을 수정하기 위해서 스타일 시트를 추가하면 되는 곳이고 이미 디자인된 스타일 시트는 inc 폴더의 css 폴더에 있습니다.

그림 4-4 스타일 시트 수정

자식 테마의 스타일 시트에서 수정해야 할 가장 중요한 부분은 테마 이름과 부모 테마의 폴더 이름입니다. 테마 이름을 변경하지 않으면 같은 이름이 있기 때문에 부모 테마와 구별이 안 됩니다. 부모 테마 폴더 이름은 주석이 끝나는 부분 바로 위에 template: 글자를 입력하고 그다음에 입력합니다. 일반적으로 테마의 스타일 시트는 위 주석 아래에 많은 코드가 있지만, 이 테마는 다른 폴더에서 여러 개의 색상이 다른 스타일 시트 파일을 저장해놓고 사용자 정의 화면에서 선택하면 스킨이 바뀌도록 하는 구조입니다.

그림 4-5 함수 파일 수정

다음으로 functions.php 파일을 열고 상단의 〈?php만 남기고 모두 제거합니다. 이를 제거하지 않으면 부모 테마의 함수 코드와 같으므로 충돌 때문에 심각한 에러가 발생합니다. 다음으로 아래의 코드를 이 파일에 추가합니다. 이전과 css 폴더의 경로가 다르며 또한 get_template_directory_uri()가 get_stylesheet_directory_uri()로 바뀌었습니다. 이는 자식 테마 폴더를 지시하는 템플릿 태그입니다. 앞으로는 자식 테마를 위한 함수 코드는 항상 이곳에 입력합니다. 참고로 함수 파일의 php 종료 태그(?〉)는 생략해도 됩니다.

```php
function admin_css() {
  wp_enqueue_style( 'admin_css', get_stylesheet_directory_uri() . '/inc/css/admin.css'
);
}
add_action('admin_print_styles', 'admin_css');
```

스타일시트는 이전에 twentyfourteen 폴더에서 사용한 것을 그대로 사용합니다. twentyfourteen/css 폴더에서 admin.css 파일을 복사해서 customizr/inc/css 폴더에 붙여넣습니다. 모두 저장한 다음 관리자 화면에서 외모 → 테마를 선택한 다음 자식 테마를 활성화합니다.

사용자 정의하기 02

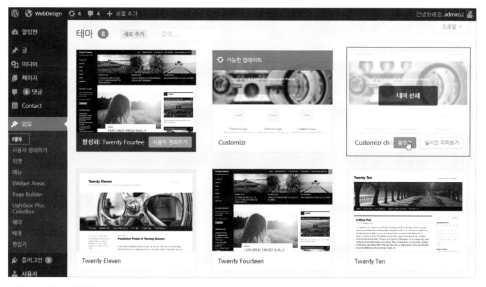

그림 4-6 테마 활성화

자식 테마의 이름이 나타나서 부모 테마와 구별됩니다. 활성화 후에는 외모의 하위 메뉴에 Customizrit! 메뉴가 있는데 이곳을 클릭하면 이 테마를 전반적으로 사용자 정의하는 화면이 나타나며 위의 "사용자 정의하기" 메뉴를 클릭해도 같은 화면이 나옵니다. Ctrl 키를 누르고 사용자 정의하기 메뉴를 클릭하면 새 탭에 화면이 나타납니다. 두 개의 화면을 보면서 수정하겠지만, 사용자 정의 화면과 사이트 화면이 다르게 보이는 경우가 있으니 상황에 따라 다른 탭에서 사이트를 확인합니다.

∩1 스킨의 선택 및 구글 웹 폰트 수정

그림 4-7 사용자 정의 화면

앞 장에서 알아본 것처럼 사용자 정의 화면에서 여러 가지 설정을 할 수 있게 돼 있습니다. 우선 스킨 항목을 열고 선택 상자에서 Blue를 선택하면 버튼과 링크 색상이 파란색으로 나타납니다. 원하는 스킨을 선택합니다. 우측 사이트 화면을 보면 우선 수정해야 할 곳이 한군데 있습니다. 내비게이션 화살표가 크게 나타나고 우측의 것은 레이아웃을 벗어나서 하단에 스크롤 바가 나타납니다. 로고 부분은 이전에 구글 폰트 플러그인을 이용해서 Felipa 체를 사용하도록 설정했는데 다행히도 선택자가 같아서 해당 폰트로 나타납니다.

그림 4-8 내비게이션 요소검사

내비게이션 화살표를 요소 검사를 하면 .carousel-control 선택자가 있습니다.

그림 4-9 슬라이더 내비게이션 아이콘 수정

style.css 파일에서 다음 코드를 입력하고 Ctrl+S 키를 눌러 저장합니다. 기존에 폰트 사이즈
가 120px로 설정된 것을 줄인 것입니다. 앞으로 추가되는 스타일 시트는 위와 같이 style.css
파일에 입력합니다.

```
.carousel-control {
  font-size: 30px;
}
```

∩2 로고와 파비콘

그림 4-10 로고 이미지 업로드

로고와 파비콘은 포토샵과 같은 이미지 편집기를 사용해서 만듭니다. 로고는 대부분 투명 배경의 png 파일을 사용합니다. 배경이 어떤 색으로 변경될지 모르기 때문이죠. 큰 이미지를 사용할 경우 체크박스에 체크한 상태에서 올리면 위 도움말에 나온 정해진 크기대로 (250×100px) 나타납니다. 파비콘은 Favorite icon의 줄임 말로 즐겨찾기 아이콘을 의미합니다. 웹 브라우저의 탭에 나타나며 여러 개의 탭이 열린 상태에서 웹사이트를 쉽게 구분할 수 있으므로 반드시 사용하는 것이 좋습니다. 파비콘은 업로드 한 다음 저장 & 발행 버튼을 클릭해서 다른 탭에서 사이트를 열어 확인합니다.

03 사이트 제목과 태그라인

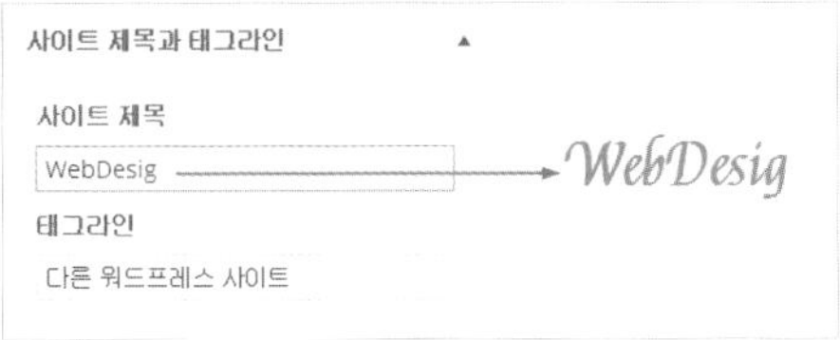

그림 4-11 사이트 제목과 태그라인

관리자 화면의 일반 설정 항목에 있는 내용을 이곳에서도 수정할 수 있습니다. 글자를 수정하면 저장하지 않더라도 수정되는 모습이 바로 보입니다. 하지만 변경하고 난 후에 적용하려면 상단에서 저장 & 발행 버튼을 클릭해야 합니다. 사용자 정의 화면에서 설정하고 난 후에는 항상 이 버튼을 클릭해서 저장하세요.

04 메뉴 수정하기

현재 사이트 상단의 메뉴바에는 "메뉴 추가" 링크만 있고 이전에 작업했던 메뉴 내용이 나타나지 않는데 이것은 테마가 바뀌면서 메뉴를 출력하는 코드가 다르기 때문입니다. 그래서 테마를 변경하고 난 후에는 메뉴를 다시 설정해줘야 합니다. 이 링크를 클릭하면 관리자 화면의 메뉴 편집 페이지로 이동해서 사용자 정의 화면을 벗어나므로 관리자 화면이 열려있는 탭에서 외모 → 메뉴를 선택합니다.

그림 4-12 메뉴 수정

상단의 메뉴 선택 상자에서 주메뉴를 선택하고 하단의 테마위치에서 메인 메뉴에 체크한 다음 메뉴 저장버튼을 클릭하면 메뉴 선택박스의 이름이 주메뉴(메인 메뉴)로 변경됩니다.

그림 4-13 메뉴의 트리구조

사이트에서 새로고침 하면 메뉴가 나타납니다. 메뉴를 클릭하면 서브 메뉴가 나타나고 3단의 서브 메뉴는 겹쳐서 나타납니다. 모바일 기기에서는 드롭다운 형태입니다.

이전에 만든 푸터 메뉴는 별도로 코드를 넣어서 만든 것이므로 이 테마도 별도의 코드를 추가해야 나타납니다. 이 부분은 나중에 설명하겠습니다.

05 전면 페이지 설정하기

Customizr 테마의 전면 페이지의 콘텐츠는 세 부분으로 나뉘어 있습니다. 상단에 슬라이더가 있고 바로 아래 특성 페이지 썸네일이 세 개 있으며 그 아래에는 설정에 따라 나타나는 글목록이 있습니다. 글 목록에서 사이드바를 표시할 수 있습니다.

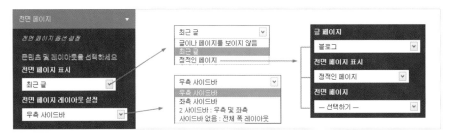

그림 4-14 전면 페이지 설정

사용자 정의 화면에서 전면 페이지 패널을 열면 "전면 페이지 표시"에 최근 글이 선택돼 있습니다. 이를 "글이나 페이지를 보이지 않음"으로 선택하면 하단에 글 목록이 나타나지 않습니다. "정적인 페이지"를 선택하면 세 개의 선택 상자가 나타나고 관리자 화면의 설정 → 읽기 설정의 상단 부분과 같은 설정이 나타납니다. 정적인 페이지 만들기에 대해서는 나중에 알아보기로 하고 우선 나머지 두 가지를 설정해보겠습니다.

"전면 페이지 표시"에서 최근 글을 선택한 상태에서 "전면 페이지 레이아웃 설정"에서 우측 사이드바를 선택하면 사이드바가 우측에 배치되고 좌측 사이드바를 선택하면 좌측에 배치됩니다. "2 사이드바"를 선택하면 글 목록을 기준으로 좌측과 우측에 사이드바가 나타납니다. 좌측에는 아직 위젯을 배치하지 않아서 아무것도 나오지 않고 콘텐츠 영역의 폭만 줄어듭니다. 사이드바 없음을 선택하면 콘텐츠 영역이 전체 폭을 사용하게 되는데 폭이 너무 넓어서 글 목록에 대해 이 레이아웃을 사용하기에는 무리가 있습니다.

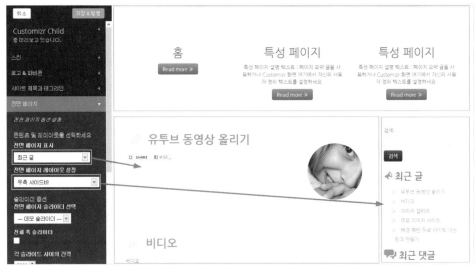

그림 4-15 전면 페이지의 레이아웃

우선 전면 페이지는 우측 사이드바를 사용하기로 하고 다른 페이지나 글은 필요에 따라서 좌측 사이드바나 양쪽 사이드바 모두를 사용하도록 합니다.

06 슬라이더 옵션

전면 페이지에는 기본적으로 슬라이더가 배치돼 있는데 사용자 정의 화면에서 슬라이드 이미지를 바꾸려고 설정 옵션을 찾아보면 슬라이더와 관련된 옵션이 없습니다. 이는 페이지나 글을 만들 때마다 슬라이더를 추가할 수 있게 돼 있기 때문입니다. 따라서 슬라이더는 페이지나 글의 수만큼 만들 수 있습니다.

그림 4-16 슬라이더 옵션

슬라이더 옵션의 '전면 페이지 슬라이더 선택'을 클릭하면 현재는 데모 슬라이더와 슬라이더 없음 옵션 밖에 나오지 않습니다. 하지만 미디어 라이브러리에서 이미지를 선택하고 슬라이더를 만들면 위 선택 상자에 나타나며 사용자 정의 슬라이더를 선택하면 됩니다. '전체 폭 슬라이더' 체크박스에 체크하면 슬라이더의 폭이 브라우저 전체 폭으로 전환됩니다. '각 슬라이드 사이의 간격'의 단위는 밀리초로 입력 상자에 직접 입력하거나 우측의 세모 아이콘을 클릭하면 500단위로 변경됩니다. 이번에는 전면 페이지에 슬라이더를 만들어보겠습니다.

07 슬라이더 이미지 편집하기

그림 4-17 슬라이더 이미지 편집

미디어 → 파일 올리기에서 첨부 파일의 이미지 폴더의 slide1.jpg 이미지를 업로드 하고 편집링크를 클릭하면 위 화면이 나옵니다. 슬라이더의 이미지는 포토샵과 같은 이미지 편집기로 미리 일정한 크기로 잘라서 업로드 하는 것이 좋습니다. 슬라이더는 전체 폭 슬라이더와 콘텐츠 폭 슬라이더 두 가지를 선택할 수 있는데 우선 전체 폭 사이즈인 1,841×500px의 크기로 잘라서 슬라이더로 설정합니다. 이 폭은 현재 가장 많이 사용하는 데스크톱 모니터의 가로 사이즈인 1,920px에서 윈도우 OS의 작업 표시줄을 우측에 배치하고 사용할 경우 웹 브라우저 폭이 1,841px인 것을 기준으로 한 것입니다. 이보다 크거나 작은 사이즈의 모니터일 경우 이미지를 강제로 늘리거나 줄이므로 이미지는 제대로 나타납니다. 이미지를 미리 잘라서 사용하지 않을 경우 다음과 같이 적절하지 않은 이미지가 사용됩니다.

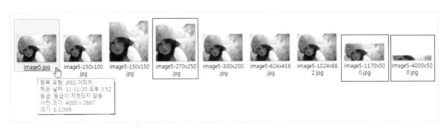

그림 4-18 테마에 의해 만들어진 이미지

이미지를 업로드 하면 Customizr 테마에 의해 새로운 사이즈의 이미지가 잘립니다. 우선 270×250px의 사이즈는 전면 페이지에서 슬라이더 아래의 특성 페이지의 썸네일 이미지로 사용됩니다. 두 번째 이미지는 1,170×500px의 이미지로 콘텐츠 폭 슬라이더 이미지로 사용됩니다. 다음으로 세 번째는 4,000×500px의 사이즈로 원본 이미지의 폭(4,000px)에 슬라이더의 높이(500px)로 잘라지면서 전체 폭 슬라이더의 이미지로 사용됩니다. 테마에 의해 임의로 자르기 때문에 두 번째 이미지는 그런대로 사용하는 데 문제 없겠지만 세 번째 이미지는 사람의 얼굴이 제대로 나타나지 않습니다. 그러니 이미지를 미리 잘라서 사용해야 한다는 것입니다.

08 슬라이더 옵션 선택

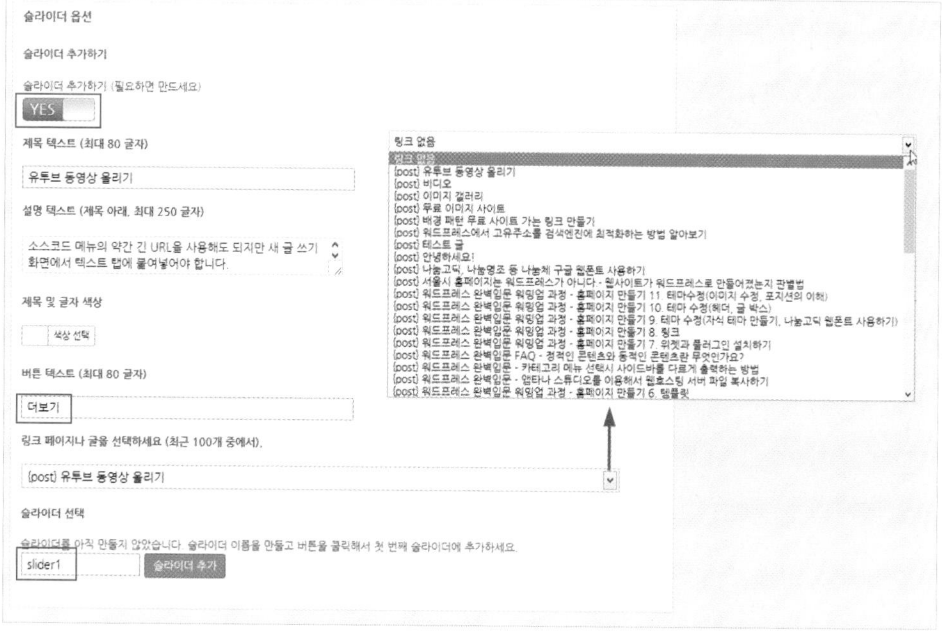

그림 4-19 슬라이더 옵션

이미지 업로드 후에 하단의 슬라이더 옵션에서 "No" 버튼을 클릭하면 YES로 전환되면서 옵션 설정 박스가 나타납니다. 제목, 설명을 입력하고 글자 색상을 흰색으로 선택한 다음 버튼 텍스트는 "더보기"나 원하는 글자로 변경합니다. 링크 선택박스를 클릭해서 글을 선택합니다. 마지막으로 슬라이더 입력 상자에 이름을 입력하고 슬라이더 추가 버튼을 클릭하면 다음과 같이 하단에 슬라이더가 추가됩니다.

그림 4-20 슬라이더 선택

하나의 이미지당 하나의 슬라이더를 추가할 수 있으므로 여기서 더 작업할 것은 없으니 화면 우측의 저장하기 메타 박스에서 업데이트 버튼을 클릭합니다.

ᑎ9 슬라이더 이미지 수정

그림 4-21 **전체 폭 이미지와 콘텐츠 폭 이미지**

이미지가 잘리고 저장되는 wp-content/uploads/2013/10 폴더를 보면 1,170px 폭의 이미지가 자동으로 생성돼 있습니다. 마지막의 년도와 월은 작업한 시기에 따라 달라집니다.

그림 4-22 포토샵에서 이미지 자르기

그런데 1,841px 폭의 이미지는 왼쪽의 집을 기준으로 잘랐지만 1,170px 사이즈의 이미지는 테마에 의해서 중앙을 기준으로 자르므로 원하는 대로 보이게 하려면 포토샵에서 1,170px 사이즈의 이미지를 다시 만들고 교체해주면 됩니다.

그림 4-23 슬라이더 콘텐츠 폭 이미지 자르기

1,170×500px의 폭으로 자르고 임의의 이름(slide1-1.jpg)으로 저장합니다.

그림 4-24 이미지의 교체

wp-content/uploads/2013/10 폴더에서 slide1-1170x500.jpg의 파일을 대상으로 마우스 오른쪽 버튼을 클릭해서 이름 바꾸기를 선택하고 파일 이름을 복사한 다음, 이 파일을 제거합니다. slide1-1.jpg 파일을 대상으로 마우스 오른쪽 버튼을 클릭해서 이름 바꾸기를 선택하고 붙여넣기 합니다. 이렇게 변경한 이미지는 나중에 설명할 Regenerate Thumbnails라는 플러그인을 사용하면 다시 원상 복구되므로 slide1-1.jpg 파일은 별도의 폴더에 보관해두고 교체해줘야 합니다.

1∩ 두 번째 슬라이더 이미지 추가

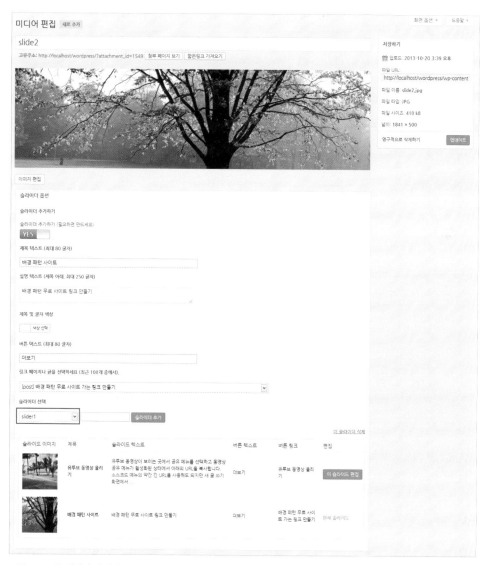

그림 4-25 두 번째 슬라이더 이미지 추가

새로운 이비시늘 1,841px 크기로 잘라서 업로드 하고 모든 옵션을 설정한 다음 슬라이더 선택 상자에서 slider1을 선택합니다. 저장하기 메타 박스에서 업데이트 버튼을 클릭합니다. 다시 이 이미지를 1,170px 폭으로 잘라서 이전 슬라이더와 같은 방법으로 교체합니다.

11 사용자 정의 화면에서 확인하기

그림 4-26 슬라이더 이미지 확인

사용자 정의 화면에서 새로고침 한 다음 슬라이더 옵션의 전면 페이지 슬라이더 선택 박스에서 slider1을 선택하면 우측에 슬라이더가 나타납니다. 전체 폭 슬라이더에 체크하면 폭이 늘어납니다. 별도의 탭을 열고 사이트 전면 페이지에서 웹 브라우저 폭을 줄여 보면 다음과 같이 글자 배경 부분이 레이아웃을 벗어나므로 텍스트 글자는 많이 입력하지 않도록 합니다.

그림 4-27 모바일 화면 크기에서 확인

더보기 버튼을 클릭해서 글로 이동해봅니다.

12 글 화면에서 확인하기

그림 4-28 글 화면에서 확인

폭을 줄이면 유투브 동영상이 가로 폭은 줄지만 세로 높이는 그대로여서 수정해야 하는데 이는 나중에 하기로 하고 우선 편집 버튼을 클릭해서 글 편집 화면으로 갑니다.

그림 4-29 개별 글에서 슬라이더 사용하기

편집화면 하단에 보면 슬라이더 옵션이 있고 버튼을 클릭하면 YES로 전환되면서 옵션이 나타납니다. 슬라이더 선택 항목에서 slider1을 선택하고, 전체 폭을 사용할지 결정한 다음 업데이트 버튼을 클릭합니다. Ctrl 키를 누른 채 툴바에서 글보기 버튼을 클릭하면 새 탭에서 사이트의 글 화면에 슬라이더가 나타납니다. 이처럼 Customizr 테마는 어떤 글이나 페이지든지 슬라이더를 추가할 수 있으며 여러 개의 슬라이더를 미리 만들어 놓고 원하는 곳(주로 페이지)에 노출할 수 있습니다.

13 유튜브 동영상 수정하기

그림 4-30 유튜브 동영상 코드 수정하기

유튜브 동영상을 추가한 글의 편집 화면에서 텍스트 탭을 열고 유튜브 동영상 링크를 추가한 곳에 위처럼 다음의 코드를 감싸준 다음 업데이트 버튼을 클릭합니다.

```
<div class='embed-container'>
http://youtu.be/TE1J7ITXTLM
</div>
```

테마의 스타일 시트에는 다음 코드를 추가하고 저장합니다.

```
.embed-container {
    position: relative;
    padding-bottom: 56.25%;
    padding-top: 30px;
    margin: 15px auto;
    height: 0;
    overflow: hidden;
```

```
}
.embed-container iframe,
.embed-container object,
.embed-container embed {
    position: absolute;
    top: 0;
    left: 0;
    width: 100%;
    height: 100%;
}
```

글 화면에서 새로고침 하면 유튜브 동영상이 가로세로 비율이 적절하게 나타나며 폭을 줄이
더라도 반응형이 되면서 제대로 나타납니다.

위처럼 동영상 링크에 div 태그를 매번 입력하기 번거롭죠. 그래서 유튜브 동영상을 삽입하
기만 하면 반응형이 되게 하는 방법을 알아보겠습니다. 우선 위 글 편집 화면에서 추가한 div
태그의 코드를 제거하고 저장합니다.

그림 4-31 제이쿼리로 코드 삽입하기

테마의 inc 폴더를 열고 js 폴더를 대상으로 마우스 오른쪽 버튼을 클릭해서 New File을 선
택하면 새로운 탭이 열립니다. Ctrl+Shift+S 키를 눌러 파일명을 custom.js로 저장하고 다
음 코드를 추가합니다.

```
jQuery(document).ready(function($){
    $( ' p > iframe[src^="http://www.youtube.com"]' ).wrap( "<div class='embed-contain-
er'></div>" );
    //코드 추가
});
```

위 코드는 유튜브 동영상 링크에 글 편집 화면에서 제거한 코드를 삽입하는 제이쿼리입니다. 앞으로 제이쿼리를 사용할 경우 위의 '코드 추가' 부분에 삽입하면 됩니다. iframe 태그 앞에 P 〉가 추가된 것은 p 태그 바로 다음에 iframe이 있을 때만 적용되게 하기 위해서입니다. 이렇게 하면 다른 플러그인을 사용해서 유튜브 동영상을 삽입할 경우 충돌이 일어나지 않습니다.

위 자바스크립트 파일을 워드프레스가 인식하게 하려면 functions.php 파일에서 등록해줘야 합니다.

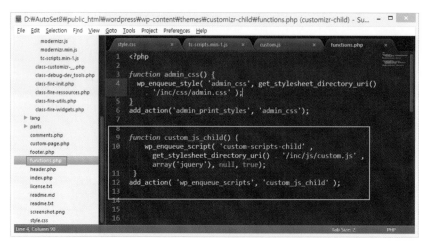

그림 4-32 제이쿼리 링크 함수

테마 폴더에서 functions.php 파일을 열고 다음 코드를 추가합니다.

```php
function custom_js_child() {
    wp_enqueue_script( 'custom-scripts-child' ,get_stylesheet_directory_uri() . '/inc/
js/custom.js' ,array('jquery'), null, true);
}
add_action( 'wp_enqueue_scripts', 'custom_js_child' );
```

위 코드는 테마에 제이쿼리 파일을 링크시키는 함수입니다. wp_enqueue_script는 제이쿼리 파일을 테마에 링크하는 기능을 하고 custom-scripts-child는 제이쿼리 파일을 링크하기 위한 임의의 이름이며 다른 제이쿼리 이름과 같으면 안 되므로 의미 있는 이름으로 만듭니다. get_stylesheet_directory_uri()는 자식 테마 경로를 표시합니다. custom_js_child는 함수 이름이며 이 이름도 의미 있는 이름으로 만듭니다. array('jquery')는 의존하는 파일을 의미하고 제이쿼리 라이브러리에 의존합니다. true는 파일을 웹페이지의 푸터 부분에서 링크하게 합니다.

모두 저장한 다음 유튜브 동영상 화면을 확인하면 제대로 나타납니다. 이제 다른 동영상을 추가해도 같은 결과가 됩니다.

웹디자인 팁

일반적으로 웹페이지에 자바스크립트(제이쿼리)나 스타일 시트를 링크하려면 ⟨head⟩ 태그 내부나 ⟨body⟩ 태그가 끝나기 전에 삽입하게 돼 있습니다.

```
1   <!DOCTYPE html>
2   <html lang="en">
3     <head>
4       <meta charset="utf-8">
5       <title>Bootstrap</title>
6       <meta name="viewport" content="width=device-width, initial-scale=1.0">
7       <meta name="description" content="">
8       <meta name="author" content="">
9
10      <!-- Le styles -->
11      <link href="assets/css/bootstrap.css" rel="stylesheet">
12      <link href="assets/css/bootstrap-responsive.css" rel="stylesheet">
13      <link href="assets/css/docs.css" rel="stylesheet">
14      <link href="assets/js/google-code-prettify/prettify.css" rel="stylesheet">
15    </head>
16
17    <body data-spy="scroll" data-target=".bs-docs-sidebar">
18
```

그림 4-33 head 태그 내부의 링크

스타일 시트는 항상 ⟨head⟩ 태그에 삽입하고 자바스크립트는 웹페이지의 어느 곳에든 삽입할 수 있습니다.

```
181      <!-- Le javascript
182      ============================================= -->
183      <!-- Placed at the end of the document so the pages load faster -->
184
185      <script src="assets/js/bootstrap-affix.js"></script>
186
187      <script src="assets/js/holder/holder.js"></script>
188      <script src="assets/js/google-code-prettify/prettify.js"></script>
189
190      <script src="assets/js/application.js"></script>
191    </body>
192  </html>
193
```

그림 4-34 페이지 하단에서 링크

자바스크립트는 될 수 있으면 페이지의 모든 내용이 로드된 후에 작동되게 하는 것이 좋으므로 ⟨/body⟩ 바로 이전에 삽입합니다.

워드프레스는 수많은 스타일 시트와 자바스크립트를 효율적으로 관리하기 위해서 위와 같은 링크를 웹 페이지에 직접 삽입하지 않고 wp_enqueue_script 라는 함수를 사용해서 서로 충돌을 방지하고 있습니다. 그러므로 별도의 자바스크립트나 스타일 시트 파일을 추가할 때는 항상 functions.php 파일에 wp_enqueue_script를 사용하는 것이 좋습니다. 이름이 'script'로 돼 있지만 스타일 시트도 포함됩니다.

부트스트랩 팁

슬라이더를 Fade 효과로 전환하기

현재 테마는 트위터 부트스트랩에서 기본적으로 지원하는 캐러젤 슬라이더를 사용하고 있어서 이미지가 오른쪽에서 왼쪽으로 슬라이드 되고 있습니다. 이를 슬라이드가 아닌 사라지는(Fade) 효과로 전환하려면 스타일 시트에 다음의 코드만 추가하면 됩니다.

```
.carousel .item {-webkit-transition: opacity 3s; -moz-transition: opacity 3s; -ms-
transition: opacity 3s; -o-transition: opacity 3s; transition: opacity 3s;}
.carousel .active.left {left:0;opacity:0;z-index:2;}
.carousel .next {left:0;opacity:1;z-index:1;}
```

1/ 특성 이미지 재생성하기

Customizr 테마의 특성 이미지는 270×250px 사이즈를 사용합니다. 그런데 이전에 작업할 때는 Twenty-Fourteen 테마에서 이미지를 업로드 하면서 썸네일 이미지가 150×150px로 설정된 상태였기 때문에 현재의 모든 썸네일 이미지가 이 사이즈로 돼 있습니다. 그래서 글 목록을 보면 이미지 하단이 잘려있습니다.

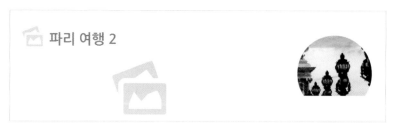

그림 4-35 특성 이미지

따라서 썸네일 이미지를 다시 생성해야 하는데 각 페이지나 글에 들어가서 이미지를 다시 업로드 하면 되겠지만 많은 글이나 페이지가 있다면 상당히 번거로운 일이 됩니다. 이 문제는 플러그인을 사용하면 간단하게 해결할 수 있습니다.

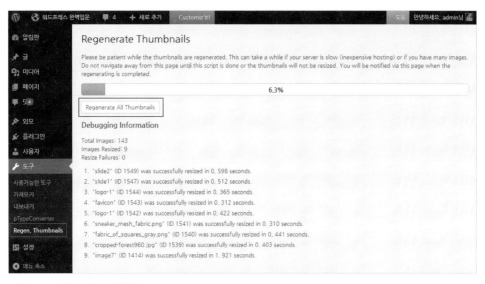

그림 4-36 미디어 이미지 재생성

설치된 플러그인 화면에서 Regenerate Thumbnails를 활성화한 다음 도구 → Regen. Thumbnails를 선택하고 Regenerate All Thumbnails 버튼을 클릭하면 현재 uploads 폴더에 저장된 모든 이미지가 다시 생성됩니다. 다시 만들어지는 파일은 워드프레스 설정 → 미디어 화면의 설정에 있는 사이즈와 Customizr 테마에서 설정한 썸네일 사이즈인 270×250px, 슬라이더 콘텐츠 폭 이미지인 1,170×500px, 전체 폭 이미지인 원본 이미지 폭 ×500px의 세 가지 이미지입니다.

15 특성 페이지 설정하기

그림 4-37 **특성 페이지 설정**

전면 페이지의 슬라이더 바로 아래에는 특성 페이지가 있습니다. 이곳은 페이지만 배치할 수 있는데 '홈 특성 페이지'의 선택 상자를 클릭해보면 여러 개의 페이지가 나타나지만 사실 메뉴를 만들기 위한 빈 페이지가 대부분입니다. 그래서 실제 페이지를 만들어 배치해야 하지만 새로운 페이지를 만들고 특성이미지를 설정하기에는 시간도 걸리고 번거롭습니다. 이것도 플러그인을 사용하면 글을 페이지로 전환할 수 있습니다.

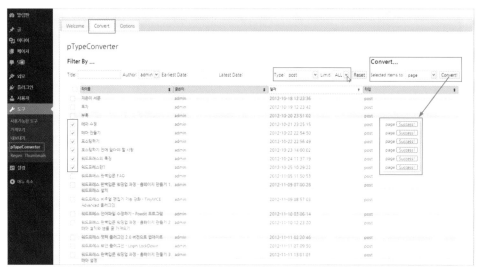

그림 4-38 **포스트를 페이지로 전환**

설치된 플러그인 화면에서 pTypeConverter를 활성화한 다음 도구 → pTypeConverter를 선택합니다. Convert 탭을 선택하고 Filter By…에서 Type을 post로 선택하고 Limit를 All로 선택하면 모든 글이 나열됩니다. 6개의 글에 체크한 다음 Convert…에서 page를 선택하고 Convert 버튼을 클릭하면 메시지창이 나오고 확인 버튼을 클릭하면 페이지로 전환됩니다.

그림 4-39 특성 페이지 선택

사용자 정의 화면에서 새로고침 한 다음, 세 곳의 선택 박스에서 각각 홈 특성 페이지를 선택하면 이미지와 글 제목, 요약 글이 나타납니다. 요약 글은 특성 텍스트 입력란에서 다른 글로 입력할 수 있습니다. 총 6개의 페이지를 만들었는데 나머지 3개의 용도는 위 특성 페이지가 3개로 돼 있는 것을 3개 더 추가한 다음 배치할 것입니다.

16 특성 페이지 추가

그림 4-40 전면 페이지 표시 변경

전면 페이지 표시 항목에서 "글이나 페이지를 보이지 않음"을 선택하면 전면 페이지가 슬라이더와 특성 페이지만 남습니다. 그래서 첫 페이지의 콘텐츠가 적어 보이므로 특성 페이지를 더 추가할 필요를 느끼게 됩니다. 그런데 현재 상태는 특성 페이지를 세 개만 설정할 수 있게 돼 있습니다. 이를 늘리는 방법을 알아보겠습니다.

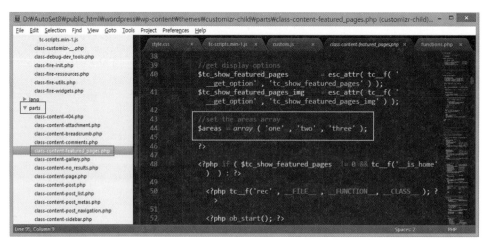

그림 4-41 특성 페이지 수 변경

테마 폴더에서 parts 폴더를 열고 class-content-featured_pages.php 파일을 클릭해서 편집기에 연 다음 44번째 줄을 다음과 같이 수정한 다음 저장합니다. 테마가 업데이트되면 줄 번호는 달라질 수 있으니 같은 코드를 검색해서 찾으세요.

```
$areas = apply_filters( '__featured_pages_areas' , array ( 'one' , 'two' , 'three',
'four', 'five', 'six' ) );
```

이 작업만 해도 전면 페이지에 특성 페이지가 나타나지만, 사용자 정의 화면에서 페이지를 선택할 수 있는 선택 상자가 나타나지 않습니다. 이를 가능하게 하려면 다른 하나의 파일을 수정해야 합니다.

그림 4-42 특성 페이지 코드 수정

inc/admin 폴더에서 class-admin-customize.php 파일을 열고 472번째 줄(줄 번호 달라질 수 있음)을 보면 테마 옵션을 설정하는 부분이 세 곳이 있습니다. 마지막의 //widget page three 부분부터 빨간색 테두리 부분을 복사해서 바로 아래에 붙여넣은 다음 three를 four로, 90을 91로 수정하고 영문 Home featured page three는 한글로 "홈 특성 페이지 4"로 수정합니다. 같은 방법으로 다섯 번째와 여섯 번째 코드를 만듭니다. 그러면 코드는 다음과 같아집니다.

```
//widget page four
'tc_theme_options[tc_featured_page_four]' => array(
    'label'      => __( '홈 특성 페이지 4' , 'customizr' ),
    'section'    => 'tc_frontpage_settings' ,
    'type'       => 'dropdown-pages' ,
    'priority'   => 91,
),
//widget page five
'tc_theme_options[tc_featured_page_five]' => array(
    'label'      => __( '홈 특성 페이지 5' , 'customizr' ),
    'section'    => 'tc_frontpage_settings' ,
    'type'       => 'dropdown-pages' ,
```

```
  'priority'        => 92,
),

//widget page six
'tc_theme_options[tc_featured_page_six]' => array(
   'label'          => __( '홈 특성 페이지 6' , 'customizr' ),
   'section'        => 'tc_frontpage_settings' ,
   'type'         => 'dropdown-pages' ,
   'priority'        => 93,
),
```

그림 4-43 특성 페이지 코드 수정

같은 파일에서 543번째 줄의 빨간색 테두리 부분을 복사해서 바로 아래에 붙여넣고 세 곳을
수정합니다. 같은 방법으로 다섯 번째와 여섯 번째의 코드를 만들어준 다음 저장합니다.

```
//widget page text four
'tc_theme_options[tc_featured_text_four]' => array(
                 'sanitize_callback' => array( $this , 'tc_sanitize_textarea' ),
   'transport'  => 'postMessage',
   'control'    => 'TC_controls' ,
```

```
   'label'        => __( '특성 텍스트 4 (200 car. max)' , 'customizr' ),
   'section'      => 'tc_frontpage_settings' ,
   'type'         => 'textarea' ,
   'notice'    => __( 'You need to select a page first. Leave this field empty if you want
to use the page excerpt.' , 'customizr' ),
   'priority'      => 121,
),


//widget page text five
'tc_theme_options[tc_featured_text_five]' => array(
                   'sanitize_callback' => array( $this , 'tc_sanitize_textarea' ),
   'transport'  => 'postMessage',
   'control'    => 'TC_controls' ,
   'label'        => __( '특성 텍스트 5 (200 car. max)' , 'customizr' ),
   'section'      => 'tc_frontpage_settings' ,
   'type'         => 'textarea' ,
   'notice'    => __( 'You need to select a page first. Leave this field empty if you want
to use the page excerpt.' , 'customizr' ),
   'priority'      => 122,
),


//widget page text six
'tc_theme_options[tc_featured_text_six]' => array(
                   'sanitize_callback' => array( $this , 'tc_sanitize_textarea' ),
   'transport'  => 'postMessage',
   'control'    => 'TC_controls' ,
   'label'        => __( '특성 텍스트 6 (200 car. max)' , 'customizr' ),
   'section'      => 'tc_frontpage_settings' ,
   'type'         => 'textarea' ,
   'notice'    => __( 'You need to select a page first. Leave this field empty if you want
to use the page excerpt.' , 'customizr' ),
   'priority'      => 123,
),
```

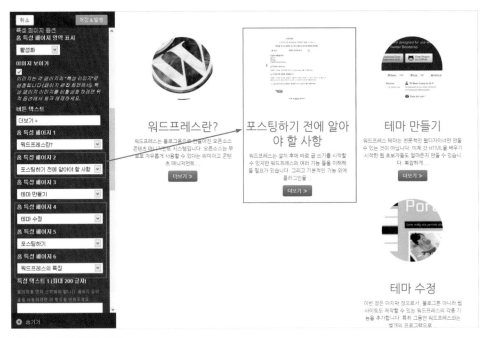

그림 4-44 특성 페이지 추가

사용자 정의 화면에서 새로고침 하고 전면 페이지 설정 부분을 열면 추가된 홈 특성 페이지 선택 상자가 나타납니다. 이전에 배치한 페이지가 사라질 수도 있으니 다시 배치하고 나머지 세 곳의 특성 이미지를 배치한 다음 두 번째 특성 페이지에 제목이 긴 페이지를 배치하면 그림과 같이 네 번째 특성 페이지가 두 번째 특성 페이지 때문에 레이아웃이 어긋나게 됩니다. 가능한 한 페이지 제목을 한 줄로 나타나도록 짧게 만들거나 짧은 제목의 페이지를 배치하는 것이 좋습니다.

17 푸터 메뉴 만들기

그림 4-45 푸터 위젯

사용자 정의 화면에서 내비게이션을 열면 메인 메뉴 선택 상자가 있습니다. 클릭해서 열면 이전에 설정한 메뉴가 나타납니다. 테마가 바뀌었으니 푸터 메뉴는 선택 상자에만 나타납니다. Customizr 테마는 푸터에 위젯을 설치할 수 있도록 돼 있습니다. 세 개의 위젯을 배치할 수 있으며, 이에 대해서는 위젯 사용하기 편에서 설명하고 여기서는 하단의 푸터 영역에 푸터 메뉴를 배치하고 우측의 Top 링크를 버튼으로 만들어보겠습니다.

```
function customizr_child_setup() {
    register_nav_menu( '푸터 메뉴', __( '푸터 메뉴', 'customizr' ) );
}
add_action( 'after_setup_theme', 'customizr_child_setup' );
```

functions.php 파일에 위 코드를 입력합니다. 이전에 Twenty Fourteen 테마에서 푸터 메뉴를 추가할 때와 같은 형태의 함수입니다.

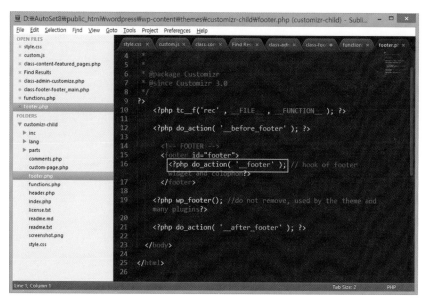

그림 4-46 footer.php 파일의 내용

푸터에 메뉴를 가져오기 위해서 테마 폴더의 footer.php 파일을 열면 간단한 구조로 돼 있고 코드를 입력할 자리가 없습니다. 푸터에는 푸터 위젯과 각종 소셜 아이콘을 배치하는 기능이 있어서 복잡하므로 별도의 파일에서 가져오도록 do_action('__footer');을 사용하고 있습니다. 대부분 별도 파일은 parts 폴더에 있습니다.

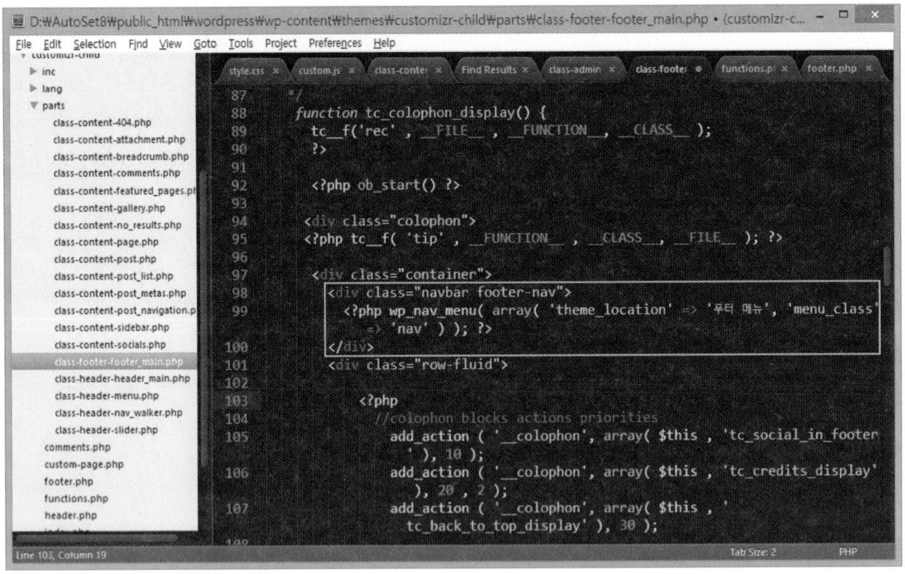

그림 4-47 푸터 메뉴 코드 추가

parts 폴더에서 class-footet-footer_main.php 파일을 열고 97번째 줄의 .container 바로 아래에 다음의 코드를 추가합니다. .navbar는 부트스트랩 선택자로 메뉴를 좌우로 정렬하는 기능을 하기 위해 추가됐으며 .footer-nav은 임의의 선택자로 푸터 메뉴를 제어하기 위해 추가됐습니다.

```
<div class="navbar footer-nav">
  <?php wp_nav_menu( array( 'theme_location' => '푸터 메뉴', 'menu_class' => 'nav' ) );
?>
</div>
```

모두 저장하고 사용자 정의 화면에서 새로고침 하면 푸터 메뉴가 나타납니다.

그림 4-48 푸터 메뉴

선택 상자에서 푸터 메뉴를 선택하고 보면 메뉴가 우측으로 배치됩니다. 위와 같이 이전에 설정한 푸터 메뉴들이 나타나지 않고 많은 메뉴가 나타나는 경우 외모 → 메뉴에서 푸터 메뉴를 선택하고 메뉴 설정에서 푸터 메뉴에 체크하고 메뉴저장 버튼을 클릭합니다. 위 화면에서 메뉴가 우측에 나타나는 것은 .navbar 선택자에 우측으로 배치하는 float:right; 속성이 있어서 그렇습니다. style.css 파일에 다음의 코드를 추가합니다.

```
.footer-nav {
  height:40px;
  float: none;
  margin-bottom: 20px;
}
.navbar .nav > li > a:first-letter, .navbar .nav > li > a {
  font-size: 14px !important;
}
```

푸터 메뉴의 높이를 40px로 설정하고 float 속성을 제거한 다음 하단 마진을 20px로 설정합니다. 또한, 첫 글자가 17px로 된 것을 모두 14px로 지정합니다. !important는 같은 부분에 이미 설정한 스타일 시트를 덮어쓰기 하기 위해 사용합니다.

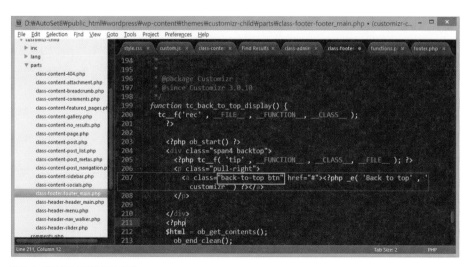

그림 4-49 **부트스트랩 버튼 추가**

class-footet-footer_main.php 파일의 207번째 줄을 보면 .back-to-top이라는 선택자가 있는 a 태그가 있습니다. 이곳은 Top이라는 글자가 있고 이를 클릭하면 상단으로 이동합니다. 글자 크기도 작고 링크로 돼 있어서 눈에 띄지도 않습니다. 이곳에 부트스트랩의 버튼을 만드는 선택자인 .btn을 삽입합니다.

```
var $scrolltotop = $(".back-to-top");
$scrolltotop.css('display', 'none');

$(function () {
  $(window).scroll(function () {
    if ($(this).scrollTop() > 100) {
      $scrolltotop.slideDown('fast');
    } else {
      $scrolltotop.slideUp('fast');
    }
  });

  $scrolltotop.click(function () {
    $('body,html').animate({
      scrollTop: 0
    }, 'fast');
    return false;
  });
});
```

custom.js 파일을 열고 이전에 유튜브 동영상을 반응형으로 만들기 위한 스크립트 바로 아래에 위 코드를 추가합니다. 이것은 Top 버튼이 처음에는 나타나지 않다가 스크롤 해서 100px 이상 내리면 버튼이 나타나고 클릭하면 상단으로 이동하는 기능을 합니다.

```
footer#footer .back-to-top {
  bottom: 0;
  position: fixed;
  right: 15px;
  z-index: 999;
  font-size: 16px;
  font-weight: bold;
}
```

스타일 시트에는 위 코드를 추가합니다. 이는 버튼을 원래의 포지션에서 벗어나서 우측 하단에 고정하는 역할을 하며 글자의 크기를 16px로 늘리고 굵게 나오게 합니다.

18 페이지 & 글 레이아웃

그림 4-50 페이지 & 글 레이아웃

페이지 & 글 레이아웃 상자를 열면 사이트 전체의 페이지나 글의 레이아웃을 변경할 수 있는 옵션이 나타납니다. 브레드크럼(Breadcrumb)은 빵 조각이라는 의미로 헨젤과 그레텔이라는 동화에서 유래하며 카테고리의 여러 단계를 들어가더라도 쉽게 원래의 위치로 돌아올 수 있도록 안내하는 기능을 합니다.

전체적인 기본 레이아웃의 선택은 "기본 레이아웃을 모든 곳에 사용하기"에 체크할 경우 아래의 글 기본 레이아웃이나 페이지 기본 레이아웃에서 사이드바의 위치를 선택했더라도 덮어쓰기가 됩니다. 페이지 레이아웃을 좌측 사이드바로 설정했지만, 전체 기본 레이아웃에 의해 우측 사이드바가 나타납니다.

'목록에 있는 글의 길이를 선택하세요'에서 요약 글이나 전체 글을 선택할 수 있습니다.

19 댓글 옵션 설정

그림 4-51 댓글 설정

댓글 상자를 열면 페이지에 댓글 활성화 옵션이 있습니다. 일반적으로 페이지에는 댓글 달기를 허용하지 않으므로 이곳에서 모든 페이지의 댓글을 허용하지 않을 수 있습니다.

20 소셜 링크

그림 4-52 소셜 아이콘 배치

소셜 링크 상자를 열고 헤더, 사이드바, 푸터에 소셜 링크 아이콘을 배치할 수 있습니다. URL 입력란에 자신의 계정 URL을 입력하면 아이콘이 자동으로 나타납니다.

21 이미지

그림 4-53 이미지 설정

이미지 상자를 열면 이미지 라이트박스 활성화 설정을 할 수 있습니다. 글이나 페이지에 이미지가 있는 경우 이미지를 클릭했을 때 큰 이미지의 라이트박스로 나타납니다. 두 번째 체크박스는 화면 폭에 따라서 라이트박스의 팝업 이미지가 자동으로 조절되는 기능을 합니다.

22 사용자 정의 CSS, 개발자 박스, 개발자 툴팁

그림 4-54 개발자 박스, 개발자 툴팁

사용자 정의 CSS는 스타일 시트를 이곳에 입력해서 스타일을 변경할 수 있지만, 장소가 좁으므로 간단한 수정을 할 때 사용합니다. 개발자 툴은 테마 개발에 사용됩니다. 개발자 박스의 체크박스에 체크하면 우측의 상자가 나타나며 해당 페이지에 사용된 함수를 볼 수 있습니다. 개발자 툴팁을 활성화하면 빨간색의 아이콘이 나타나고 아이콘을 클릭하면 툴팁이 나타납니다.

위젯 사용하기 03

01 레이아웃 수정

워드프레스를 설치하고 나면 기본 위젯이 있지만 이들은 말 그대로 기본적인 내용밖에는 없습니다. 그래서 여러 가지 다양한 위젯을 사용해서 사이트를 꾸미는 방법을 알아봅니다. 그런데 Customizr 테마는 사이드바의 폭이 좁습니다. 반면에 콘텐츠 영역은 넓죠. 그래서 사이드바의 폭은 넓히고 콘텐츠 영역은 좁혀보겠습니다.

Customizr 테마는 트위터 부트스트랩 프레임워크 기반이므로 12칼럼 레이아웃을 사용하고 있습니다. 부트스트랩을 이용해서 레이아웃을 만드는 방법은 .span이라는 선택자와 .row라는 선택자를 이용합니다. .span 선택자는 칼럼의 수를 만들고 .row는 이들 칼럼을 감싸고 있어야 합니다. 또한, 가장 외곽에는 .container라는 선택자를 사용해서 콘텐트를 중앙에 배치되게 합니다.

이 테마의 사이드바를 담당하고 있는 파일은 class-content-sidebar.php입니다. 이 파일을 열고 보면 사이드바의 선택자가 span3로 돼 있습니다. 이를 span4로 수정합니다.

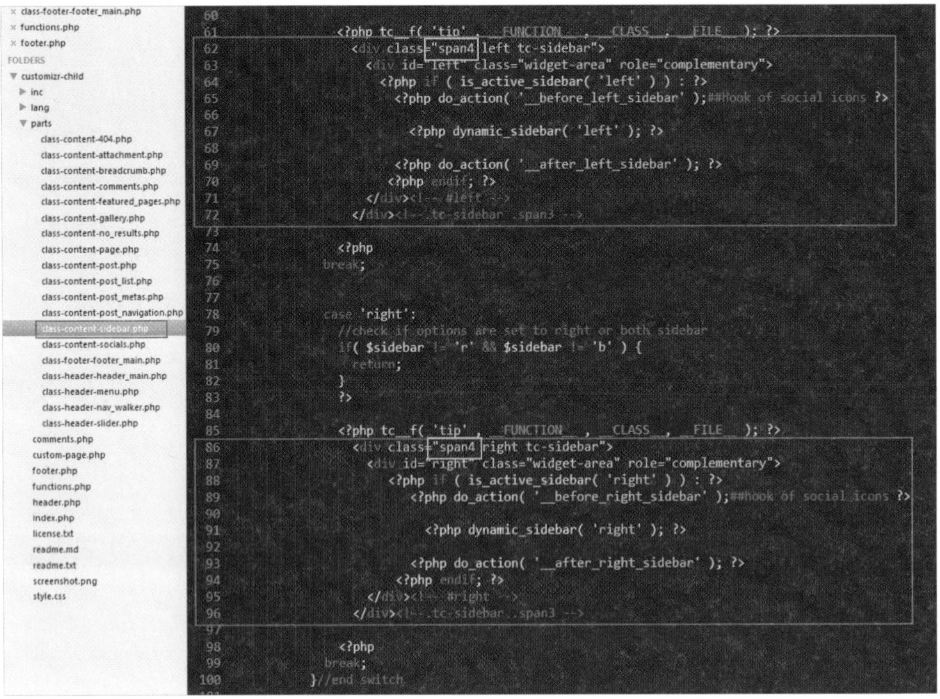

그림 4-55 사이트 레이아웃 변경

parts 폴더에서 class-content-sidebar.php 파일을 열고 62번째 줄과 86번째 줄에서 span3을 span4로 수정합니다.

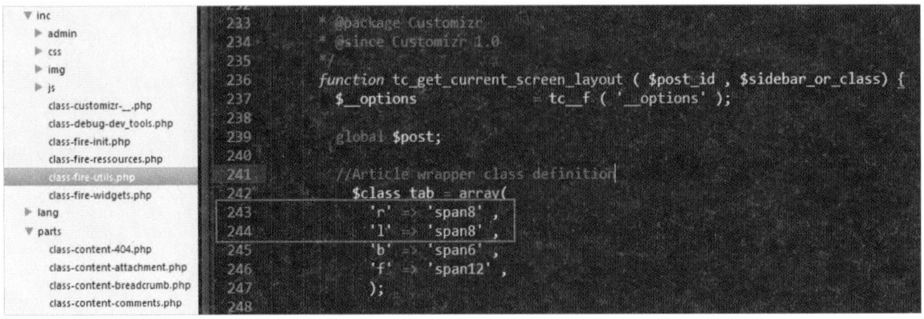

그림 4-56 선택자 코드 변경

다음으로 inc 폴더에서 class-fire-utils.php 파일을 열고 243과 244번째 줄에서 span9를 span8로 수정합니다. 사용자 정의 화면에서 php 프로그래밍으로 선택을 변경하면 좌측 사이드바나 우측 사이드바 또는 전체폭 레이아웃을 선택하는 곳입니다. 그러니 이곳에서 수정하면 사이드바가 양쪽에 있는 레이아웃을 사용할 수 없습니다. 만일 사용하게 되면 총 span의 숫자가 12를 초과하게 되므로 우측 사이드바가 콘텐츠 영역 아래로 내려가게 됩니다. 항상 좌측이나 우측 사이드바가 있는 레이아웃을 사용하면 됩니다.

∩2 정적인 홈페이지 사용하기

워드프레스는 기본적으로 홈페이지가 글 목록이 나타나도록 돼있습니다. 이것은 대부분의 블로그가 취하는 방식인데 일반적인 웹사이트는 글 목록이 아니라 이들 글이나 각종 콘텐츠로 갈 수 있는 다양한 카테고리의 글 목록과 이미지가 존재하죠. 이러한 웹사이트 형태로 만들려면 페이지를 두 개 만들어야 합니다. 하나는 홈페이지로 사용할 것으로 이곳에는 각종 위젯을 배치하고 다른 하나는 비어있는 블로그 페이지를 만듭니다. 관리자 화면의 페이지 → 모든 페이지에 보면 '홈'과 '블로그' 페이지가 이미 만들어져 있으므로 이것을 이용하면 됩니다.

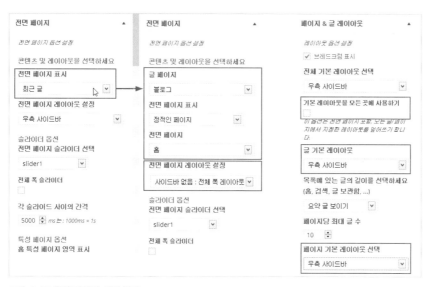

그림 4-57 전면 페이지 설정 변경

사용자 정의 화면의 전면 페이지 패널에서 '전면 페이지 표시' 항목의 '최근 글'을 '정적인 페이지'로 선택하면 두 개의 선택 상자가 더 나타납니다. 일반적으로 웹사이트는 글 목록을 전면 페이지에 나타나지 않게 합니다. 그러므로 글 페이지는 이미 만들어놓은 블로그 페이지를 선택해서 이곳에 블로그 글이 나타나게 합니다. 대신에 전면 페이지는 '홈'으로 설정합니다. '전면 페이지 레이아웃 설정'은 '사이드바 없음'으로 설정합니다.

페이지 & 글 레이아웃에서 반드시 "기본 레이아웃을 모든 곳에 사용하기"에 체크를 해제합니다. 그다음 글 기본 레이아웃과 페이지 기본 레이아웃을 우측 사이드바로 설정합니다. 이곳에서 2 사이드바를 설정하지 않도록 합니다. 이러한 작업을 마치고 나면 홈페이지와 글 페이지가 다음과 같이 됩니다.

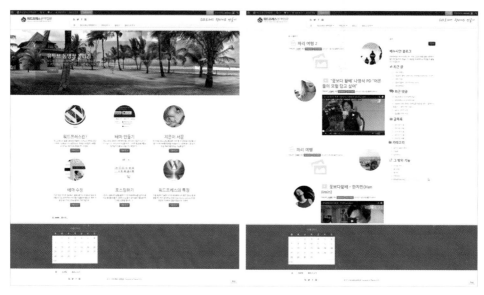

그림 4-58 변경 후 각 페이지의 내용

홈 메뉴를 클릭하면 슬라이더와 특성 페이지, 푸터 위젯, 푸터 순으로 나타나고 블로그 메뉴를 클릭하면 글 목록과 사이드바, 푸터 위젯, 푸터의 순으로 나타납니다. 그러면 이러한 상태에서 각종 위젯을 사이드바와 푸터 위젯 영역에 배치해보겠습니다.

03 최신 글 위젯

워드프레스 기본 위젯의 최신 글 위젯은 글 목록만 나타납니다. 설치된 플러그인 화면에서 Special Recent Posts FREE Edition을 활성화합니다. 이 플러그인을 설치하고 나면 설정하는 화면이 설정 메뉴에 별도로 있으나 여기서 설정할만한 것은 별로 없고 위젯 화면에서 위젯을 배치하고 설정합니다.

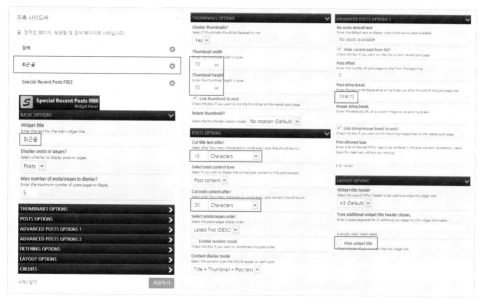

그림 4-59 최근 글 위젯 설정

외모 → 위젯 화면의 사용할 수 있는 위젯 영역에서 Special Recent Posts Free를 클릭한 뒤 드래그해서 우측 사이드바의 워드프레스 기본 위젯인 최근 글 아래에 배치하면 Basic Options 창이 열립니다. 최근 글 기본 위젯은 나중에 제거하기로 합니다.

제목을 "최근 글"로 수정하고 Max number of posts/pages to display에 표시할 글의 갯수를 입력합니다.

Thumbnail Options에서 썸네일 크기를 70px로 수정합니다. Rotate Thumbnails의 두 가지 옵션은 이미지를 시계 방향이나 반 시계 방향으로 회전시킵니다.

Posts Options에서는 제목과 요약 글의 길이를 제한할 수 있습니다. 제목은 16글자로 제한하고 글 내용은 30글자로 제한합니다. Words(단어)를 선택하면 한글은 적용되지 않습니다.

Advanced Options 1에서 […]으로 된 것을 [더보기]로 수정합니다. Advanced Options 2에서는 날짜를 보이게 하거나 날짜 형식을 변경할 수 있습니다.

Filtering Options에서는 카테고리의 글을 포함하거나 제외할 수 있습니다.

Layout Options에서는 위젯 제목 글자의 크기를 변경하거나 보이지 않게 설정할 수 있습니다. 모든 설정을 완료했으면 하단의 저장하기 버튼을 클릭합니다.

그림 4-60 최근 글 위젯 스타일 요소검사

사이트 전면에서 새로고침 하고 확인을 하면 사이드바에 썸네일과 글 제목, 요약 글이 나타납니다. 그런데 제목 상단에 마진이 설정돼 있어서 공간이 발생합니다. 제목을 대상으로 오른쪽 마우스 클릭해서 요소검사를 선택합니다. 〈h4 class="srp-post-title"〉에 마우스를 올리면 주황색으로 제목의 상단 마진과 하단 마진이 보입니다. 상단 마진을 제거하기 위해 스타일 시트 창의 display: block; 바로 아래를 클릭하면 입력할 수 있는 상태가 됩니다. margin-top: 0;을 입력하면 상단 마진이 제거돼서 나타납니다. 여기서는 어떤 결과가 나오는지 확인만 가능하고 실제 스타일 시트가 적용되지는 않습니다. 그러므로 코드를 실제 파일에 붙여넣기 위해 margin-top: 0;을 입력한 상태에서 h4부터 중괄호 끝 부분까지 블록 설정해서 복사합니다.

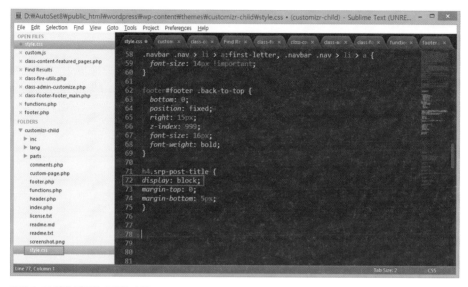

그림 4-61 위젯 제목의 스타일 수정

style.css 파일에 붙여넣은 다음 display: block;은 제거합니다. 이미 적용돼있으니 필요 없죠. 그다음 하단 마진인 margin-bottom: 5px;을 추가합니다. 웹 브라우저를 새로고침 하면 원하는 대로 나타날 것입니다.

```
h4.srp-post-title {
    margin-top: 0;
    margin-bottom: 5px;
}
```

그런데 위젯 제목인 "최근 글" 앞에 아이콘이 나타나지 않아서 다른 위젯 제목과 어울리지 않습니다. 다음으로 아이콘을 추가하는 방법을 알아보겠습니다.

∩ᐟᐟ 폰트 아이콘

Customizr 테마는 Entypo라는 폰트 아이콘을 사용하고 있습니다. 이 폰트 아이콘은 현재 총 250개의 아이콘으로 이뤄져 있습니다. 우선 기존에 있는 스타일 시트를 복사해서 사용하는 방법을 알아보겠습니다.

기존의 스타일 시트를 복사해서 사용하기

그림 4-62 폰트 아이콘 요소검사

아이콘이 포함된 기본 위젯인 최근 글을 대상으로 요소검사를 하고 스타일 시트 창에서 스크롤 해서 내리면 font-family: 'entypo';라는 곳이 보입니다. 전체를 블록 설정해서 복사하고 style.css에 붙여넣습니다.

```css
.widget_recent_entries h3:before {
  font-family: 'entypo';
  top: 2px;
  font-size: 2em;
  content: "\1F4E3";
}
```

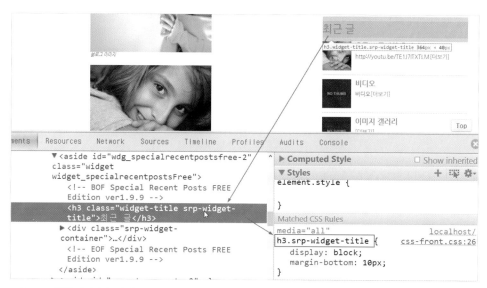

그림 4-63 위젯 제목 요소 검사

다음으로 설치한 위젯의 최근 글의 제목을 요소 검사하면 해당 스타일 시트의 선택자가 보입니다. 이를 복사합니다.

그림 4-64 선택자 변경

이미 붙여넣은 스타일 시트의 :before 앞의 선택자를 제거하고 새로 복사해온 선택자를 붙여넣고 저장합니다. 웹 브라우저를 새로고침 하면 이제 아이콘이 나타날 것입니다.

```
h3.srp-widget-title:before {
  font-family: 'entypo' !important;
  top: 2px;
  font-size: 2em;
  content: "\1F4E3";
}
```

Entypo 폰트 아이콘

이번에는 폰트 아이콘을 사용하는 일반적인 방법을 알아보겠습니다. 현재 슬라이더의 내비게이션 아이콘은 키보드의 〈와 〉글자를 사용하고 있습니다. 이것은 나눔 고딕체를 그대로 사용하고 있어서 굵기가 작아 잘 보이지가 않습니다. 이를 폰트 아이콘으로 바꿔보겠습니다.

- http://www.entypo.com/characters/

위 링크로 이동하면 다음과 같은 화면이 나오고 entypo의 모든 아이콘이 보입니다.

그림 4-65 폰트 아이콘 사이트

스크롤 해서 내리면 화살표 모양의 아이콘이 여러 개 있습니다. 이들 중 표시한 두 가지 아이콘을 사용하겠습니다. 각 아이콘에 세 가지 사용법이 있는데 우선 폰트 자체를 복사해서 사용할 수도 있지만, HTML 파일에 붙여놓고 보면 표시가 되지 않으므로 세 번째의 HTML 코드를 사용하기로 합니다. U+~로 된 것은 유니코드로 이 폰트를 OS에 설치하고 포토샵 같은 프로그램에서 사용할 때 필요한 코드입니다. 하단의 을 블록 설정해서 복사합니다.

그림 4-66 아이콘 요소검사

슬라이더의 우측 끝에 있는 내비게이션 아이콘을 요소검사 하면 HTML 창에 〉가 사용된 것이 보입니다. 폰트 아이콘을 붙여넣을 파일을 찾아야 하는데 서브라임 텍스트 편집기는 폴더에서 단어를 검색하는 기능이 있으니 이를 이용해 보겠습니다. 위 화면에서 carousel-control이라는 선택자를 이용해 검색해보겠습니다.

그림 4-67 검색어 복사

검색어를 외워서 입력하면 틀릴 우려가 있으므로 위와 같이 태그 내부를 더블클릭하여 더블클릭한 부분이 하이라이트 되면 오른쪽 마우스 클릭한 다음 복사합니다.

그림 4-68 서브라임 텍스트에서 검색

편집기에서 Ctrl+Shift+F 키를 누르면 하단에 검색 창이 나타납니다. Find 입력란에 선택
자를 붙여넣고 Where의 입력란 우측의 … 버튼을 클릭한 다음 Add Folder를 선택해서 찾
고자 하는 폴더를 선택합니다. 여기서는 customizr-child를 대상으로 합니다. 그다음 Find
버튼을 클릭하면 파일의 경로와 이름, 그리고 코드가 위치한 곳이 나타납니다. 그러면 위 파
일을 열어서 줄 번호를 찾으면 됩니다. 선택자가 두 곳에 나타나는 것은 콘텐츠 폭과 전체
폭의 슬라이더 두 가지가 있기 때문입니다. 해당 파일을 빠르게 열려면 검색어가 있는 줄번
호 우측의 빈 공간을 더블클릭하면 됩니다. 위 그림에서 126번 우측의 빈 공간을 더블클릭
하세요.

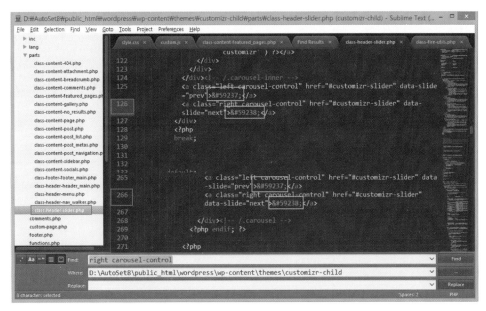

그림 4-69 폰트 아이콘 코드 입력

parts 폴더에서 class-header-slider.php 파일을 열고 126번째 줄에서 기존의 코드를 제거하고 복사해온 HTML 코드를 붙여넣습니다. 마찬가지 방법으로 왼쪽 아이콘의 HTML 코드()를 복사해서 125번째 줄에 붙여넣습니다. 266번째 줄에서도 같은 방법으로 붙여넣습니다.

```css
.carousel-control {
  font-size: 100px;
  font-family: 'entypo';
  color: #fff;
}
```

style.css에는 위의 코드를 입력합니다. 폰트의 크기를 늘리고 색상을 밝은색으로 지정합니다. 웹 브라우저를 새로고침 하면 적정한 크기의 아이콘으로 나타날 것입니다.

∩5 카테고리 위젯

WP Category Post List Widget은 특정 카테고리의 글을 원하는 수만큼 글 목록으로 출력할 수 있는 플러그인입니다. 설치된 플러그인 화면에서 WP Category Post List Widget을 활성화합니다.

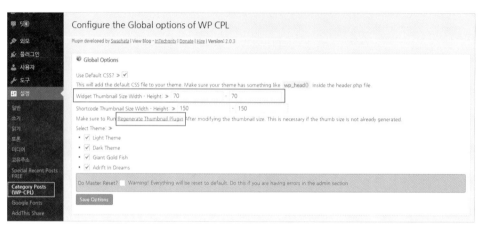

그림 4-70 카테고리 위젯 설정

이 플러그인을 활성화하고 나면 설정 메뉴에 Category Posts(WP-CPL) 메뉴가 생성됩니다. 여기서 설정할 부분은 썸네일의 크기입니다. 적당한 크기로 70px을 입력합니다. 아래의 링크가 있는 부분을 보면 썸네일의 크기를 수정한 경우 이전에 사용한 Regenerate Thumbnails 플러그인을 사용해서 이미지를 다시 생성하는 것이 좋다고 합니다. 이미지를 다시 생성해야 하는 이유는 기본 썸네일 크기가 150×150px이므로 많은 카테고리 글을 출력할 경우 이미지의 크기를 재생성하는 것이 페이지 로딩 속도를 빠르게 하기 때문입니다.

그림 4-71 재생성 후의 이미지 크기

다시 생성한 70×70px의 이미지는 파일 사이즈가 3.74KB이지만 150×150px의 이미지는 13.5KB입니다.

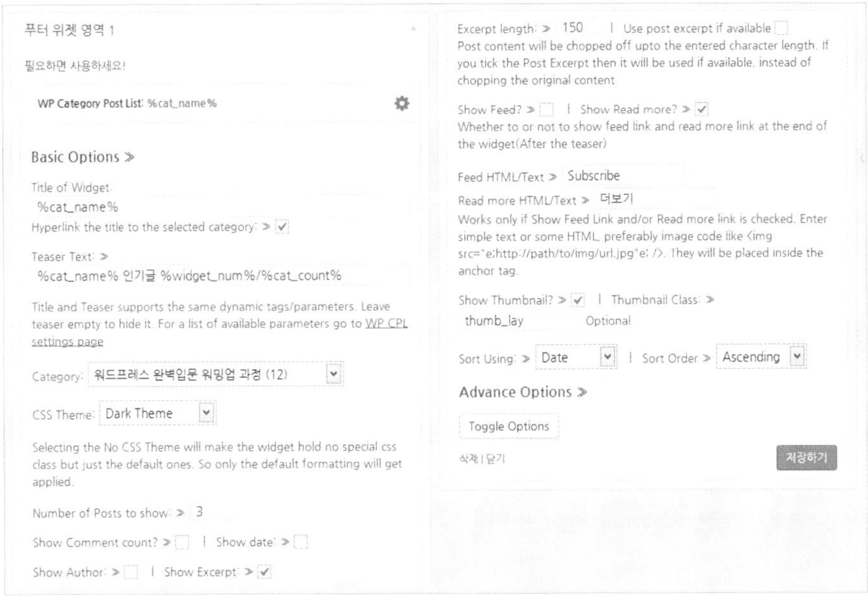

그림 4-72 카테고리 위젯 설정

외모 → 위젯 화면에서 WP Category Post List 위젯을 푸터 위젯 영역 1에 배치합니다.

Title of Widget에서 'Browse'를 제거합니다. 이곳에는 아래의 Category 선택 상자에서 선택한 카테고리의 제목이 나타납니다. 바로 아래의 Hyperlink the title to the selected category. 부분은 카테고리 제목에 링크를 만드는 기능을 하므로 체크해둡니다.

Teaser Text는 위처럼 '%cat_name% 인기글 %widget_num%/%cat_count%'로 변수 부분을 적절하게 배치합니다.

Category 선택 상자에서 여러 개의 글이 있는 카테고리를 선택합니다. 일부 카테고리에는 글이 전혀 없으니 모든 글 화면에서 여러 개의 글을 선택해서 카테고리를 설정하세요.

CSS Theme에서 Dark Theme을 선택합니다. 다른 Theme을 선택하면 글자가 밝은색으로 나타나서 스타일 시트를 수정해줘야 합니다. 다른 위젯에 사용할 때는 배경색에 따라서 테마를 바꿔주면 됩니다.

Number of Post to Show에서 글을 몇 개를 표시할지 입력합니다. 여기서는 3개로 설정했습니다.

Show Commetns count는 댓글이 있는 경우 댓글 수가 나타나게 하고, Show date는 날짜를 표시합니다. Show Author는 글쓴이를 표시하고 Show Excerpt는 요약 글을 나타나게 합니다.

Excerpt length는 영문 기준으로 요약 글의 글자 수입니다. 요약 글을 별도로 만든 경우 Use excerpt if available에 체크합니다.

Show Feed에 체크하면 아래의 Subscribe 글자 부분이 나타나는데 이를 클릭하면 별개의 탭에서 XML 파일 형태로 나타나므로 체크하지 않고 사용합니다.

Show Read more는 더보기 링크를 표시하며 아래의 Read more HTML/Text에서 "더보기"로 글자를 수정해서 사용합니다.

Advanced Options의 Toggle Options 버튼을 클릭하면 추가 옵션이 나오는데 클래스 선택자를 추가하거나 카테고리의 특정 글을 제외하는 기능을 추가할 수 있습니다.

설정 후 저장한 다음 화면에서 확인합니다.

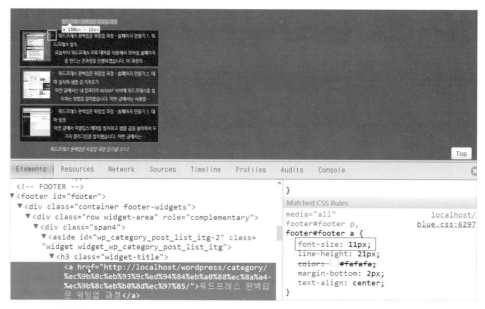

그림 4-73 위젯 제목 요소검사

위젯의 제목을 보면 글자가 아주 작습니다. 제목을 요소검사 하면 푸터 영역의 모든 p 태그나 a 태그에 대해서 폰트 사이즈가 11px로 설정돼 있어서 그렇습니다. a 태그보다 상위의 클래스 선택자를 추가해서 다음과 같이 style.css에 추가합니다. 아울러 요약 글 부분은 좌측 기준으로 배열되도록 text-align 속성을 left로 설정(text-align: left;)해서 글자가 좌측을 기준으로 배열되게 합니다.

```
footer#footer .widget-title a {
  font-size: 16px;
}
footer#footer p {
  text-align: left;
}
```

글 목록의 제목 좌측에 있는 화살표가 이미지와 겹쳐 있는 것은 다음과 같이 스타일 시트를 설정해 수정합니다.

```
footer#footer .wp-cpl-widget li span.wp-thumb-overlay {
  margin-right: 15px !important;
}
```

푸터 위젯 영역 2와 3에도 같은 위젯을 배치하고 같은 방법으로 설정하면서 카테고리만 다른 것을 선택하고 저장합니다.

06 뉴스 스크롤러 위젯

이 플러그인을 이용하면 특정 카테고리의 글에서 슬라이드 되는 특성 이미지와 요약 글을 출력할 수 있는 위젯을 사용할 수 있습니다. 설치된 플러그인 화면에서 Theme Blvd News Scroller Widget을 활성화합니다. 별도의 설정 화면은 없고 위젯 화면에서 위젯을 배치하고 직접 설정합니다.

그림 4-74 뉴스 스크롤러 위젯 설정

위젯을 우측 사이드바에 배치하고 나면 설정 창이 펼쳐집니다. 제목은 입력하지 않고 Category에서 글이 여러 개 있는 카테고리를 선택합니다. 날짜, 요약 글, 특성 이미지는 Show가 선택된 상태로 둡니다. 트랜지션은 수평 스크롤, 상하 스크롤, 페이드 효과를 선택할 수 있습니다. Scroll Timeout은 다음 이미지가 나오기까지의 시간(초)입니다.

Excerpt Limit에서 요약 글의 단어 수를 제어합니다. 단어의 수를 입력하고 이 위젯에서 설정하기 어려운 부분인 Scroll Height 부분에서 스크롤러의 높이를 입력합니다. 이 높이는 글 제목, 특성 이미지, 요약 글 등 모든 콘텐츠의 높이가 되므로 사이트 화면을 보면서 높낮이를 조절해야 합니다. 저장한 다음 화면에서 확인합니다.

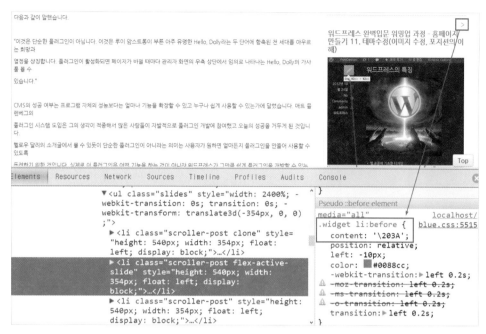

그림 4-75 불필요한 요소 제거

사이드바에서 확인하면 글 제목 위에 〉가 나타납니다. 이것은 Customizr 테마에서 모든 글 목록의 제목에 나타나는 아이콘으로 제목에 마우스를 올리면 우측으로 약간 애니메이션 되고 있죠. 여기서는 필요 없으므로 제거하겠습니다. 요소 검사를 하고 스타일 시트 창에서 스크롤 해서 내리면 :before가 있는 부분이 아이콘이 설정된 곳입니다. 이를 제거하려면 다음과 같이 해당 선택자를 추가하고 content에는 아무것도 입력하지 않으면 됩니다.

```
.widget li.scroller-post:before {
  content: '';
}
```

위젯은 플러그인만 설치하면 얼마든지 추가할 수 있고 좋은 위젯은 엄청나게 많습니다. 어떤 위젯을 사용할지는 사이트에 따라서 다르므로 많은 위젯을 소개한다는 것은 지면만 늘릴 뿐이므로 여기서 마감하기로 하고 이러한 위젯을 페이지나 카테고리, 글에 따라서 원하는 사이드바에 배치하는 플러그인을 소개하겠습니다.

07 Woosidebars 플러그인

이 플러그인은 페이지별로 사이드바를 만들어 위젯을 배치할 수 있는 기능을 합니다. 설치된 플러그인 화면에서 Woosidebars를 활성화합니다.

그림 4-76 Woosidebars 사용하기

이 플러그인을 활성화하면 외모 메뉴에 하위 메뉴로 Widget Areas가 생성됩니다. 이를 클릭하면 위젯 목록 페이지가 나타납니다. 앞으로 위젯 사이드바가 추가되면 이곳에 위젯이 나열될 것입니다. 위젯 사이드바를 추가하기 위해서 Add New 링크를 클릭합니다. 설정 화면에서 기본으로 레이아웃 옵션과 슬라이더 옵션 메타 박스가 나타나는데, 필요 없으므로 화면 옵션 탭을 클릭해서 체크를 해제합니다. 위젯 사이드바 제목을 입력하고 설명을 입력합니다. Conditions 메타 박스에서는 지금 만들고 있는 사이드바가 나타날 조건을 설정합니다. 처음에는 Pages 탭만 보이지만 우측 끝의 Advanced 탭을 클릭하면 여러 가지 탭이 나타나서 페이지 템플릿이나 글, 카테고리 등 여러 가지 조건을 설정할 수 있습니다. 여기서는 페이지에 대해서만 실험해 보겠습니다.

제목을 지은이 사이드바라고 했으니 Pages 탭에 있는 지은이 서문에 체크한 다음 Sidebar To Replace 메타 박스에서 우측 사이드바가 선택된 것을 확인하고 공개하기 버튼을 클릭합니다.

그림 4-77 Woosidebars 위젯

위젯 화면으로 오면 지은이 사이드바가 나타납니다. 그러면 이 사이드바에만 특정한 위젯을 등록해 사용할 수 있게 됩니다. 많은 위젯을 사용하면서 모든 페이지나 글에 같은 위젯을 사용할 필요는 없으므로 각 페이지나 글에 어울리는 위젯을 사용하면 됩니다. 현재 Woosidebars로 만들어진 위젯 영역에는 끌어놓기로만 위젯을 배치할 수 있는데 플러그인이 업데이트되면 개선될 것으로 봅니다.

전면 페이지 만들기 **04**

현재의 전면 페이지는 상단에 슬라이더가 있고 바로 아래 특성 페이지가 있습니다. 실제로는 특성 페이지로 가는 썸네일과 요약 글이 있죠. 그런데 이런 레이아웃은 주로 포트폴리오 사이트에서 사용하는 방식입니다. 대부분 전면 페이지는 다른 글이나 페이지로 가는 관문(Portal)역할을 하므로 될 수 있으면 많은 글과 썸네일을 배치하는 것이 좋습니다. 이런 전면 페이지를 만들려면 새로운 파일을 만들고 전면 페이지로 인식시킨 다음, 이 파일에 여러 가지 콘텐츠를 배치해야 합니다. 이 작업은 페이지 빌더라는 플러그인을 사용하면 쉽게 할 수 있습니다.

페이지 빌더는 많은 유료 테마에서 페이지 콘텐츠를 쉽게 제작할 수 있도록 드래그 앤 드롭 형태의 인터페이스를 제공합니다. 무료 플러그인의 경우 원하는 콘텐츠를 자유롭게 배치할 수는 없지만, 어느 정도는 가능하므로 여기서는 두 가지 플러그인을 사용해서 페이지를 만드는 방법을 알아보겠습니다. 하나는 Page Builder by SiteOrigin이고 다른 하나는 Aqua Page Builder입니다. Aqua Page Builder는 단축 코드를 만들어서 사용하므로 Page Builder by SiteOrigin으로 만든 페이지에 이 단축 코드를 삽입하면 두 가지 플러그인을 조합해서 사용할 수 있게 되며, 거의 모든 콘텐츠를 출력할 수 있습니다.

∩1 Page Builder by SiteOrigin 플러그인

사이트오리진 페이지 빌더는 페이지나 글 또는 사이드바에 다양한 콘텐츠를 만들 수 있는 아주 유용한 플러그인입니다. 설치된 플러그인 화면에서 Page Builder by SiteOrigin을 활성화합니다. 첨부 파일의 languages/페이지빌더 폴더에서 so-panels-ko_KR.po와 so-panels-ko_KR.mo 파일을 복사해서 wp-content/plugins/siteorigin-panels/lang 폴더에 붙여넣습니다.

그림 4-78 사이트오리진 페이지 빌더 설정

메뉴에서 설정 → Page Builder를 선택하면 위 그림처럼 나타납니다. 번역을 완료했지만, 일부 글자가 영문으로 나타납니다. 페이지 빌더를 사용할 수 있는 곳으로 페이지와 글에 체크합니다. 이름은 페이지 빌더이지만 글에서도 사용할 수 있는 플러그인입니다. Widget Areas는 이전에 설치한 WooSidebars를 위한 것으로 이곳에 페이지 빌더를 사용할 일이 없으니 체크하지 않습니다. Display는 Responsive에 체크해야 화면 크기가 작을 때 반응형 디지인이 적용돼 걸림이 좌수 배열에서 싱하 배열로 선환됩니다. 부트스트랩 프레임워크에서 모바일로 전환되는 시점이 화면 폭 768px이니 이 수치를 Mobile Width에 입력합니다.

이 플러그인을 사용할 경우 위젯을 배치해서 주로 페이지를 만듭니다. 그런데 모든 위젯을 사용할 수 있는 것은 아닙니다. 어떤 위젯을 배치하고 나면 나타나지도 않을 때도 있으며, 어떤 위젯은 스타일이 엉망이 되기도 합니다. 그래서 잘 어울리는 위젯을 사용할 것을 권장하고 있습니다. 잘 어울리는 위젯은 플러그인을 설치할 때 기본적으로 같이 설치되며 추가할 수 있는 유용한 플러그인이 두 종류가 있으니 미리 설치하고 사용하는 방법을 알아보겠습니다.

설치된 플러그인 화면에서 Black Studio TinyMCE Widget과 Meta Slider를 활성화합니다.

∩2 메타 슬라이더 사용하기

메타 슬라이더는 하나의 플러그인으로 여러 종류의 슬라이더를 사용할 수 있는 플러그인입니다. 첨부 파일의 languages/메타슬라이더 폴더에서 metaslider-ko_KR.mo과 metaslider-ko_KR.po 파일을 복사해서 wp-content/plugins/ml-slider/languages 폴더로 붙여넣으면 한글로 나타납니다.

그림 4-79 메타 슬라이더 설정

메뉴에서 Meta Slider Lite를 선택하면 플러스 아이콘이 있는 탭이 나타납니다. 이 탭을 클릭한 다음 새 슬라이더를 page-slider1로 수정합니다. 슬라이더 추가 버튼을 클릭하면 미디어 라이브러리가 나타나며 Ctrl 키를 누르고 이전에 사용한 슬라이더 이미지 두 개를 선택한 다음 슬라이더에 추가하기 버튼을 클릭하면 이미지가 위 화면에 나타납니다.

캡션과 URL을 추가하고 URL이 외부 링크인 경우 "새 창"에 체크합니다. 이미지를 삭제할 경우 썸네일에 마우스를 올리면 삭제 아이콘이 나타납니다.

사이드바에서 슬라이더를 선택하고 각 슬라이더에서 옵션을 설정합니다. 제목에 마우스를 올리면 설명이 나오므로 어렵지 않게 설정할 수 있습니다. 특히 Customizr 테마의 페이지의 콘텐츠 영역의 폭은 770px이므로 이 부분은 770px로 설정합니다. 하단의 사용법에서 단축 코드와 템플릿에 추가할 코드가 있으니 이 코드를 복사해서 사용하면 됩니다.

그림 4-80 메타 슬라이더 미리보기

설정이 완료되면 저장하고 미리보기 버튼을 클릭해 확인할 수 있습니다. 그러면 페이지 빌더를 사용해서 페이지 만드는 방법을 알아보겠습니다.

03 페이지 만들기

그림 4-81 페이지 빌더로 페이지 만들기

새 페이지 추가에서 제목을 입력하고 페이지 빌더 탭을 선택하면 위처럼 나타납니다. 이미
행이 하나 만들어져 있고 좌측에 위젯 추가, 행 추가 아이콘이 있으며 이전에 레이아웃을 만
든 적이 있으면 이미 만든 레이아웃 아이콘이 보이게 됩니다. 우측에는 삭제 아이콘이 있고
이동 아이콘을 클릭해서 행을 이동할 수 있습니다.

04 행 추가

그림 4-82 행 추가 및 폭 변경

행 추가 아이콘을 클릭해서 창이 나오면 2를 입력하고 추가하기 버튼을 클릭합니다. 두 개의 칼럼이 있는 행이 추가되며 중앙을 클릭한 뒤 드래그해서 열의 폭을 조절할 수 있습니다. 상단의 1 칼럼 행은 이동 아이콘을 클릭한 뒤 드래그해서 아래로 배치합니다. 이동 후 좌측의 칼럼을 클릭하면 조금 짙은색으로 변경되며 편집할 칼럼이 선택됩니다. 이 상태에서 위젯 추가 아이콘을 클릭합니다.

05 위젯 추가

그림 4-83 위젯 추가

위젯 화면에서와 같은 각종 위젯이 나타나며 (PB)가 있는 위젯은 Page Builder 플러그인에 의해 추가된 위젯입니다. WP Category Post List와 같은 위젯을 설치해서 설정한 다음 사이트 화면에서 보면 처음에는 제대로 보이다가도 나중에는 레이아웃이 없는 글 목록이 나타나며 스타일 시트를 수정할 수도 없는 상태로 됩니다. 그러니 사용하지 않는 것이 좋습니다. 이 페이지 빌더를 사용하기 위해 여러 가지 카테고리 글 위젯 플러그인을 설치하고 사용해봤으나 호환되는 위젯이 거의 없었습니다.

메타 슬라이더를 설치했으므로 이 위젯도 보입니다. 하단의 버튼을 클릭하면 이미 설치한 두 가지 플러그인을 설치할 수 있는 화면으로 이동하니 클릭할 필요는 없습니다.

여기서는 몇 가지 기본 위젯을 설치하고 사용해보겠습니다. 비디오를 삽입할 수 있는 두 가지 위젯이 있는데 "자체 비디오 (PB)"는 자신의 서버에 비디오 동영상이 있을 때 사용합니다.

여기에서는 임베드 비디오(PB)를 사용해보겠습니다. 이 위젯을 클릭하면 칼럼에 위젯이 추가되면서 다음과 같은 창이 나타납니다.

임베드 비디오 추가

그림 4-84 임베드 비디오 위젯 추가

유튜브 동영상에서 공유 링크가 아닌 주소창의 URL을 복사해서 붙여넣은 다음 완료버튼을 클릭합니다.

이미지 위젯 추가

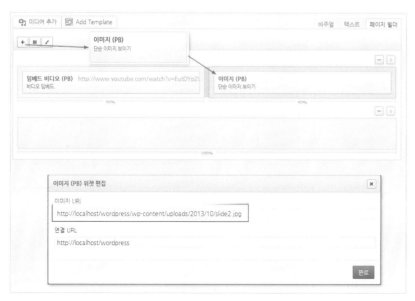

그림 4-85 이미지 위젯 추가

두 번째 칼럼을 선택하고 위젯 추가 아이콘을 클릭한 다음 이미지 (PB)를 선택하면 위젯이 추가되면서 위젯 편집 창이 나타납니다. 미디어 라이브러리에서 편집 링크를 클릭해서 나타나는 화면의 사이드바에서 이미지 URL을 복사해서 붙여넣습니다. 연결 URL은 이미지를 클릭하면 이동하는 URL을 입력합니다.

버튼 추가

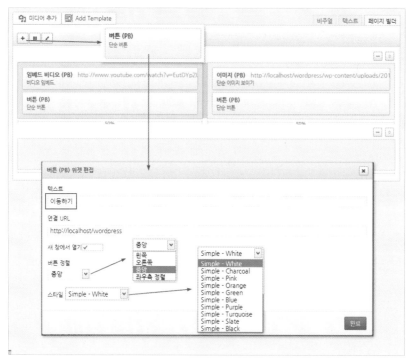

그림 4-86 **버튼 추가**

칼럼이 선택된 상태에서 추가로 위젯을 삽입할 수 있습니다. 칼럼을 선택한 다음 이번에는 버튼 (PB)를 선택하고 텍스트와 연결 URL을 입력한 뒤 몇 가지 설정을 한 다음 완료를 클릭합니다.

메타 슬라이더 추가

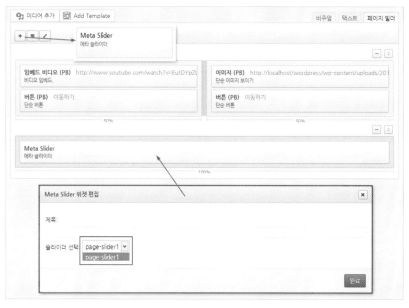

하단의 1 칼럼 행을 선택하고 이번에는 메타 슬라이더 위젯을 선택합니다. 슬라이더 선택에서 이전에 만들어놓은 page-slider1을 선택하고 완료를 클릭합니다.

Black Studio TinyMCE 위젯 추가

그림 4-88 Black Studio TinyMCE 위젯 추가

이번에는 이미지 (PB)가 있는 칼럼을 선택하고 위젯 추가하기 아이콘을 클릭해서 Black Studio TinyMCE 위젯을 선택합니다. 이 편집기는 일반 글 편집기와 같은 역할을 하며 위젯 화면에서 사이드바에 배치해 사용할 수도 있습니다. 제목을 입력하고 미디어 추가 버튼을 클릭해서 이미지를 추가한 다음 글을 입력하고 이미지 편집에서 이미지를 왼쪽정렬로 배치합니다. 필요한 경우 이미지에 링크 URL도 추가합니다.

갤러리 위젯 추가

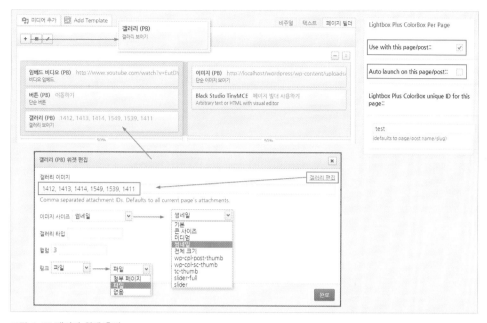

그림 4-89 갤러리 위젯 추가

이번에는 갤러리를 추가해봅니다. 위젯 추가 아이콘을 클릭해서 갤러리 (PB)를 선택한 다음 갤러리 편집 링크를 클릭합니다. 좌측 사이드바에서 갤러리 추가하기 링크를 클릭하고 미디어 라이브러리에서 여러 개의 이미지를 선택해 우측 하단에서 갤러리 추가 버튼을 클릭하면 갤러리 편집 화면이 됩니다. 이곳에서 순서를 변경하거나 이미지를 제외할 수도 있습니다. 특히 연결 부분에서 파일을 선택해야 갤러리 이미지를 클릭했을 때 라이트박스가 작동합니다. 옵션을 설정한 다음 완료 버튼을 클릭합니다. Lightbox Plus Colorbox 플러그인에서 페이지와 글에서 개별 설정하도록 선택한 경우 Auto launch on this page/post에 체크하면 페이지에 처음 들어왔을 때 갤러리 이미지가 팝업창에 먼저 나타나게 되므로 체크하지 않도록 합니다.

사이트에서 확인

지금까지 작업한 내용을 보면 다음과 같습니다.

그림 4-90 페이지 확인

모바일로 전환되는 768px 이하에서는 우측 그림처럼 칼럼이 세로로 배열됩니다. 이 페이지를 설정 → 읽기 설정에서 전면 페이지로 선택하면 홈페이지로 사용할 수도 있습니다. 그러면 이 페이지 빌더를 사용해서 Contact 페이지를 만들어 보겠습니다.

컨택트 페이지 만들기 05

플러그인 설치화면에서 Contact Form 7, Really Simple CAPTCHA와 Comprehensive Google Map Plugin을 활성화합니다. 이들 플러그인은 단축 코드를 사용하는 방식이라서 위 페이지 빌더와 잘 어울립니다.

Contact Form 7은 번역을 새로 했으니 languages/컨택트폼 폴더에서 두 개의 파일을 복사한 뒤 wp-content/plugins/contact-form-7/languages 폴더에 붙여넣으면 전체가 한글화됩니다.

∩1 Contact Form 7

HTML로 코딩하면서 가장 어렵고 까다로운 부분이 form 태그 부분입니다. form은 input 태그와 label 태그를 이용해서 양식에 들어갈 입력란을 만들고 양식의 내용이 어떤 것이냐에 따라서 text, checkbox, radio, textarea, button 등 여러 가지 형태로 만듭니다. 만들어 놓고 이를 정렬하기도 어렵죠. 그래서 전통적인 테이블 레이아웃을 많이 사용합니다. 테이블 레이아웃이란 table 태그를 이용해서 tr, td로 셀을 만들고 셀 안에 들어길 요소를 배치하는 레이아웃을 말합니다. 이렇게 만든 레이아웃은 수정하기가 몹시 어렵습니다. 일정한 폭이 정해져 있어서 반응형 디자인에서는 사용하기도 어렵습니다. 그래서 웹 표준에서는 테이블 레이아웃을 사용하지 말 것을 권장하고 있습니다. 테이블 태그는 테이블 형태의 데이터, 예를들면 통계표 같은 자료에만 사용해야 합니다.

워드프레스 컨택트 폼 플러그인은 이러한 어려운 폼을 간단하게 만들어주며 페이지나 포스트에 단축 코드를 배치하기만 하면 바로 사용할 수 있습니다. 예를 들어, 블로그나 사이트의방문자가 어떤 사항에 대해서 자세한 상담을 원할 때 폼 양식에 자신의 정보를 입력하고 전송 버튼을 클릭하면 사이트 관리자에게 이메일로 발송됩니다.

이러한 컨택트 폼은 여러 가지 플러그인이 있지만, Contact Form 7은 방문자가 폼을 작성해서 보내면 관리자에게 이메일로 통지되는 동시에 자동으로 방문자에게 답장을 보낼 수도있습니다. 또한, 여러 가지 옵션을 사용해서 다양한 폼을 만들 수도 있습니다.

02 컨택트 폼 추가

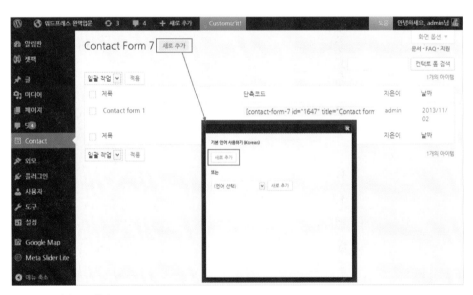

그림 4-91 **컨택트 폼 추가**

주 메뉴에서 Contact를 선택하면 위와 같이 기본 컨택트 폼이 있습니다. 이것을 바로 사용해도 되지만 사용법을 알아보기 위해 새로 추가 링크를 클릭합니다. 다양한 옵션을 만들기 위해 법률상담용 컨택트 폼을 만들어보겠습니다.

∩3 기본 폼의 수정

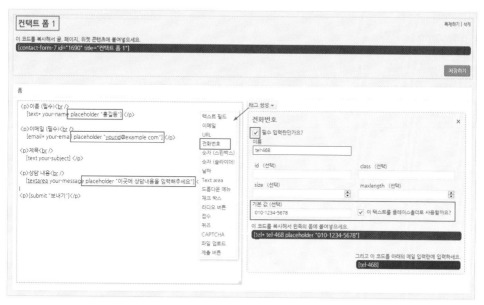

그림 4-92 기본 폼의 수정

제목란을 클릭하고 수정한 다음 저장하기 버튼을 클릭합니다. 왼쪽의 폼 열에서 your-name 다음에 한 칸 띄고 placeholder "홍길동"을 입력합니다. 대괄호 안에서 큰따옴표 안의 글자는 기본으로 나타나는 글자(placeholder: 플레이스홀더) 역할을 하며 이런 형식으로 작성한다는 것을 방문자에게 보여줍니다. 이메일도 마찬가지로 그림과 같이 입력하고 "메시지"는 상담내용으로 수정한 다음 플레이스홀더를 입력합니다.

우측 열에서 태그 생성 선택 상자를 클릭하고 전화번호를 선택합니다. "필수 입력란인가요?"에 체크하면 하단의 단축 코드에서 tel 다음에 별표가 추가됩니다. 기존의 폼에서 필수 항목을 만들려면 필드 이름 다음에 별표를 추가하면 됩니다. 기본 값(선택)에서 플레이스홀더 숫자를 입력하고 체크박스에 체크합니다.

04 전화번호 입력 상자 추가

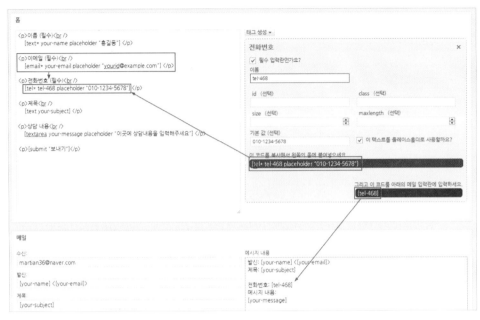

그림 4-93 전화번호 입력 상자 추가

왼쪽의 폼에서 이메일 부분의 〈p〉 태그 전체를 복사해서 아래에 붙여넣고 레이블을 전화번호로 수정한 다음 오른쪽 열에서 갈색 배경의 단축 코드를 복사해 왼쪽의 단축 코드와 교체합니다. 초록색 배경의 단축 코드는 아래 메일 박스의 우측, 메시지 내용에서 "전화번호: "를 입력하고 붙여넣습니다. 새로운 옵션을 만들면 항상 메시지 내용에 이런 방법으로 만들어줍니다.

05 생년월일 입력 상자, 상담 분류 라디오버튼 추가

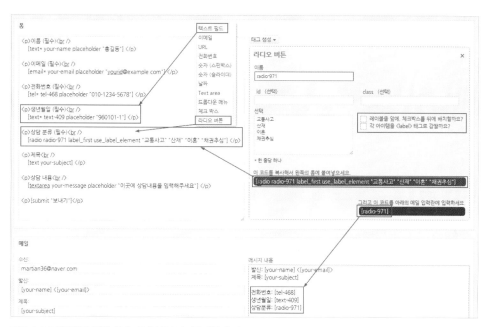

그림 4-94 생년월일 입력 상자, 상담 분류 라디오버튼 추가

생년월일은 텍스트 필드를 사용해서 만듭니다. 플레이스홀더 글자로는 "960101-1"를 사용해서 성별도 알 수 있게 합니다.

상담 분류는 라디오버튼을 사용하며 우측의 선택 박스에서 한 줄당 하나씩 입력합니다. 두 곳의 체크박스는 체크하지 않습니다.

06 파일 업로드 옵션 추가

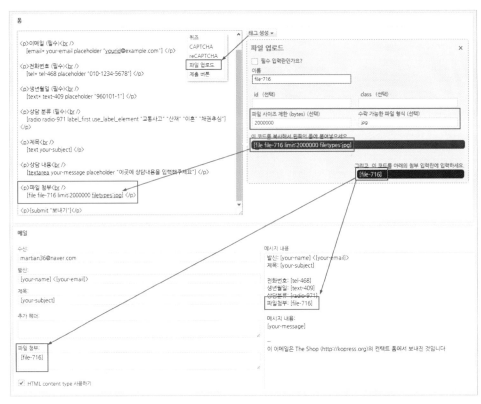

그림 4-95 **파일 첨부 버튼 추가**

다음으로 이미지 파일을 첨부할 수 있게 파일 첨부를 만듭니다. 태그생성에서 파일 업로드를 선택하고 파일 사이즈 제한을 바이트 단위로 입력합니다. 가능한 파일 형식은 jpg로 합니다. 녹색 배경의 단축 코드는 메일의 파일 첨부에도 추가합니다.

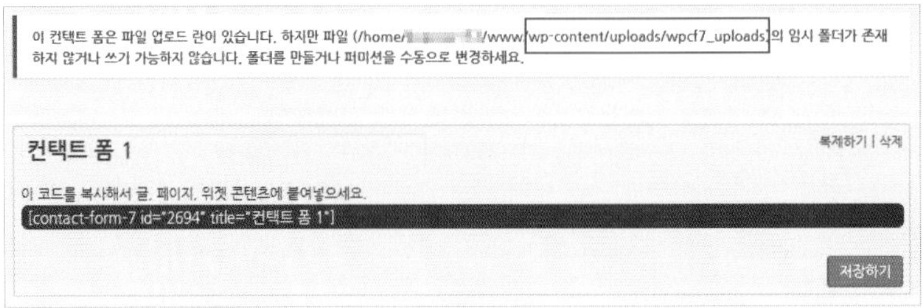

그림 4-96 **에러 메시지**

저장하기 버튼을 클릭하면 메시지가 나타나며 파일을 받는 폴더가 만들어져야 하는데 퍼미션을 변경하라고 합니다. 파일질라로 접속해서 uploads 폴더의 접근 권한을 777로 변경한 다음 위 화면에서 저장하기 버튼을 클릭하면 폴더가 자동으로 만들어지고 메시지는 나타나지 않습니다.

07 캡챠 플러그인 사용

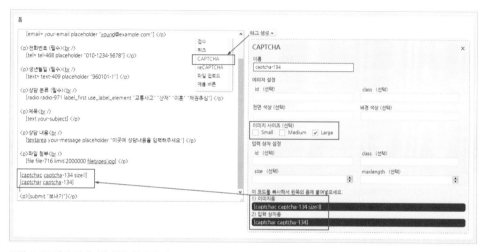

그림 4-97 캡챠 이미지와 입력 상자 추가

마지막으로 캡챠를 추가합니다. 캡챠는 특정 이미지로 된 글자를 입력해야 보내기 버튼을 클릭할 수 있는 기능을 하며 스팸을 방지하기 위해 사용합니다. CAPTCHA를 선택하고 이미지 사이즈를 선택한 다음 두 개의 단축 코드를 보내기 버튼 바로 위에 추가합니다.

메일 (2)

☑ 메일 (2) 사용하기

수신:
[your-email]

발신:
[your-name] <[your-email]>

제목:
[your-subject]

추가 헤더:

파일 첨부:
[file file-716]

☑ HTML content type 사용하기

메시지 내용

연락 주셔서 감사합니다. 빠른 시간 내에 연락드리도록 하겠습니다.

감사합니다.

전화번호: [tel-468]
생년월일: [text-409]
상담분류: [radio-971]
파일첨부: [file-716]

보내신 상담 내용:
[your-message]

이 이메일은 워드프레스 완벽입문 (http://localhost/wordpress)의 컨택트 폼에서 보내진 것입니다

메시지

보내는 사람의 메시지가 성공적으로 발송됐습니다.
메시지가 성공적으로 발송됐습니다. 감사합니다.

보내는 사람의 메시지가 보내는데 실패했습니다
메시지 보내기가 실패했습니다. 나중에 다시 하거나 다른 방법으로 관리자에게 연락하세요.

인증 에러가 발생했습니다
인증 에러가 발생합니다. 입력란을 확인하고 다시 제출해주세요.

그림 4-98 답장 이메일 설정

메일 (2)는 컨택트 폼을 작성한 방문자에게 자동으로 발송하는 이메일입니다. 메일 (2) 사용하기에 체크하고 메시지 내용에는 답장 글과 메일 메타 박스의 일부 내용을 복사해서 내용을 만듭니다. 특히 단락과 단락 사이는 공간을 두기 위해
 태그를 사용합니다. 하단의 메시지 메타 박스는 에러가 발생할 경우의 메시지이므로 적절하게 수정해서 사용할 수 있습니다.

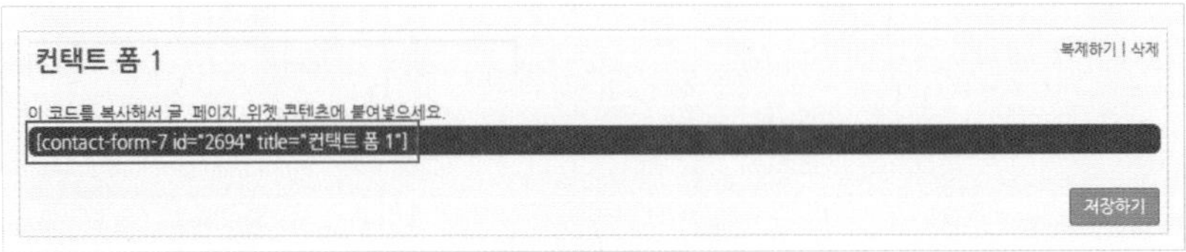

컨택트 폼 1   복제하기 | 삭제

이 코드를 복사해서 글, 페이지, 위젯 콘텐츠에 붙여넣으세요.
[contact-form-7 id="2694" title="컨택트 폼 1"]

저장하기

그림 4-99 단축 코드 복사

모든 설정을 완료했으면 컨택트 폼에 사용할 단축 코드를 텍스트 편집기에 복사해 놓습니다.

∩9 구글 맵 사용하기

메뉴에서 Google Map → Shortcode Builder를 선택하면 새로운 탭에서 다음과 같은 화면
이 열립니다.

그림 4-100 구글 맵 설정

Width에서 100%를 입력하고 Height는 500을 입력합니다. 퍼센트는 반응형 디자인을 위
한 것으로 콘텐츠의 폭에 따라서 자동으로 크기가 늘어나거나 줄어들도록 하기 위함입니다.
Zoom은 처음 보이는 지도의 확대 크기입니다. 19가 가장 크게 보이므로 적절한 수치를 입
력해서 조감(Bird View)할 수 있게 합니다. 여기서는 16을 입력했습니다.

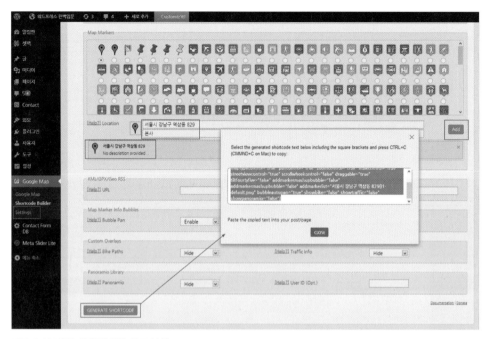

그림 4-101 주소 입력 및 단축 코드 복사

location에서 주소를 입력하고 아래 칸에는 마커에 나타날 글자를 입력한 다음 Add 버튼을 클릭하면 바로 아래에 구글 맵이 생성됩니다. 하단에서 GENERATE SHORTCODE 버튼을 클릭한 다음 단축 코드를 블록 설정해서 복사해서 텍스트 편집기에 복사해 놓습니다. CLOSE 버튼을 클릭해서 창을 닫습니다. 참고로 Settings 메뉴를 클릭하면 단축 코드 생성기를 새 페이지 만들기 화면과 새 글쓰기 화면에서 개별적으로 나타나게 할 수 있습니다. 위화면에서 계속 단축 코드를 생성할 수 있으므로 원하는 수만큼 만들 수 있습니다.

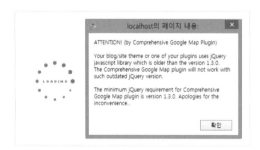

그림 4-102 제이쿼리 에러 메시지

이 플러그인을 사용할 경우 제이쿼리 "1.3 버전 이하 에러" 메시지가 나타납니다. 이 에러는 워드프레스가 제이쿼리 버전을 1.10을 사용해서 발생하는 에러로 1.9 버전 다음의 숫자가 1.10이지만 소수점 이하의 10은 2보다 작은 수로 인식하기 때문에 이런 현상이 발생합니다. 이 플러그인의 개발자가 업데이트해야 하지만 아직 하지 않고 있어서 코드를 수정해 줘야 합니다. 아래 경로에서 cgmp.framework.js 파일을 열고 1043번째 줄의 if (version 〈 1.3)을 if (false)로 수정하고 저장하면 됩니다.

wp-content/plugins/comprehensive-google-map-plugin/assets/js

첨부 파일의 플러그인을 사용하는 경우 수정이 돼 있으니 그대로 사용하면 됩니다.

1ᄋ 컨택트 페이지 만들기

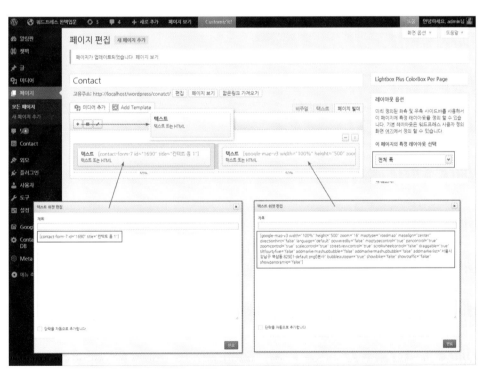

그림 4-103 페이지 빌더로 컨택트 페이지 만들기

새 페이지 추가에서 Contact로 제목을 입력하고 페이지 빌더로 두 개의 칼럼을 만듭니다. 첫 번째 칼럼에는 텍스트 위젯을 선택해서 컨택트 폼의 단축 코드를 복사해 붙여넣습니다. 두 번째 칼럼도 텍스트 위젯을 이용해서 구글 맵 단축 코드를 붙여넣습니다. 완료 버튼을 클릭하고 페이지 레이아웃은 전체 폭을 선택한 다음 공개하기 버튼을 클릭합니다.

```
[google-map-v3 width="100%" height="500" zoom="16" maptype="roadmap" mapalign="center"
directionhint="false" language="default" poweredby="false" maptypecontrol="true"
pancontrol="true" zoomcontrol="true" scalecontrol="true" streetviewcontrol="true"
scrollwheelcontrol="false" draggable="true" tiltfourtyfive="false"
addmarkermashupbubble="false" addmarkermashupbubble="false" addmarkerlist="서울
시 강남구 역삼동 829{}1-default.png{}본사" bubbleautopan="true" showbike="false"
showtraffic="false" showpanoramio="false"]
```

지도의 크기나 확대 비율을 수정하려면 새로 단축 코드를 만들 필요 없이 단축 코드에서 바로 수정하면 됩니다. 폭은 width 속성을, 높이는 height 속성을, 확대 비율은 zoom 속성의 값을 수정하고 주소를 수정할 수도 있습니다.

그림 4-104 스타일 시트 수정

웹 브라우저에서 확인하면 위처럼 나타납니다. 다른 곳은 원하는 대로 나타나지만, 라디오 버튼과 레이블이 약간 어긋나 있습니다. 이것은 부트스트랩 선택자에 의해 input 태그의 상단 마진이 4px로 설정돼 있기 때문입니다. 부모 선택자를 사용해서 다음과 같이 style.css에 설정합니다.

```
.wpcf7-list-item input {
    margin-top:0;
}
```

그림 4-105 이메일 발송 및 답장 발송

실험해보기 위해 설정한 파일 용량보다 큰 사이즈의 파일을 업로드 했더니 에러 메시지가 나옵니다. 작은 사이즈의 파일을 업로드하고 전송하니 메시지가 성공적으로 발송됐다고 합니다. 이메일은 고객이 보낸 것과 답장이 동시에 접수됐습니다. 웹호스팅에 따라 이메일이 전송되지 않는 경우도 있으며 WP Mail SMTP 플러그인을 설치해서 설정하거나 웹호스팅에 문의해 해결할 수도 있습니다.

이제 Contact 페이지를 메뉴에 배치만 하면 완료입니다. 위 캡챠 플러그인은 이름대로 간단하지만 대부분 구글의 리캡챠 플러그인을 사용합니다. 이 플러그인에 대해 간단히 알아보겠습니다.

11 리캡챠 플러그인

리캡챠 플러그인을 사용하면 컨택트 폼뿐만 아니라 댓글이나 회원가입에도 사용할 수 있습니다. 설치된 플러그인 화면에서 Contact Form 7 reCAPTCHA extension과 WP-reCAPTCHA를 활성화합니다.

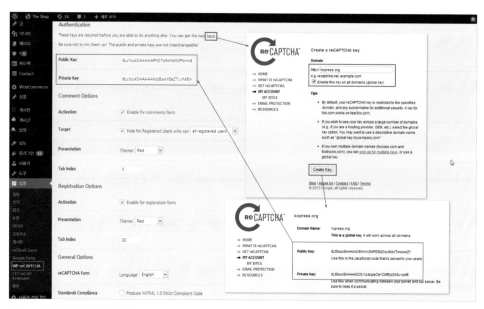

그림 4-106 리캡챠 플러그인 설정

설정 → WP reCAPTCHA를 선택하고 상단에서 here 링크를 클릭하면 구글 로그인 페이지가 나타납니다. 계정이 없는 경우 계정을 만들고 로그인하면 우측 상단의 그림과 같은 페이지가 나옵니다. 도메인을 입력하고 Create Key 버튼을 클릭하면 Public 키와 Private 키가 생성됩니다. 각각 복사해서 붙여넣고 저장하면 완료입니다. Comment Options에서 댓글에 캡챠가 나타나게 할 수 있고 Registration은 회원 가입 시 나타납니다. Contact Form 7 reCAPTCHA extension 플러그인은 설정 화면이 있으나 별도의 설정은 필요하지 않습니다.

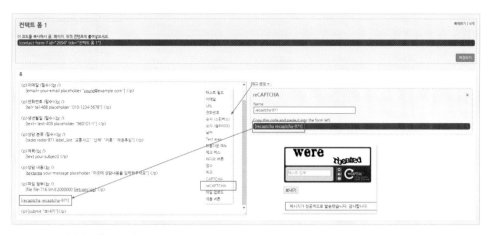

그림 4-107 리캡챠 단축 코드 추가

컨택트 폼에서 reCAPTCHA를 선택하면 단축 코드 하나가 만들어집니다. 이를 기존의 단축 코드와 교체하고 저장하면 완료입니다.

앞서 사용한 페이지 빌더는 위젯을 배치해도 제대로 나오지 않았기 때문에 다른 페이지 빌더를 사용해보겠습니다. 이 플러그인은 무료 버전이고 사용할 수 있는 블록이 많지 않지만, 일부 프리미엄 테마에서는 이 플러그인을 사용해서 많은 블록을 사용할 수 있게 하고 있습니다.

그림 4-108 **아쿠아 페이지 빌더**

설치된 플러그인 화면에서 Aqua Page Builder를 활성화하고 외모 → Page Builder를 선택하면 위와 같은 화면이 나타납니다. 왼쪽 열의 Available Blocks에서 블록을 끌어서 우측의 템플릿 영역에 배치하고 편집하면 템플릿이 만들어집니다. 현재 Available Blocks에는 몇 가지 블록밖에 없지만, Column과 Widgets 블록만으로도 많은 콘텐츠를 만들 수 있습니다. 많은 콘텐츠를 만들 수 있는 이유는 이전에 사용했던 WooSidebar 덕분입니다. 이 플러그인은 메뉴에서 페이지 빌더 바로 위에 있습니다.

WooSidebar는 특정 페이지의 사이드바를 다른 사이드바로 바꿔주는 역할을 하죠. 그러면 빈 페이지를 만들고 이 페이지의 사이드바를 WooSidebar를 이용해서 배정하면 위 템플릿에서 위젯으로 사용할 수 있습니다.

그 과정은 다음과 같습니다.

1. 새 페이지 추가에서 빈 페이지를 만들면서 레이아웃은 기본 레이아웃(우측 사이드바)를 선택한다.
2. Widget Areas에서 위에서 만든 페이지를 대상으로 페이지 위젯을 배정한다.
3. 위젯 화면에서 페이지 위젯에 위젯을 배치한다.
4. 페이지 빌더에서 위젯을 템플릿 영역에 배치하고 위젯을 선택한다.

조금 복잡하지만 이런 방법을 사용하면 이 페이지 빌더를 원하는 대로 확장해서 사용할 수 있게 됩니다. 그러면 이 과정을 순서대로 진행해 보겠습니다.

∩1 페이지 위젯 만들기

그림 4-109 페이지 위젯 만들기

새 페이지 추가에서 제목을 입력하고 기본 레이아웃을 선택한 다음 공개하기 버튼을 클릭합니다. 상단에서 새 페이지 추가 링크를 클릭해서 같은 방법으로 페이지 위젯 2, 3, 4, 5를 만듭니다. 이렇게 만든 페이지는 메뉴로 배정하지 않는 이상 방문자가 볼일이 없습니다.

∩2 사이드바 위젯 교체

그림 4-110 사이드바 위젯 교체

외모 → Widget Areas에서 제목을 페이지 위젯 1로 입력하고 페이지 위젯 1에 체크한 다음 공개하기 버튼을 클릭합니다. 같은 방법으로 페이지 위젯 2는 페이지 위젯 2에 체크하고 공개하기 버튼 클릭해서 페이지 위젯 5까지 만듭니다.

03 위젯 배치하기

그림 4-111 위젯 배치

위젯 화면에 오면 위젯 영역에 5개의 페이지 위젯이 나타납니다. 페이지 위젯 1에 WP Category Post List를 배치하고 설정을 합니다. 추가로 여러 가지 위젯을 배치할 수 있지만, 실험적으로 하나만 우선 배치합니다. 페이지 위젯 2에도 같은 위젯을 배치하고 위젯 1과 다른 카테고리를 설정합니다. 페이지 위젯 3에는 메타 슬라이더를 배치합니다.

∩₄ 템플릿 블록 만들기

그림 4-112 **템플릿 만들기**

페이지 빌더에서 Template Name에 "홈페이지"로 입력하고 Create Template 버튼을 클릭
하면 탭과 단축 코드가 만들어집니다.

칼럼 블록 사용

그림 4-113 **칼럼 블록 사용하기**

Available Blocks에서 Column을 끌어서 템플릿 영역에 배치한 다음 우측 끝에 마우스를
올리고 클릭해서 템플릿 영역 끝으로 드래그하면 블록이 늘어납니다. 모든 블록은 이런 식으
로 크기를 조절할 수 있습니다.

위젯 블록 사용

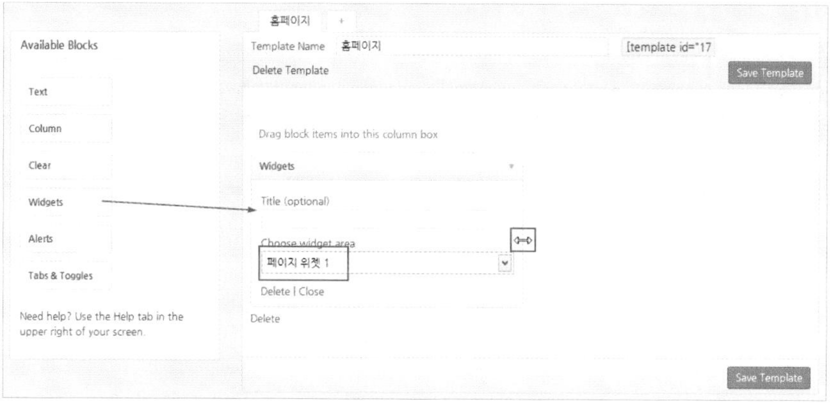

그림 4-114 위젯 블록 사용하기

위젯 블록을 칼럼에 배치하고 크기를 칼럼 폭의 반으로 늘린 다음 페이지 위젯 1을 선택합니
다. 같은 방법으로 우측에 위젯 블록을 배치한 다음 페이지 위젯 2를 선택합니다.

그림 4-115 슬라이더 위젯 배치 및 템플릿 단축 코드 복사

하단에 칼럼 블록을 먼저 배치한 다음 위젯 블록을 칼럼에 배치하고 우측으로 늘려줍니다. 칼럼 끝에서 약간 떨어지게 합니다. 페이지 위젯 3을 선택합니다. 사이트에서 실제로 어떻게 나오는지 확인하기 위해 페이지를 만들어보겠습니다. 상단의 단축 코드를 클릭하면 선택됩니다. 번호가 17만 나오지만, 우측에 코드가 더 있습니다. 단축 코드를 복사합니다.

05 페이지 만들기

그림 4-116 페이지 만들기

새 페이지 추가에서 제목을 입력하고 단축 코드를 붙여넣은 다음 공개하기 버튼을 클릭합니다. 또는 미디어 추가 버튼 옆에 있는 Add Template 버튼을 클릭하고 단축 코드를 선택할 수 있습니다. 공개하기 버튼을 클릭해서 발행한 다음 Ctrl 키를 누르고 페이지 보기 버튼을 클릭합니다.

그림 4-117 페이지 확인 및 요소검사

원하는 대로 나오지만, 제목 글자가 크고 글자 앞에 점이 있습니다. 점은 목록(List)에 기본적으로 있는 불릿 기호로 HTML 코드를 보면 li 태그의 부모 태그로 ul 이 없어서 그렇습니다. 제목 글자는 이전에 푸터 위젯을 설정한 곳에 선택자를 추가해주면 됩니다. 다음과 같이 style.css에 설정합니다.

```
footer#footer .widget-title a, .widgettitle a {
  font-size: 16px;
}
footer#footer .wp-cpl-widget li span.wp-thumb-overlay, .entry-content .wp-cpl-widget li
span.wp-thumb-overlay {
  margin-right: 15px !important;
}
 .widget_wp_category_post_list_itg, .widget_metaslider_widget {
  list-style: none;
}
```

빨간색 부분은 기존의 스타일 시트에 추가한 선택자입니다. 그리고 위젯 높이가 다른 것은 한쪽의 위젯에서 제목 글자 수가 많아서 그런 것이니 글을 만들 때 제목이 3줄 이상 차지하지 않도록 합니다.

그림 4-118 반응형 레이아웃 수정

웹 브라우저의 폭을 줄여서 스마트 폰 크기로 줄이면 한쪽의 위젯이 좌측으로 치우치는데 이는 스타일 시트에서 47.5%의 폭을 갖게 설정했기 때문입니다. 원래의 부트스트랩 선택자는 100%로 돼 있죠. 그래서 이 선택자에 대해서 다음과 같이 100%로 설정해주면 됩니다. 참고로 좁은 폭에서는 요소검사를 하면 HTML과 CSS 코드를 볼 수 없는데 좌측 하단의 창 아이콘을 클릭하면 웹 브라우저에서 분리됩니다.

```
@media (max-width: 767px) {
.aq-template-wrapper .aq_span12 .aq_span6, .aq-block, .aq-template-wrapper .aq_span12
.aq_span11 {
    float: left;
    display: block;
    margin-left: 2.5%;
  }
}
@media (max-width: 480px) {
.aq-template-wrapper .aq_span12 .aq_span6, .aq-block, .aq-template-wrapper .aq_span12
.aq_span11 {
    width: 100%;
    margin-left:0;
  }
}
```

화면 크기별로 스타일 시트를 설정하려면 미디어 쿼리를 사용합니다. 최대크기(max-width: 767px) 내에서는 중괄호 안의 스타일 시트가 작동됩니다. 그러니 미디어 쿼리에는 중괄호가 이중으로 있습니다. 767px 이하에서는 두 개의 위젯이 좌우로 배치되고 (float:left;), 480px 이하에서는 위젯의 폭이 100%로 되면서 상하로 배치됩니다. 추가로 작은 화면에서는 두 번째 위젯에 좌측 마진이 발생하는 것을 0으로 설정했습니다.

나머지 페이지 위젯 4와 5는 원하는 위젯을 배치하고 실험을 해보세요. 기타 다른 위젯을 설치했을 때 개별적으로 요소검사를 이용해 폭이 설정된 선택자를 찾아서 위에 추가해주면 됩니다. 추가할 때는 항상 앞에 콤마를 입력하고 한 칸 띈 다음 선택자를 추가합니다.

∩6 두 개의 페이지 빌더 병합

아쿠아 페이지 빌더로 만든 단축 코드를 사이트오리진 페이지 빌더로 만든 페이지에 사용할 수도 있습니다.

그림 4-119 페이지에 단축 코드 삽입하기

메타 슬라이더가 같은 것이 두 개 있으면 하나는 나타나지 않으니 첫 번째 메타 슬라이더를 삭제합니다. 그다음 행을 추가하고 이 행에 텍스트 위젯을 추가하면서 아쿠아 페이지 빌더에서 만든 템플릿 단축 코드를 입력합니다. 업데이트한 다음 사이트에서 확인하면 이전 페이지 빌더에서는 제대로 나타나지 않던 카테고리 위젯도 나타납니다.

그림 4-120 추가한 페이지 요소의 요소검사

li 항목에 대해 화살표가 나타납니다. 위젯을 요소 검사하면 아이콘이 있습니다. 이것을 아래처럼 style.css에서 먼저 번에 설정한 부분에 선택자를 추가합니다.

```css
.widget li.scroller-post:before, .panel.widget li:before {
  content: '';
}
```

부모 요소 중 .widget 선택자와 같이 있는 .panel 선택자와 붙여서 사용하면 이 요소에만 특정해서 지정할 수 있습니다. 저장한 다음 페이지를 새로고침 하면 제대로 나타날 것입니다.

그림 4-121 페이지 스타일 수정

두 개의 패널 사이에 하단 마진이 있어서 빈 공간이 생깁니다. 아래처럼 스타일을 추가해서 하단 마진을 제거합니다.

```
#pg-1650-0 {
    margin-bottom:0 !important;
}
```

위에서 사용한 아이디는 사용할 때마다 다른 숫자가 나오니 반드시 요소검사를 해서 해당 숫자를 사용해야 합니다.

테마 추가 수정 07

될 수 있으면 스타일 시트를 추가하거나 다른 코드를 추가하지 않고 웹사이트를 만들려고 노력했지만 어떤 테마를 사용하든 여러 가지 플러그인을 사용하다 보면 제대로 표현되지 않는 경우가 많습니다. 그래서 부득이한 부분에 한해서 코드를 추가했습니다. 마무리하면서 어긋나는 부분이나 기타 수정해야 할 곳을 알아보겠습니다.

∩1 검색 상자 수정

그림 4-122 **검색 상자 요소검사**

사이드바의 폭이 넓어지면서 검색 상자가 큰 편입니다. 또한, 하단 마진이 있어서 검색 버튼과 어긋나고 있죠. 검색 박스의 아이디에 대해서 스타일 시트를 설정하면 되고 이곳에만 제한하기 위해서 부모의 클래스 선택자도 추가합니다.

```
.searchform #s {
  margin-bottom:0;
  width:220px;
}
```

∩2 테마 사이트 문서 이용

Customizr 테마는 드물게 별도의 사이트를 운영하면서 테마 사용 시 문제점이나 수정 방법에 대해 아주 자세히 설명하고 있습니다. 테마 이름에서도 알 수 있듯이 사용자 정의 테마를 만드는 데 중점을 두고 있는 테마입니다.

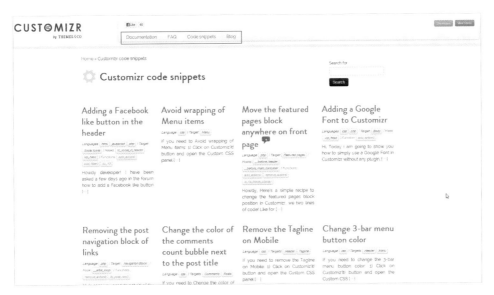

그림 4-123 테마 문서 사이트

• http://www.themesandco.com/

위 링크로 이동하면 홈페이지가 나옵니다. Documents를 선택하면 설치부터 설정하는 방법 등 여러 문서가 있고 Code Snippets 메뉴를 선택하면 상당히 많은 부분에서 코드를 이용해 수정하는 방법이 있습니다. 이곳에서 몇 가지를 사용해보겠습니다. 모두 영어로 나오지만 몇 가지 단어만 알아도 실험해 보는 데는 지장이 없습니다.

• http://www.themesandco.com/snippet/change-logo-social-icons-tagline-navbar-header/

위 링크로 이동하면 헤더 부분을 수정하는 설명이 있습니다.

그림 4-124 코드 조각 복사

스크롤 해서 내리면 메뉴바 박스를 변경하는 코드가 있습니다. 코드 박스의 우측 끝에서 두 번째 아이콘을 클릭하면 Ctrl+C 키를 눌러 복사하고 붙여넣으라는 메시지가 나옵니다. 복사해서 style.css 파일에 붙여넣으면 다음과 같이 나타납니다.

```
/*  Adjust Navbar Box settings        */
.navbar .navbar-inner {
background-color:    #FAFAFA;
background-image:    linear-gradient(to bottom, white, #F2F2F2);
background-repeat:   repeat-x;
border:              1px solid lightgray;
border-radius:       4px 4px 4px 4px;
box-shadow:          0 1px 4px rgba(0, 0, 0, 0.067);
min-height:          40px;
padding-left:        20px;
padding-right:       20px;
}
```

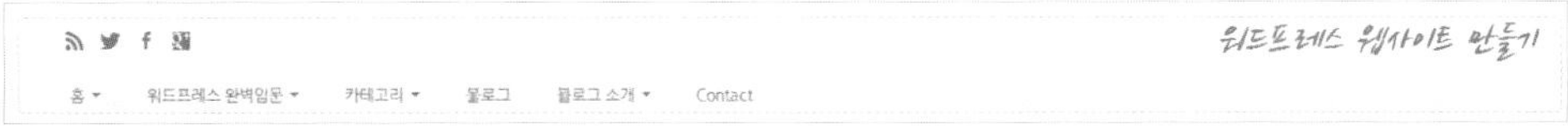

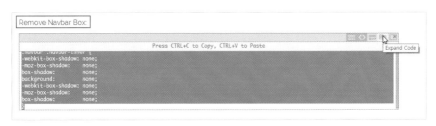

그림 4-125 그림자 효과 제거

메뉴 박스의 그림자가 없어지죠. 예전에는 그림자 효과를 많이 사용했는데 요즘은 어떤 요소
든 튀어나오게 하는 입체 효과를 자제하는 편입니다. 플랫 형태로 가고 있는 것이죠.

그림 4-126 코드 조각 복사

더 내리면 위와 같은 코드가 있습니다. 이것을 복사해서 붙여넣으면 다음과 같이 나옵니다.

```
/* Remove Navbar box          */
.navbar .navbar-inner {
-webkit-box-shadow: none;
-moz-box-shadow:    none;
box-shadow:         none;
background:         none;
-webkit-box-shadow: none;
-moz-box-shadow:    none;
box-shadow:         none;
}
```

그림 4-127 그래이디언트 효과 제거

이번에는 박스 내부의 그레이디언트 효과도 제거됐습니다. 평평해졌죠.

이런 방식으로 코드를 복사해서 붙여넣으면 많은 곳에서 테마를 수정할 수 있습니다.

로컬호스트에서 웹 호스트로 워드프레스 이전

내 컴퓨터의 로컬호스트에서 워드프레스 테마 수정작업과 모든 설정을 마쳤다면 모든 내용을 설정 그대로인 상태로 웹 호스트로 업로드 하는 일만 남았습니다. 새로운 워드프레스를 설치하고, 테마를 업로드하고, 수많은 플러그인을 설치하거나 활성화하고 사용자 정의 메뉴를 작업하는 등의 작업을 다시 할 필요 없이 몇 가지 과정만으로 내 컴퓨터에서 작업한 전체를 그대로 이동시키는 것입니다. 그다음 실제 웹 호스트에서 어떻게 작동하는지 잘 살펴보고 수정할 부분을 찾아 추가로 수정하면 됩니다. 수많은 파일을 업로드하는데 시간이 오래 걸리므로 한 번쯤은 내 컴퓨터에서 같은 작업을 연습하는 것도 좋은 방법입니다.

여기서는 1장에서 작업한 무료 호스팅 사이트를 대상으로 작업을 해보겠습니다. 워드프레스를 이전하려면 먼저 관리자 화면의 설정 → 고유주소에서 기본으로 변경한 후에 진행합니다.

01 데이터베이스 파일 백업

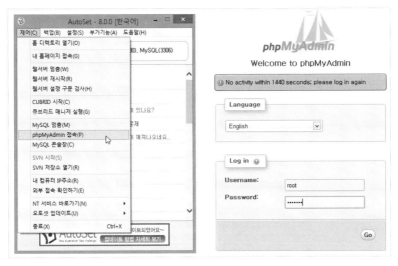

그림 4-128 phpMyAdmin 로그인

오토셋 창에서 phpMyAdmin을 클릭해서 브라우저에 화면이 나오면 로그인합니다.

그림 4-129 데이터베이스 백업

좌측 사이드바에서 데이터베이스(wordpress)를 선택하면 위처럼 화면이 나타납니다. 상단
에서 Export를 클릭합니다.

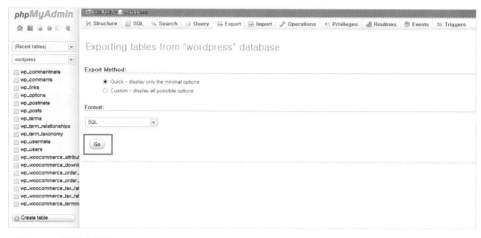

그림 4-130 내보내기 실행

Quick이 선택된 상태에서 Go 버튼을 클릭하면 브라우저 화면이 나타납니다. 적당한 폴더를 찾아서 브라우저 우측 하단의 저장 버튼을 클릭합니다.

∩2 Search Replace DB 프로그램 내려받기

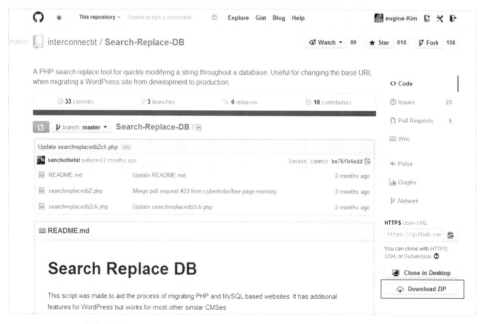

그림 4-131 프로그램 내려받기

- https://github.com/interconnectit/Search-Replace-DB

이 프로그램은 워드프레스를 이전할 때 데이터베이스의 내용을 수정해야 하는데 안전하게 자동으로 수정해주는 php 프로그램입니다. 위 링크에서 파일을 내려받아 압축 해제하고 폴더에서 searchreplacedb2.php 파일을 복사해서 작업 중인 wordpress 폴더로 붙여넣습니다.

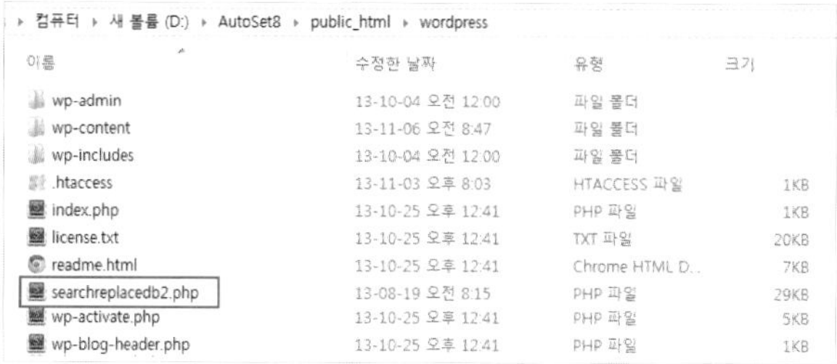

그림 4-132 Search Replace DB 파일 추가

그러면 위와 같이 됩니다.

∩З 압축파일 업로드 및 파일 편집하기

호스팅거는 압축파일을 간편하게 업로드 할 수 있는 기능이 있습니다. 하지만 압축 파일의 용량이 100MB를 넘지 말아야 합니다. 그런데 내 컴퓨터에서 워드프레스 작업을 하다 보면 용량이 커지는데 대부분 이미지 파일의 용량이 많이 차지합니다. 그래서 폴더를 압축해서 100MB가 넘을 경우 이미지 파일이 있는 uploads 폴더를 제외하고 압축을 하면 100MB 이내로 줄어들게 됩니다.

그림 4-133 미디어 파일 폴더 제외 후 워드프레스 폴더 압축

wp-content 폴더에서 uploads 폴더를 대상으로 Ctrl+X 키를 눌러 잘라내서 임시로 public_html 폴더로 이동합니다. 그다음 wordpress 폴더를 대상으로 마우스 오른쪽 버튼을 클릭해서 압축파일을 만든 다음 다시 uploads 폴더를 원래의 폴더로 이동하면 됩니다. 이 폴더는 파일질라를 이용해 업로드 합니다. 이런 기능이 있다는 것을 설명하기 위한 것이니 불편하다고 생각되면 파일질라로 모든 파일을 업로드 하면 됩니다. 다만 시간이 더 오래 걸립니다.

그림 4-134 호스팅거에서 압축파일 업로드

호스팅거 관리자 화면에서 웹사이트 가져오기를 클릭하고 다음 화면에서 파일 선택 버튼을 클릭해 압축 파일을 업로드 합니다. 웹사이트 가져오기 버튼을 클릭하면 업로드가 진행됩니다. 기존에 있던 파일들은 제거되고 덮어쓰기가 됩니다.

그림 4-135 웹 호스트에서 phpMyAdmin 실행

다음으로 고급 패널에서 phpMyAdmin을 선택하고 다음 화면에서 phpMyAdmin 실행을 클릭합니다.

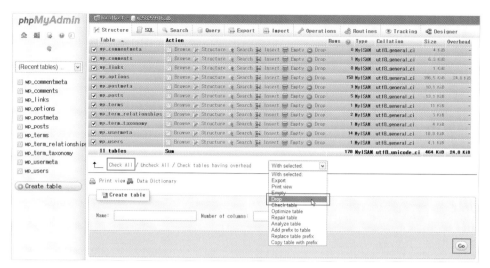

그림 4-136 기존 데이터베이스 삭제

이전의 데이터베이스가 있는 경우 제거합니다. 데이터베이스 테이블 목록에서 Check All 를 선택하고 드롭다운 메뉴에서 Drop을 선택한 다음 Go 버튼을 클릭합니다. 다음 화면에서 Yes를 클릭하면 모두 제거됩니다.

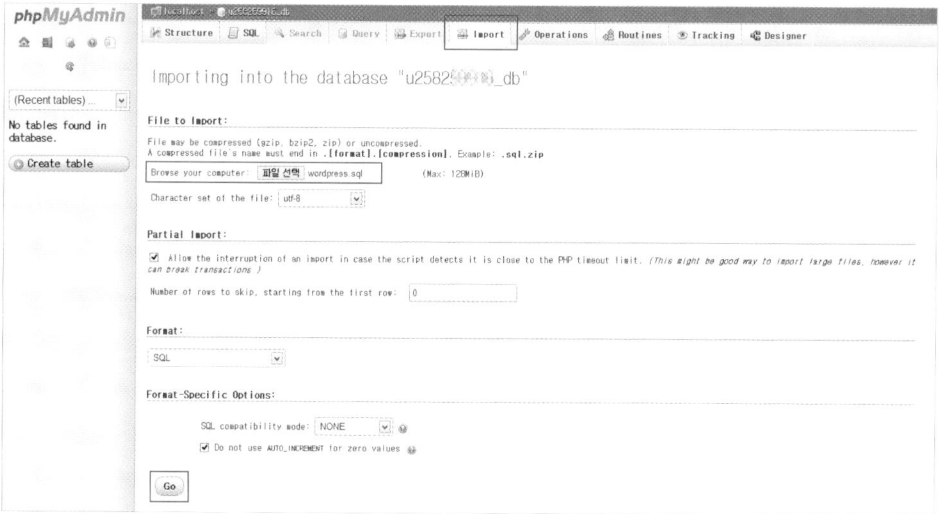

그림 4-137 데이터베이스 가져오기

Import 탭을 선택하고 파일 선택 버튼을 클릭해서 데이터베이스 파일을 업로드 합니다. Go 버튼을 클릭하면 업로드가 시작됩니다. 완료되면 상단에 성공했다는 메시지가 나타납니다.

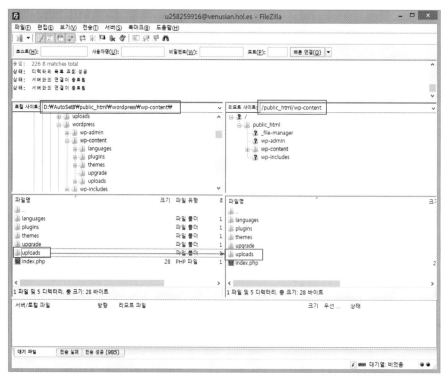

그림 4-138 제외한 미디어 폴더 업로드

파일질라로 접속해서 uploads 폴더를 업로드 합니다.

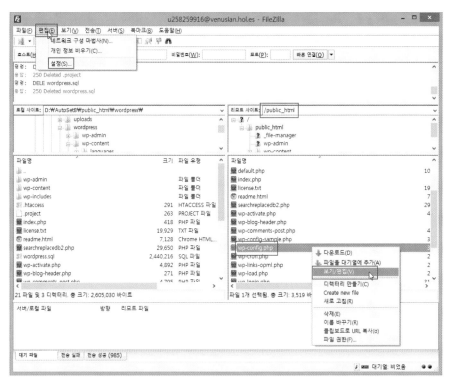

그림 4-139 환경 설정 파일의 수정

업로드 완료 후 웹 호스트 환경에 맞게 wp-config.php 파일을 수정해야 합니다. 1장에서
알아봤듯이 파일질라에서 직접 편집할 수도 있습니다. 다시 한번 복습하자면 메뉴에서 편집
→ 설정을 선택하면 설정 창이 나타납니다. 파일편집에서 사용자 편집기 사용에 체크한 뒤
찾아보기 버튼으로 사용하는 편집기를 선택하고 확인버튼을 클릭합니다.

위 화면에서 wp-config.php 파일을 마우스 오른쪽 버튼으로 클릭해서 보기/편집을 클릭
합니다.

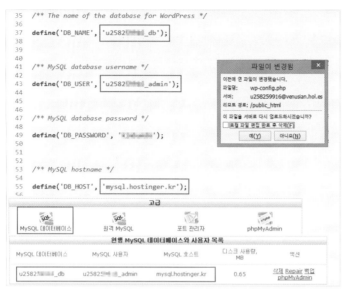

그림 4-140 웹 호스트 데이터베이스 정보 입력

편집기에 파일 내용이 나타나면 웹 호스트 데이터베이스 정보를 수정 입력합니다. 저장한 다음 파일을 닫고 파일질라에 오면 우측 그림과 같은 메시지창이 나타납니다. "로컬 파일 편집 완료 후 삭제"에 체크하고 "예"를 클릭하면 완료입니다.

∩/. 데이터베이스 파일 수정

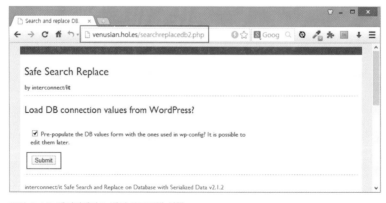

그림 4-141 데이터베이스 변경 프로그램 실행

주소창에 도메인과 데이터베이스를 수정할 프로그램의 php 파일이름과 확장자를 입력하고 엔터키를 누릅니다. 체크박스에 체크한 채로 Submit 버튼을 클릭합니다. 이 작업은 데이터베이스에 있는 localhost/wordpress라는 url을 현재 사이트의 url로 바꾸는 작업을 합니다.

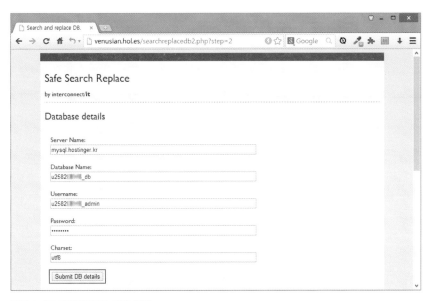

그림 4-142 데이터베이스 정보 입력

웹 호스트 데이터베이스에 접속하기 위한 정보를 입력하고 Submit 버튼을 클릭합니다.

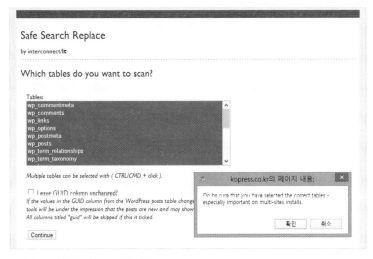

그림 4-143 데이터베이스 테이블 확인

다음 화면에서 데이터베이스 테이블이 선택된 상태로 나타납니다. Continue 버튼을 클릭하면 다중사이트에서 url이 바뀔 수도 있으니 선택한 테이블이 정확한지 묻는 메시지창이 나타납니다. 다중사이트가 아니므로 확인버튼을 클릭합니다.

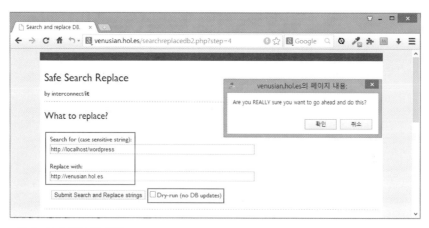

그림 4-144 수정할 URL 입력

다음 화면에서 처음 입력란에 로컬호스트의 url을 입력하고 두 번째 란에 이전할 웹사이트 url을 입력합니다. 특히 도메인 마지막에 슬래시가 추가될 수도 있으니 주의하세요. 끝나는 부분은 위아래 입력란이 같아야 합니다. Dry-run에 체크 해제한 다음 Submit 버튼을 클릭하면 다시 메시지가 나타납니다. 확인을 클릭합니다. Dry-run에 체크된 상태로 진행하면 데이터베이스 업데이트는 안 하고 검색만 합니다.

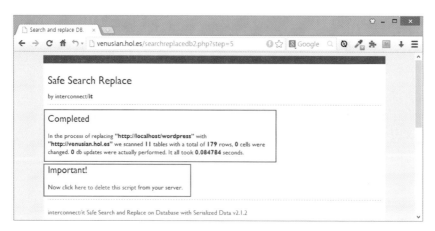

그림 4-145 완료 및 프로그램 제거

1초도 안 돼서 완료됩니다. 마지막으로 Click here to delete this script 링크를 클릭해서 현재 실행한 파일을 제거합니다. 누군가 이 url로 접근해서 이 파일을 실행할 수도 있으니 위험하겠죠. 우선은 작업한 내용에 오류가 있을지 모르니 이 화면은 그대로 두고 다른 탭을 열어 도메인을 입력해서 제대로 나오면 위 링크를 클릭해서 파일을 제거합니다. 가끔 실수가 있는 경우 사이트가 제대로 나오지 않으면 다시 작업을 해줘야 합니다.

그림 4-146 사이트 확인

주소란에 도메인을 입력하고 엔터 키를 누르면 사이트가 나타납니다. 관리자 화면에서 고유 주소를 기본으로 변경하지 않고 업로드 한 경우 각 링크를 클릭하면 Internal Server Error가 나타납니다. 이럴 경우 고유 주소를 기본으로 변경한 다음 다시 글 이름으로 전환하면 됩니다.

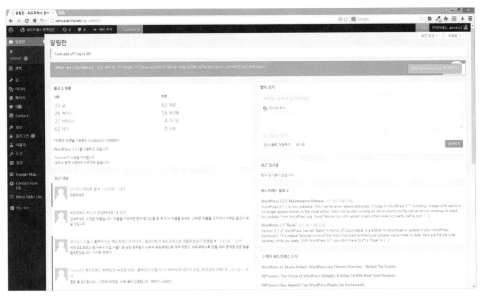

그림 4-147 관리자 화면 확인

로그인해서 관리자 화면으로 들어오면 모든 내용이 로컬호스트에서 작업한 대로 나타납니다. 젯팩이 로컬호스트에서는 사용할 수 없다가 웹 호스트에 오니 사용할 수 있게 돼서 워드프레스닷컴에 연결하기 버튼이 나타납니다.

05 내 컴퓨터에서 실험하기

첨부 파일에는 제가 작업한 워드프레스의 모든 파일이 있는 폴더가 있습니다. 폴더 이름이 wordpress14입니다. 이 폴더 안의 내용을 복사해서 오토셋 public_html 폴더에서 wordpress2나 3을 만들고 폴더에 붙여넣습니다. 그러면 파일질라에서 모든 파일을 웹 호스트에 업로드한 것과 같은 결과가 됩니다. 그런 다음 위 과정에서 searchreplacedb2.php 파일 이름을 주소창에 url과 함께 입력하고 진행하면 됩니다. 폴더 내용을 복사하지 않고 wordpress14 폴더를 그대로 복사해서 작업하면 데이터베이스 수정작업은 필요하지 않고 데이터베이스 파일 업로드 과정만 작업하면 됩니다. 데이터베이스 파일은 wordpress14 폴더에 있습니다. 로그인 아이디와 비밀번호는 admin입니다.

여기서 책을 마무리하겠습니다. 제 블로그에 문제점이나 질문과 관련한 글을 남겨주시면 성심껏 답변해드리겠습니다. 감사합니다.